グローバリズムと北海道経済

穴沢 眞・江頭 進 編著
Makoto Anazawa & Susumu Egashira

Globalism
and Hokkaido
Economy

ナカニシヤ出版

はじめに

　世界が小さくなっている。国家間の様々な垣根が取り払われ，ヒト，モノ，カネ，情報が自由に移動し，どこでも経済活動が営まれる様子をトーマス・フリードマンは「フラット化する世界」と表現している（Friedman 2007）。この言葉自体が経済のグローバル化を端的に表しているといえる。

　経済のグローバル化は不可避である。そうであれば，これを前提に地域経済を考える必要がある。とりわけ北海道がどのように対応すべきかを様々な視点から分析したものが本書である。

　国内人口が減少し，北海道もその例外ではない。縮小する経済を補うために海外に目を向ける試みは日本各地で行われている。各地域はその特性，歴史的背景，既存の資源，新たに創造された資源を用いて，国内のみならず，海外の動向も見据えながら経済活動を行う時代となった。一方で，すべての産業が外向きとなっている訳ではなく，各種の経済活動を支える国内指向の産業も地域の発展にとって不可欠である。地産地消など地域に根ざした経済活動と，グローバルな視点の融合が求められているのである。

　本書は 2009 年に小樽商科大学で立ち上げられた地域研究会のメンバーにより執筆されている。本研究会はこれまで 5 年間にわたり，「グローバリズムと地域経済―北海道再生のための提言」を大きなテーマとして各種の研究活動を続けてきた。本研究会の組織は大きく 2 つの部門（地域研究部門とグローバル経済部門）に分かれ，前者には金融，法制度，企業経営，環境・社会的責任，財政，地域経営，人材育成の 7 つの分野が含まれ，後者には実証と理論の 2 つの分野が含まれる。学内の教員と学術研究員，計 30 名以上が各自の専門分野をもとにそれぞれの分野に所属し，学際的な研究を可能とする，本学ではユニークな研究組織である。

　これまで，メンバー各自の研究は論文と Web 形式で発表され，それに加え，共同研究の一部は書籍としても出版された。2011 年の小樽商科大学の 100 周年には国際シンポジウムを企画し，海外の協定大学からの参加者も交え，「グローバリズムと地域経済」について 2 日間にわたり，活発な議論を行った。そ

の成果は専門的な分野については書籍の形で，日本語のみならず，英語でも出版され，シンポジウム2日目の講演やパネルディスカッションの内容は北海道新聞の紙面（2011年9月7日）でも取り上げられた。海外でも各地域はグローバル化が進むなか，様々な対応をしており，産業構造の変革やブランド化の努力，情報発信による市場開拓などを行っていた。我が国や北海道だけがグローバル化に晒されているわけではない。対応の仕方は地域により異なる。それは各地域が持つ特性が異なるからである。そしてこの差異性こそが競争力の源ともいえるのである。

なお，本書ではグローバリズムやグローバル化という語句が併用されている。言葉の厳格な定義は他書に譲るが，前者はグローバル化を推進しようとする思想などを示し，後者は経済活動などの地球規模での変化のプロセスといえる[1]。また，地域という概念も研究者や研究対象により大きく異なる。地域は時として欧州連合（EU）などの複数の国家を越えた広域的なものを意味することもあるが，ここでいう地域とは北海道を含む都道府県やもう少し広く東北や九州などの地理的な範囲を指すものとする。

本書は4部構成であり，内容は以下のとおりである。第1部では，経済のグローバル化とマネーフローの2つの視点から，北海道経済の現状を概観した。

第1章の穴沢論文では，まず，経済のグローバル化の歴史的流れや各種統計データに基づき，経済のグローバル化の実態を提示した。次いで，地域経済にとって，グローバル化は避けて通れない道であり，それが北海道経済に及ぼす影響について論じた。グローバル化の本質は，市場の拡大，生産の集中・統合・寡占化，さらに競争の激化にあるとし，それらが北海道を含む地域経済にとってプラスにもマイナスにも作用することも確認された。

続いて，第2章の齋藤論文は道内のマネーフローの視点から，貯蓄投資バランスと域際収支の実状を概観し，北海道経済の構造的な課題を明らかにした。また，北海道経済のマネーフローは国家財政への依存が趨勢的に高まりつつあ

---

[1] グローバリズムやグローバル化については石田他（2010）やSteger（2009）などを参照のこと。

ることや，貯蓄投資バランスの推移から経済成長の源泉ともいえる資本形成が弱体化していることが指摘された。

こうした北海道経済の現状を踏まえて，第2部では将来的に北海道経済の再生にとって起爆剤となりうる戦略的な産業を取り上げ，各産業の成長可能性と課題について述べた。

第3章のプラート論文では，北海道の成長戦略の核となる観光に焦点を当て，組織的な観光地マーケティングの役割と重要性を説いている。特に，近年急増する外国人観光客について，独自のニーズと嗜好を理解し，北海道における観光資源とのマッチングを図ることが重要になるとの示唆が得られた。

第4章の渡久地・加藤・笹本論文では，パネルデータ分析と企業のビジネスモデルに関する事例分析から，6次産業化を中心とした北海道の「食」（農業・食料関連産業）が果たす役割を実証的に検証した。マクロ統計データの分析からは農業・食料関連産業への補助金（農業振興費）が付加価値率を高める直接的な要因となることは確認されなかったが，企業の事例研究を通じて，6次産業化が1次・2次・3次を一体化したバリューチェーンを創造するためのモデルとなり得ることが明らかとなった。

第5章の玉井・乙政論文では，北海道における自動車産業の集積と競争力に関する考察を行うと同時に，トヨタ自動車北海道の事例分析を通じて，産業集積と競争力強化に向けた課題を明らかにした。結果として，北海道の自動車産業が競争力を確保するためには，集積の発展に応じた支援策の高度化，および長期的な展望に基づく方針の明確化と経営者の意識変革を促す産学官のネットワーク形成が重要であるとの指摘がなされた。

第3部では，第2部でみてきた北海道経済の成長戦略に関わる重要な産業を育成するために必要となる基盤強化に向けた取り組みについて多角的に検討を加えた。

第6章の齋藤・江頭論文は企業側と求職者側に対するアンケート調査のデータから，北海道におけるUIターン人材の需給マッチングについての実証研究を行った。実態として，道内企業によるUIターン人材の活用はほとんど進んでおらず，企業と求職者との間における情報のミスマッチの解消が今後の課題となることが浮き彫りとなった。

第7章の齋藤論文では，北海道の銀行業が担う預貸業務の現状を概観し，銀行業のビジネスモデルの持続可能性について検討が加えられた。北海道内の金融機関は「低収益・高コスト」体質を抱えており，本来行うべき預貸業務の経営環境は厳しく，銀行業の伝統的なビジネスモデルが変革を迫られている事実が明らかにされた。

　第8章の小林・柴山論文では，FTA時代における貿易自由化に備え，貿易救済措置，とりわけアンチダンピング措置を用いることの有効性について論じている。農水産業のウェイトが高い北海道において，グローバル化の進展により貿易自由化が推し進められた場合，関税の引き下げ・撤廃から生じるであろう様々な問題が懸念されている。貿易救済措置の手続きや対処方法を知ることによって，戦略的に「攻めの農林水産業」へと転じることが可能となる。

　第9章の深田・加藤論文は情報技術を活用した観光客の行動データ分析や企業家ネットワーク形成に関する事例研究を通じて，情報を基盤としたネットワーク構築とその分析の重要性について論じている。観光やまちづくりなど様々な情報が行き交う現代社会において，情報収集および発信のツールや場を有効に活用することが地域活性化の鍵となる。

　第10章の渡久地・江頭論文では，道民の環境意識と新エネルギーの潜在的な需給動向が明らかとなった。アンケート調査の結果から，環境商品市場の狭さに比べて道民の環境意識は高く，とりわけ新エネルギー導入のための費用負担を厭わない層がある程度存在することが判明した。

　最後の第4部は総括である。

　第11章の穴沢論文は「地域の競争優位」という概念を提示し，北海道では自然，景観，土地などの物的資源を中心とした要素条件が重視されるべきとの指摘がなされた。また，ビジネス力の強化のためにマーケティングやネットワーキングの活用が必要なこと，さらには北海道外からの経営資源の入手にも言及している。経済発展の観点からは均衡成長と不均衡成長の融合も示唆された。最後に長期的な観点から，高度で専門的な人材育成の重要性が説かれている。

　これまでの地域研究会の活動は多岐にわたり，それらをすべて世に問うことはできないが，経済のグローバル化と北海道経済を考える上で重要と思われる

項目，分野を抽出し，それらをまとめる形で本書を出版することとなった。

これまでの地域研究会の活動に協力して頂いた方々は枚挙にいとまがない。本書によりいささかでもご恩返しができれば幸いである。また，本書が各方面の方々が北海道経済の将来を考える際の一助となれば望外の幸せである。

出版事情の厳しいなか，本書の意義を理解して頂き，出版を快く引き受けて頂いたナカニシヤ出版に心から感謝の意を表したい。

2013 年 12 月

穴沢　眞
江頭　進

【引用・参考文献】
Friedman, T. L. (2007). *The World Is Flat: A Brief History of the Twenty-first Century*, Further Updated and Expanded Edition, New York, Farrar, Straus and Giroux.／伏見威蕃［訳］(2010). フラット化する世界──経済の大転換と人間の未来［普及版］（上・中・下）　日本経済新聞出版社
石田　修・板木雅彦・櫻井公人・中本　悟［編］(2010). 現代世界経済をとらえる Ver.5　東洋経済新報社
Steger, M. (2009). *Globalization: A Very Short Introduction*, Second Edition, New York, Oxford University Press.／櫻井公人・櫻井純理・高嶋正晴［訳］(2010). 新版グローバリゼーション　岩波書店

目　次

はじめに　*i*

第1部　現　状

第1章　経済のグローバル化と北海道
　　　　（穴沢　眞）――――――――――――――――――3
1　はじめに　3
2　経済のグローバル化　4
3　グローバル化に伴う変化の実態　6
4　グローバル化の本質　15
5　北海道経済への影響　19
6　グローバル化への地域の対応　25
7　結　語　27

第2章　北海道経済の貯蓄投資バランスと域際収支
　　　　（齋藤一朗）――――――――――――――――――29
1　はじめに　30
2　道民経済計算と貯蓄投資バランス　31
3　北海道経済の貯蓄投資バランス　34
4　貯蓄投資バランスと域際収支　38
5　北海道における域際収支の動向　40
6　むすびにかえて　43

第2部　戦略的産業

第3章　北海道観光のグローバル化
　　　　マーケティングの視点から（プラート　カロラス）――――49
1　日本の観光市場におけるインバウンド観光の位置づけ　49
2　日本のインバウンド観光におけるアジアの重要性　51
3　インバウンド市場における北海道の観光産業　52

  4　観光におけるマーケティング　*55*
  5　マーケティング調査データから読み取れる外国人観光客の特徴と北海道の観光業界にとってのそのインプリケーション　*62*
  6　北海道のインバウンド観光の今後の課題　*65*
  7　結　び　*76*

第4章　北海道における「食」の課題と展望
  （渡久地朝央・加藤敬太・笹本香菜）————81
  1　付加価値率の動向と地方自治体による政策効果の関係について
   —北海道の製造産業と農業を対象としたパネルデータ分析—　*81*
  2　パイオニアジャパングループによるビジネスシステムの形成と6次産業化　*93*

第5章　北海道における自動車産業の競争力
  （玉井健一・乙政佐吉）————103
  1　はじめに　*103*
  2　北海道の自動車産業支援状況　*105*
  3　トヨタ自動車北海道の事例分析　*108*
  4　おわりに　*121*

第3部　基盤強化

第6章　北海道UIターン人材マッチングの実証分析
  （齋藤隆志・江頭　進）————127
  1　はじめに　*127*
  2　UIターン人材の経済分析　*128*
  3　「北海道の求める人材に関するアンケート」の分析結果　*130*
  4　「北海道UIターン就職に関するアンケート」の分析結果　*140*
  5　まとめ　*157*

第7章　ビジネスモデルからみた北海道の銀行業
  （齋藤一朗）————159
  1　はじめに　*159*
  2　銀行業のビジネスモデル　*160*

3　預金空間と貸出空間の非対称性　*163*
4　預貸循環の重層的編成と預貸空間　*165*
5　銀行業の空間意識と"地域"の析出　*167*
6　預貸業務を巡るマクロ経営環境　*168*
7　預貸業務を巡る競争要因　*172*
8　道内金融機関が担う預貸業務の現状　*175*
9　道内金融機関のコア業務とその収益性　*178*
10　道内金融機関の預貸業務と費用効率　*180*
11　むすびにかえて　*184*

第8章　北海道経済とFTA
　　　　（小林友彦・柴山千里） ――――――――――*187*
1　日本を巡る通商政策の展望　*187*
2　北海道経済の現状と通商政策との関係　*192*
3　FTAに伴う輸入急増にどう対処するか　*196*
4　いざというときの貿易救済措置を武器に，自由貿易に乗り出す北海道へ　*206*

第9章　情報・ITの活用による地域活性化
　　　　（深田秀実・加藤敬太） ――――――――――*209*
1　情報技術を用いた観光行動分析の可能性
　　―小樽運河周辺エリアを事例として―　*209*
2　ITビジネスにおける企業家ネットワーキング
　　―札幌ビズカフェの事例―　*223*

第10章　北海道における新エネルギーの成長可能性
　　　　（渡久地朝央・江頭　進） ――――――――――*239*
1　背　　景　*239*
2　北海道における新エネルギーを取り巻く現状　*240*
3　北海道における新エネルギー取組みへの現状　*241*
4　北海道における住民の環境意識　*251*
5　北海道における住民の環境意識と新エネルギーについて　*257*
6　まとめ　*258*

第4部 結　論

第11章　北海道経済の指針
　　（穴沢　眞）——————————263
　　1　グローバル化再考　*264*
　　2　地域の競争優位　*266*
　　3　ビジネス力強化　*270*
　　4　経営資源移転　*275*
　　5　経済発展論の視点　*279*
　　6　結　語　*281*

第1部
現　　状

1 経済のグローバル化と北海道

【要　旨】
　第2節では経済のグローバル化の進展について歴史的に概観し，3つの波があり，現在，第3の波のなかで，さらなるグローバル化が進んでいることを示す。第3節では経済のグローバル化の実態を貿易，直接投資，ヒトの移動，情報通信の面から数字を交えながら確認する。第4節では経済のグローバル化の本質について市場，生産，競争のパターンから考察し，市場の巨大化と標準化，そしてこれに対抗するように生じているセグメント化と差別化について言及する。競争の激化もグローバル化の特徴であるが，競争のパターンも一方向に向かっているわけではなく，多様化していることを示す。経済のグローバル化が北海道に及ぼす影響は第5節で触れられる。そこでは産業構造，貿易，外国人旅行者，外資系企業の北海道への進出と北海道企業の海外進出について考察する。第6節では地域経済のグローバル化への一般的な対応を示す。第7節は結語である。

1 はじめに

　海外との経済的な結びつきはかつては各国の経済の中心地に集中していた。海外との接触の多い「外向き産業」と国内を指向した「内向き産業」（小澤1999）がはっきりと分かれており，我が国であれば前者は三大都市圏に集中し，後者はそれ以外の地域に多くみられた。一部の製造業が輸出を行い，それらの

多くに商社が関わり，その他の産業，企業は直接海外を意識することも無く，また，その必要もなかった。しかし，次第に内向き産業とこれらが多く立地する各地域にも経済のグローバル化の影響が拡大し，我が国においても国内各地域が海外との経済的な結びつきを強めている。言い換えれば外向きの産業や地域と内向きの産業や地域の境界が曖昧になってきているのである。

このような大きな変化の背景には輸送手段の高速化および低価格化やインターネットに代表される情報通信技術の急速な進歩がある。世界が日々小さくなることを実感でき，それはこれまで日本の各地域にとってほとんど影響を及ぼさなかった海外の事象が当然のように当該地域の経済生活に影響を及ぼすようになったことを意味する。

経済のグローバル化は地域経済にプラスとマイナスの双方の効果をもたらすと考えられる。海外からの低価格製品の流入は当該製品を生産する国内産地にとっては痛手となる。また，低賃金の労働力を求めて企業が海外に進出し，産業の空洞化が起こることもある。一方で，経済のグローバル化は地域にとって海外が地場の商品の新たな市場となることでもある。これまで，東京や大阪を経由して海外に輸出されていた製品が直接各地域から世界各国に輸出される機会も増え，関連産業の成長を促す可能性がある。また，海外からの観光客などが増加することにより地域経済を活性化させる場合もある。

日本全体が人口減少社会となり，とりわけ三大都市圏以外においてはこの傾向がより強く現れている。人口減少による国内需要の縮小を補うという意味でも海外市場の重要性は増しており，これは地域経済においてより顕著である。

もはやグローバリズムや経済のグローバル化は既定の事実として進行している。そうであればわれわれはこれを前提として，地域経済について考えて行く必要がある。

2 経済のグローバル化

グローバリズムやグローバル化という現象は必ずしも経済に限られたものではなく，政治的，文化的なものも含まれる。グローバル化は歴史的には先史時代の人類の大陸間移動にまで遡ることもできるが，急速に加速化されるのはも

ちろん近代に入ってからである。グローバリゼーションという言葉自体はすでに 1960 年代から使われるようになっていたが，この言葉が定着するのは 1990 年代といわれている（Steger 2009）。

それでは近代における経済のグローバル化の流れはいつ頃から，また，どのような形でもたらされたのであろうか。

世界銀行の『グローバリゼーションと経済開発』は現在進行中の経済のグローバル化は 1980 年頃から進み始めたとみている。しかし，経済のグローバル化自体，趨勢的に一直線に進んできたものではない。以下では同書に基づき，1870 年以降の近代のグローバル化の進展を 3 つの波に分けて考察する（世界銀行 2004）。

まず，その第 1 の波は 1870 年から第 1 次世界大戦が始まる 1914 年までの期間である。この間，海上輸送費の低下とヨーロッパにおける関税障壁の低下により貿易が拡大した。当時の貿易は基本的には現在の先進国と発展途上国との間の南北貿易と同じであり，先進国は工業製品を，植民地は 1 次産品を互いに輸出していた。そして新大陸での 1 次産品生産のため，大規模な移住が行われ，ヨーロッパから北米やオーストラリアに約 6000 万人が移住した。

しかし，両大戦間にあたる 1914 年から 1945 年にかけて，輸送コストはさらに低下したものの，各国間での保護主義の高まりにより世界貿易は後退していった。世界恐慌に端を発する経済のブロック化やナショナリズムの台頭は世界経済を上記のグローバル化の第 1 の波以前の状況に後退させたのである。ナショナリズムの台頭は移民の抑制という形で現れ，モノだけでなくヒトの流れも制限を受けるようになった。

グローバル化の第 2 の波は 1945 年から 1980 年にかけて生じている。国際連合の創設によりナショナリズムからの脱却が進められ，また，この間戦後の貿易自由化のためのブレトンウッズ体制，関税及び貿易に関する一般協定（GATT）といった枠組みの制定や，引き続き輸送コストが低下したことにより，貿易が増大した。ただし，貿易の増大は先進国間が中心であり，先進国と発展途上国の間の南北貿易の増大はみられなかった。集積の経済により，先進国のクラスターでの生産の増大とコストの低減がみられ，先進国間の貿易が増大したのである。また，先進国での「混雑のコスト」による高賃金地域から低賃金

地域への再立地は先進国のなかで生じており，企業の海外進出はさほど進んでいなかった。

第3の波は1980年頃から現れ，現在も進行中といえる。関税の継続的な引き下げが行われ，このことが貿易の拡大を加速したといえる。また，外国投資に対する規制が緩和され，企業の活動範囲が国境を越えて急速に拡大した。先進国企業の海外進出は発展途上国にもおよび，これらの国々が1次産品の輸出国から工業製品の輸出国へと変わって行った。上記の先進国内での再立地が世界規模に拡大したのである。この変化をもたらした最大の要因が多国籍企業の台頭である。多国籍企業は受入国に資本を持ち込むだけでなく，技術やノウハウなど他の経営資源もパッケージで移転している。このため，発展途上国では特に労働集約的な産業において急速に生産を増大させることが可能となった。半導体などのいわゆるハイテク産業においても生産工程を細分化し，世界各国に配置することが可能となり，労働集約的な工程は発展途上国に配置されるようになった。そして，輸送面でのコンテナ化と空輸の拡大がこれらの動きを後押ししたのである。

さらに情報通信技術の発達をこの時代の特徴としてあげることができる。インターネットに代表される情報のやり取りをほとんどコストをかけることなく瞬時に行えるようになったことは，経済だけでなくあらゆる側面でのグローバル化に貢献したといえる。

3 グローバル化に伴う変化の実態

以下では経済のグローバル化の実態をその背景や数字をあげながら検証して行く。より具体的には貿易，直接投資，ヒトの流れ，そして情報通信についてみて行く。

● 3-1 貿易の増大

貿易自由化の枠組みはGATT及び世界貿易機関（WTO）のもとでの多角的交渉ラウンドに委ねられていたが，南北間の対立や参加国が多数にのぼるため，自由化に向けた方向性は確認されたが，具体的な議論は停滞していた。このよ

うな状況下，実質的に自由化された貿易を求めて，各国間での2国間協定による自由貿易協定（FTA）やASEAN自由貿易圏（AFTA），北米自由貿易協定（NAFTA），欧州連合（EU）のような地域内，さらには地域間でのFTAも登場するようになった。

これらの各国間，地域間のFTAは近年急増しており，すでにその数は250を超えている[1]。2国間のFTAは当事者同士の話し合いにより，関税撤廃の時期やいわゆるセンシティブな物品についての協議が可能であり，協議にかかる時間，エネルギーが多国間のそれよりも大幅に軽減されるため，多用される傾向にある。

我が国は国際的な貿易の自由化を標榜していたが，上記のような状況の変化のもと2国間や多国間FTAの締結に舵を切った。近年はFTAよりもさらに包括的な経済連携協定（EPA）を締結することが多くなっている。EPAは貿易の自由化だけでなく，投資や内国民待遇などさらに多くの項目で経済活動の自由化を進めるものである。

世界各国間のモノの流れをみたものが貿易である。貿易量（輸出＋輸入）の増大は対外的な経済活動の拡大を意味する。世界の貿易は，石油ショック，アジア経済危機，リーマンショックなど一時的な要因により停滞することがあったが，趨勢的には戦後一貫して成長してきた。これは上記のような貿易自由化の進展と次に述べる多国籍企業の活動によるところが大きい。

図1-1にあるように1980年には約2兆USドルであった世界の輸出額は1990年には約3.5兆USドル，2000年には約6.4兆USドル，そして2012年には約18兆USドルに達している。

図1-1からは輸出額が単調に増加した訳ではないことがみて取れる。1980年代の後半から1990年代の前半にかけて世界の輸出額は比較的高い増加率を示したが，その後，増加率は鈍化した。再び輸出額の増加がみられるのは2003年以降である。しかし，これもリーマンショックにより一旦減少し，2011年に

---

[1] 日本貿易振興機構ホームページ「世界と日本のFTA一覧（2013年11月）」によれば2013年9月時点で発効済みのものが252件であった（http://www.jetro.go.jp/world/japan/reports/07001524）。

8　第1部　現　状

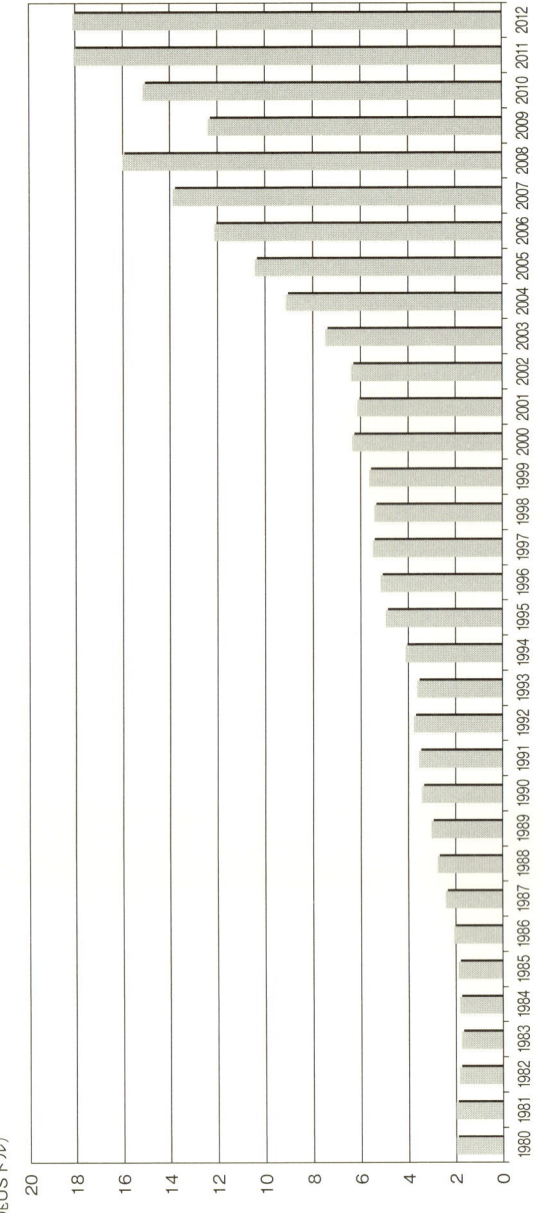

図1-1　世界の輸出額の推移

(出所)　IMF, "International Financial Statistics : IFS". から作成。

ようやく，2008年の水準を超えたのである．

輸出額は名目で表記されるが，世界のGDPに占める比率も趨勢的に増大しており，その意味では世界経済に占める貿易の重要性も増しているといえる．

このような変化は前節でみた南北貿易から先進国同士の北北貿易，そして現在の地球規模での貿易への変化と軌を一にするものである．もはやいかなる国も対外的な貿易から離れて経済活動を円滑に行うことはできない．その意味でも地球全体がモノを通じて一体化しているのである．

● 3-2 投資の増大

貿易の自由化と並んで推進されたものが投資の自由化であった．前述のEPAは貿易の自由化だけでなく，投資などの経済活動の自由化を含むものであった．先進国における投資の自由化は1970年代末頃から進んでいたが，発展途上国における海外からの投資に対しては長い間規制が設けられてきた．しかし，貿易の自由化が発展途上国で本格化する以前からアジア各国は輸出を行う多国籍企業の誘致には積極的であり，輸出加工区[2]などを設けて先進国からの投資を促していた．

直接投資の受入態勢の整備については2国間投資協定の急増にその実態が反映されている．1990年には500件を下回っていた件数は1990年代に急増し，2000年には1941件，2010年には2807件に達している（経済産業省 2012）．

国別ではヨーロッパ各国が多くの2国間投資協定を結ぶ傾向にあり，ドイツの136件を筆頭にスイス，イギリス，フランスが100件を越えている．アジアでは中国（127件）や韓国（90件）がこの協定を多用している．ちなみに米国は47件，日本は28件であった．

このような投資面での自由化により，多国籍企業は活動範囲を大きく拡大することとなった．歴史的にみれば東インド会社にまで遡ることができるといわれる多国籍企業であるが，特に第2次世界大戦後，米国の企業を中心として多

---

[2] 輸出加工区とは国内の関税上の飛び地である．アジアでは1960年代半ばにインドや台湾で輸出加工区が建設され，1970年代には韓国やマレーシアなどが同様の施設を建設し，多国籍企業の誘致に貢献した．中国の経済特区もほぼ同様の機能を持つ．

10　第1部　現　状

図 1-2　世界の直接投資額の推移

（出所）World Bank, *World Development Indicators*, (Last Update: 2013. 11. 27) から作成。

国籍化が進んで行った。この流れはその後，ヨーロッパの企業，日本の企業にも広がり，各国に子会社を配置した多国籍企業は各国の要素賦存状況を活用し，利潤の極大化をはかった。

次に直接投資額の変化から，グローバル化の実態をみる。これは多国籍企業の動向とも深く関わっている。直接投資額の増大が企業活動のグローバル化を測る指標の一つである。世界の直接投資額は図1-2にあるような変化を遂げてきた。全体として1990年代半ばまでは比較的単調な増加であったが，1990年代の後半から2000年にかけて急速な増大を示した。その後は年による変動が大きく，一定の傾向を見出すことはできない。また，貿易と同様，2008年のリーマンショック後，直接投資額は急減した。

投資国をみて行くと，かつては先進国が圧倒的に多く，天然資源を除けば，先進国出身の多国籍企業はその投資先をまず，他の先進国とするケースが多かった。先進国同士の投資はサービス業において顕著となっており，これは経済のサービス化，ソフト化によるものである。しかし，近年，先進国から発展途上国への投資も製造業を中心に増加し，多国籍企業はまさにグローバルな活動を行う経済主体となった。依然として先進国出身の多国籍企業の比率が高いものの，近年，発展途上国や新興国からの投資も増加し，その存在感を高めつつある。

直接投資は単にカネだけの移動ではなく，投資を行った企業は，ヒト，モノ，カネ，情報といった経営資源を受入国に移転する。このことが受入国の経済発展を促進する要因ともなる。また，輸出と異なり企業の進出はより深く受入国のニーズを探ることを促し，新たなニーズの開拓にも貢献する。

◉ 3-3　ヒトの移動

現在は前節でみたような大規模な移民はみられないが，一方で外国の企業での勤務，留学などの一定期間の滞在，旅行などの短期の滞在など，多様な形でのヒトの移動が発生している。このうち，海外旅行を取り上げ，検討を加える。

生活水準の向上は余暇の増大をもたらし，旅行者が増える。さらに金銭的に余裕がある場合，旅行先は海外へと広がるのである。我が国の歴史を振り返っても，高度経済成長以降，海外旅行者が急増し，これは円高によってさらに加

表 1-1　世界各地域の国際観光到着者数の推移

年	国際観光到着者数（百万人）					
	1990	1995	2000	2005	2010	2012
世界	436	529	677	807	949	1,035
ヨーロッパ	262.7	305.9	388	448.9	485.5	534.2
アジア・太平洋	55.8	82	110.1	153.6	205.1	233.6
アメリカ大陸	92.8	109	128.2	133.3	150.4	163.1
アフリカ	14.8	18.8	26.2	34.8	49.9	52.4
中東	9.6	13.7	24.1	36.3	58.2	52

（出所）　World Tourism Organization（UNWTO），"Tourism Highlights 2013 Edition"，より作成。

表 1-2　国際観光支出上位国（2012 年）

順位		国際観光支出（十億 US ドル）
1	中国	102
2	ドイツ	83.8
3	米国	83.5
4	英国	52.3
5	ロシア連邦	42.8
6	フランス	37.2
7	カナダ	35.1
8	日本	27.9
9	オーストラリア	27.6
10	イタリア	26.4

（出所）　World Tourism Organization（UNWTO），"Tourism Highlights 2013 Edition"，より作成。

速された。アジア諸国をみるとまず，韓国，台湾などのアジア NIEs からの旅行者が増加し，これに続いて ASEAN，さらに中国で海外旅行者が増大している。

　世界の海外旅行者数は 2012 年には 10 億人を突破している。旅行目的の内訳をみると，52％がレジャーなどであり，次いで 27％が親戚や友人の訪問，10％がビジネス，残る 7％がその他の特定されていない人数である。表 1-1 にあるように 1990 年に 4 億 3600 万人だった観光客数は 2000 年には 6 億 7700 万人に

増加し，2010年には9億4900万人へと増加した。特に2000年以降，急増傾向にある。

主要な受入国はフランス，米国，中国，スペイン，イタリアであり，トップ10のうち，米国，中国，マレーシアを除くと他はすべてヨーロッパの国々である。

海外旅行に対する支出が多い国は表1-2のようになる。中国は総額では1位であるが一人当りの支出をみると上位10か国のなかでは最下位となる。基本的に同一地域内，例えばヨーロッパであればヨーロッパ内に向けた観光客が多い傾向にあるといえる。

長期的に見ると海外旅行者数はこれからも増加を続け，2020年には14億人，2030年には18億人に達するとみられている。このうち人数の伸びが最も多い地域はアジア太平洋で2030年には全体の30％を占めると予想されている。

● 3-4　情報通信

情報通信機器の発達と情報インフラの整備により，経済のグローバル化は一気に進んだといえる。世界のインターネットの利用率は年々着実に増加しており，これに伴い情報が世界中を瞬時に飛び交うようになってきている。また，情報伝達コストもインターネットの普及により劇的に低減した。このことも経済のグローバル化を促進した一因である。

世界のパソコンの世帯当りの普及率は2012年には40.7％に達していた。先進国のみを取り上げると75.5％となり，一家に一台という状況に近づきつつある。インターネットの世帯当りの普及率もほぼパソコンと同じ傾向を示しており，世界では41.1％，先進国では77.7％となっている[3]。

図1-3にあるように日本を含めた先進国では100人当りのインターネット利用者数は80人前後となっている（2012年）。先進国をみると1990年代末から2000年代の前半にかけてインターネットの普及率が急速に増加している。アジアではIT先進国である韓国が84.1％と最も高く，次いで日本の79.1％，シン

---

[3] Internet World Statsではユーザーを人口で割っており，世界で34.3％など統計の取り方で数値は異なる。

14　第1部　現　状

図1-3　インターネット普及率の推移（国際比較）

(注)　人口に占めるインターネット利用者数の割合（100人当りの利用者数）。
(出所)　World Bank, *World Development Indicators*, (Last Update: 2013. 11. 27) から作成。（原資料は, International Telecommunication Union (ITU), *World Telecommunication/ICT Development Report* など）。

ガポールの 74.2％，香港の 72.8％となっている。ちなみに中国は 42.3％であった（2012 年）。

近年，中国を初めとするアジア諸国ではインターネットの利用者が急増しており，韓国や日本を除くと利用率は低いものの，利用者数ではアジアは世界の約 45％を占めるに至っている。

4 グローバル化の本質

経済のグローバル化は次節で述べるように北海道などの地域経済にも様々な影響を及ぼすものである。そのため，ここではグローバル化の本質について考えてみたい。

まず，一国経済という単位が有効でなくなりつつある事実は注目に値する。これまで，我々は国を一つの単位として経済活動をみることに慣れ親しんでしまっていたが，経済活動のグローバル化はその考えを覆すものである。経済的な結びつきは一国内から離れ，複数国さらには全世界にまたがることも不思議ではなくなった。特に多国籍企業の活動がこの動きを助長している。

さらに，輸送コストの低減と輸送時間の短縮は急速に地球を小さくしてきている。そこにインターネットによる情報の瞬時の流れと容易なアクセスが加わることにより，いわゆる経営資源と呼ばれるヒト，モノ，カネ，情報の流れが加速度的に速まってきた。

上記の様々な変化を前提として，以下では経済のグローバル化という大きな潮流の中からまず市場と生産の変化に注目し，ついで様々な場面での競争のパターンについて考察する。

● 4-1　市　　場

貿易自由化の流れの帰結として市場が拡大した。単に地理的な範囲が拡大しただけでなく，市場間のつながりもより強固なものとなっている。経済のグローバル化は世界を一つの大きな市場に収斂させる傾向を持つ。未だ一つの市場に収斂されてはいないが，ヨーロッパや北米のような複数の大市場が存在している。

市場収斂化の進展の例として，国際マーケティングの分野などで指摘されるように（Takeuchi and Porter 1986），世界中の大都市でライフスタイルの平準化や嗜好される商品の均一化や標準化が進んでいることがあげられる。若者はスマートフォンで会話をし，携帯音楽プレーヤーで好みの音楽を場所を問わずに聴き，タブレットでインターネットに接続し，あらゆる情報を入手している。各国に巨大ハンバーガーチェーンが出店し，世界的に展開する大手アパレルメーカーも各国に出店している。食やファッションですら一部で標準化が進んでいるのである。流行，消費者行動，嗜好が標準化されつつある。巨大かつ均一化した市場はグローバル化の一つの潮流となっていることは事実である。そして，その背景には文化面のグローバル化や巧みな多国籍企業による宣伝広告活動の存在がある。

もちろん，最終消費財を中心に標準化だけが進行することはなく，標準化の程度も商品特性によって異なるため単純な議論とはならない。現時点で地球規模での市場が形成されている産業は一部の消費財や統一規格を持つ部品などの中間財に限られる。

市場の拡大や製品の標準化へのカウンターパワーとして，セグメント化されたニッチ市場や差別化された製品に対する根強いニーズが存在することも事実である。現実には依然として各国間の所得格差や嗜好の違いにより，商品が標準化されないケースが多い。

また，商品だけでなく観光などサービスに関する市場もグローバル化している。ただし，製品以上にサービスは差別化されやすいため，この分野では標準化された世界市場よりもセグメント化されたニッチ市場がより多く存在するといえる。

このようにグローバル化に伴う市場の変化の方向性は単一の世界市場に向かう場合と各国，地域や消費者層によるセグメント化に向かう場合の2つの大きな流れに分かれる傾向があるといえる。この2つの方向性の間に重層的で多種多様な市場が存在するとみることができ，この背景には情報通信技術の発達があるといえる。

●4-2 生　産

　生産面でも市場と同様，一方で，多国籍企業による標準化された製品を大量に生産することによる，生産の集中，統合，そして寡占化が進みつつある。工業製品についてはこの傾向が強いが，農産物などではニッチ市場に差別化された商品を供給するパターンもみられる。

　まず，製造業について考察する。規模の経済が働く工業製品については多国籍企業が大市場に向けて大量生産した製品を供給する傾向が強い。多国籍企業は世界中に配置された子会社を用い最適な生産を追求する。これにより価格競争力を増すとともに，生産に必要な原材料，部品などについても支配力を強め，生産を統合して行く力が働いている。ただし，工業製品でも多品種少量生産により大量生産と一線を画し，付加価値やブランド価値を高める戦略も可能である。

　フラグメンテーション理論[4]に従えば生産工程を細分化し，資本集約的な工程は先進国に，労働集約的な工程は賃金の安い発展途上国に配置し，それぞれの比較優位を活用しながら世界規模での最適な生産を行うことができる。

　モジュラー型アーキテクチャ[5]の代表であるデジタル製品などについては強力なブランドを持つ多国籍企業の生産のみを請け負うEMS[6]が大きな力を持つようになってきた。

　自動車などのいわゆるインテグラル型アーキテクチャ[7]の産業では生産者と部品メーカーなどとの密接な関係性やジャスト・イン・タイムでの生産のため，特定企業の周辺に関連企業が集まり，クラスターを形成する場合が多い。古くからあるクラスターについては自然発生的なものもあるが，新たに意図的に産業集積を進めることもあり，特定地域に産業の立地が集中する傾向にある。

---

4) フラグメンテーション理論とその実態については木村（2006）を参照のこと。
5) モジュラー型アーキテクチャとは組み合わせ型とも呼ばれ，部品の標準化がなされ，これらを組み合わせることにより，製品を作るという設計思想である。モジュラー型と後述するインテグラル型アーキテクチャについては新宅他（2009）を参照のこと。
6) EMSとはElectronics Manufacturing Serviceの略であり，主に電子機器の生産を大手からの受託の形式で行う業態をさす。
7) モジュラー型アーキテクチャの対極にあり，擦り合わせ型とも呼ばれる。カスタマイズされた部品を企業間で調整する設計思想である。

集積がさらなる集積を生み，ここでは強い求心力が働いており，生産の集中がさらに進む傾向にある。そのため，製造業では世界的な傾向として特定国や一国内の特定地域に生産が集中している。

農産物についても大市場向けに大規模農業を営む米国やオーストラリアなどのケースがみられるが，製造業に比べると産地の分散がみられる。これはまず土地と気候の制約があるためであり，また，自然環境の影響を大きく受けるため，特定の農産物の生産自体がある地域に限定され，いわゆる特産品となるのである。これらの生産量は多くなく，供給される市場も一般に特定の高級品を除けば世界市場ではなくニッチ市場となる。

● 4-3 競争のパターン

以下ではグローバル化のもう一つの本質である競争の激化についていくつかの面からみて行く。ここでも競争の激化に抗うような，差別化などにより一面的な競争を排除し，多面的，多角的な競争を選択する動きがあることを確認する。

まず，立地の競争が激化している。国際的，国内的に経済発展はまず，求心力が強く働き，経済の中心にヒト，モノ，カネが集まる傾向にある。しかし，過度の集中は土地や人件費の高騰などのために遠心力を作用させるようになる。

経済のグローバル化が進む前は，例えば我が国では首都圏に立地した企業がより安価な土地や労働力を求めて東北地方に工場を新設したり移転したりした。1980年代半ば以降，円高が進み，相対的に海外直接投資のコストが下がり，また，国内からの輸出が価格競争力を失うなか，日本国内での遠心力や経済的な波及はその力を失って行った。我が国企業の多国籍化やグローバルな経営が進み，企業の立地の選択肢が増え，企業は必ずしも日本国内の立地にこだわることもなくなった。

先進国のみならず新興国の企業も多国籍化するなか，かつては国内のみで立地の競争がみられたが，現在は国内外で企業立地を巡って熾烈な争いが起こっているのである。

次に価格とコストの競争についてみて行く。巨大な世界市場に向けて多くの企業が標準化した製品を導入することにより，競争が激化している。そして多

くの場合，これは価格競争となる。統一規格がなされている電子部品などは世界調達が可能であり，インターネットを通じて価格比較が可能なため，最低価格への収斂が進んでいる。

賃金についても，労働集約的な単純作業については多国籍企業が低賃金労働力を求めて工場を発展途上国に移転するため，世界規模で同一労働については賃金を最低賃金に収斂させ，先進国でも賃金の下方硬直性という特徴に変化が現れ，賃金が下落する事態が観察される。

価格競争以外にも，高付加価値製品や技術集約的な産業においてはクラスター間の競争の激化が起こっている。集積が一層の集積を呼ぶ状況では早期の集積化や政府などの助成をもとに形成される高度化したクラスターが競争力の源泉となる場合もある。

一方で，競争のパターンは差別化に依拠したものとなる場合がある。価格やクラスターに根差した競争よりも実際には差別化による直接的な競争の回避と特定のセグメントを意識したニッチ戦略が多くみられる。地域特性に依拠した差別化やブランド化は模倣性の低さゆえに差別化の程度が大きく，また，競争を回避する可能性が高まる。

差別化の方向としては市場の差別化もある。巨大で画一化された市場での競争は熾烈を極め，一部の企業のみが生き残ることができる。このような競争を避け，ニッチ市場を開拓することが，経済がグローバル化するなかで重要となる。

また，反グローバリズム（地域指向）とでもいうような現象も起こりうる。経済のグローバル化は直接，間接的に様々な影響を地域経済に与えている。地産地消などの地域に根差した活動はある意味，グローバル化へのアンチテーゼであり，顔の見える関係を維持したいという意思表示ともいえる。

逆説的ではあるがグローバル化は各国，各地域特有の経済活動の価値を相対的に高める作用を併せ持つのである。特に差別化は地域特性を反映することが多く，地域特性の価値はグローバル化のなかで相対的に増大する可能性がある。

5 北海道経済への影響

経済のグローバル化の影響は個人や企業レベル，地域レベル，国レベルなど

様々なレベル（単位）で生じるものであり，その影響もそれぞれのレベルで異なるものである。経済のグローバル化の影響は立場によりプラスにもマイナスにもなりうるのである。また，直接，グローバル化と関わりを持たないように見える経済活動であっても，間接的には様々な局面で海外と結びついている場合が多く，例えば原材料を辿って行くと海外に辿り着くケースも少なくない。このように経済のグローバル化はわれわれの経済活動に深く浸透しているのである。

まず，北海道などの地域が受けるであろうグローバル化の影響は国レベルのものよりも大きくなる可能性がある。それは各地域の産業構造が一国全体のそれとは異なっており，そこに地域特性があり，特定の産業に依存する割合が多くなるためである。当該地域の主要産業が強い国際競争力を持つ場合，または外向き産業が多い場合にはグローバル化はプラスに働き，国際競争力を持たない，または内向き産業が多い場合にはグローバル化のマイナスの面が強く作用する可能性がある。

表1-3は北海道と日本全体の産業構造をみたものである。ベースが年度と暦年に分かれているが，特徴は充分に把握できる。北海道の経済規模自体は全国の4％弱を占めるにすぎず，決して大きな地位を占めるわけではない。また，1次，2次，3次という大きな分類では，北海道の産業構造は第1次産業の比重が高く，一方で第2次産業の比重が低いといえる。さらに細かな分類でみると，農業，建設業，運輸業，政府サービス生産者の割合が全国の値よりもかなり高くなっており，製造業の構成比は全国のそれの半分にも満たない。

我が国の輸出産業の大半を占める製造業が北海道においては相対的に低い地位にある。我が国で経済のグローバル化の恩恵を最も受けるであろう製造業が脆弱であることは，そのメリットを享受できないことを示している。

一方で，貿易自由化の影響を最も受ける農業の比重が高く，このことは農産物の輸入が自由化された場合，マイナスの影響が出ることを意味する。国際競争力を持つ外向き産業が限られており，この点だけをみると北海道は経済のグローバル化により，厳しい状況に追い込まれる可能性が高い。

次に北海道の貿易についてみて行く。2012年の北海道の輸出額は約3848億円で，我が国の全輸出額の0.6％を占めるにすぎない。また，北海道の輸入額は

1 経済のグローバル化と北海道

表 1-3　2012 年度道内（国内）総生産（生産側）（名目）経済活動別
(単位：億円, %)

項目	北海道 実数	北海道 構成比	全国 実数	全国 構成比
1　産業	155,189	84.2	4,248,415	88.1
（1）農業	5,113	2.8	47,693	1.0
（2）林業	240	0.1	1,519	0.0
（3）水産業	1,421	0.8	7,345	0.2
（4）鉱業	278	0.2	3,010	0.1
（5）製造業	17,321	9.4	943,331	19.6
（6）建設業	12,435	6.7	261,977	5.4
（7）電気・ガス・水道業	5,005	2.7	110,078	2.3
（8）卸売・小売業	23,636	12.8	659,805	13.7
（9）金融・保険業	6,753	3.7	237,660	4.9
（10）不動産業	23,619	12.8	568,900	11.8
（11）運輸業	13,498	7.3	234,653	4.9
（12）情報通信業	7,096	3.9	259,782	5.4
（13）サービス業	38,776	21.0	912,664	18.9
2　政府サービス生産者	24,758	13.4	439,239	9.1
3　対家計民間非営利サービス生産者	4,310	2.3	100,092	2.1
4　小計	184,257	100.0	4,787,746	99.3
5　輸入品に課される税・関税	980	0.5	48,465	1.0
6　（控除）総資本形成に係る消費税	953	0.5	25,930	0.5
7　統計上の不突出	—	—	1,356.3	0.3
8　経済活動別道（国）内総生産	184,284	100.0	482,384.4	100.0
（参考）　第 1 次産業	6,774	3.7	56,556	1.2
第 2 次産業	30,033	16.3	1,208,318	25.1
第 3 次産業	147,450	80.0	3,522,873	73.1

（出所）　北海道総合政策部「平成 22 年度道民経済計算確報」，内閣府「平成 24 年版国民経済計算確報」による．
（注）　1　北海道は年度値，全国は暦年値．
　　　2　各産業の構成は以下の通りである．
　　　　第 1 次産業：農林水産業
　　　　第 2 次産業：鉱業，製造業，建設業
　　　　第 3 次産業：電気・ガス・水道業，卸売・小売業，金融・保険業，不動産業，情報通信業，サービス業，政府サービス生産者，対家計民間非営利サービス生産者

約 1 兆 6543 億円で，我が国の全輸入の 2.3％ を占めている．輸出自体が非常に限られているが，表 1-4 にあるように，そのなかでも約 8 割を工業製品が占めている．大分類では機械類及び輸送用機器が全輸出の 44.5％ を占め，そのうち，自動車関連の輸送用機器が 27.6％，原動機などの一般機械が 13.2％ であった．

表 1-4 北海道における主要輸出品の構成比（2012年）

区分	構成比
食料品及び動物	9.5%
魚介類及び同調製品	8.4%
鉱物性燃料	3.8%
化学製品	12.7%
原料別製品	23.3%
鉄鋼	19.7%
機械類及び輸送用機器	44.5%
一般機械	13.2%
電気機器	3.7%
輸送用機器	27.6%

（出所）　函館税関「北海道貿易概況（確定値）2012年分」。

表 1-5 北海道における主要輸入品の構成比（2012年）

区分	構成比
食料品及び動物	11.9%
魚介類及び同調製品	4.6%
とうもろこし	2.7%
鉱物性燃料	71.3%
原油及び粗油	53.6%
化学製品	3.6%
原料別製品	5.2%
機械類及び輸送用機器	3.2%

（出所）　函館税関「北海道貿易概況（確定値）2012年分」。

　次に輸出が多い原料別製品は全輸出の23.3%を占め，そのうち，鉄鋼関連が19.7%であった。これらについで，化学製品が12.7%であった。自動車関連の輸出は米国向けが最も多く，これにアジア，中米向けが続いていた。原動機と鉄鋼関連の輸出はアジア中心であった。

　輸出の成長が期待される食料品及び動物は全輸出の9.5%であり，その大半が魚介類及び同調整品（8.4%）であった。食料品関連の輸出は依然として小さく，また，そのほとんどは魚介類であることが分かる。

　一方，輸入であるが，表1-5にあるように，鉱物性燃料が全輸入の71.3%を占めていた。我が国全体の輸入に占める鉱物性燃料の比率が15%から20%であることを考慮すると，北海道の輸入においていかに鉱物性燃料が突出しているかが分かる。また，全輸入のうち，53.6%が原油及び軽油であった。鉱物性燃料に次いで輸入が多かった品目は食料品及び動物の11.9%であった。その内訳を見ると，魚介類及び同調整品（4.6%）ととうもろこし（2.7%）が多い。魚介類及び同調整品の7割弱がカニなどのロシアからの輸入であり，とうもろこしの輸入の大半は米国からのものであった。

　北海道から本州方面への移出入があるため，貿易統計に現れない海外との取引もあるが，表1-4，1-5からも北海道経済の特徴をみることはできる。

経済のグローバル化の特徴のひとつは各地域の経済活動が海外と直結することにある。日本では貿易などは三大都市圏に集中しており，必ずしも地域が海外と直接結びつくわけではなく，さらに地域外の商社などの業者がその間に入り込むことが多かった。しかしグローバル化は地域経済がより強く海外と結びつくことを促進する。

例えば，九州は地理的に韓国や中国に近く，歴史的にも結びつきが強い。そのため，東京や大阪経由でないこれらの国々との経済活動が活発である。北海道でも中国東北部やロシア，特にサハリンとの経済関係の強化がみられる[9]。各地域が直接海外と経済活動を行うことは，東京を経由する場合と比較するとコストの軽減や的確なニーズの把握，中間マージンの軽減などのメリットをもたらすものである。

これまでアジアにおいては日本の経済力が突出していたが，近隣諸国は急速な経済成長を遂げており，彼らの購買力の増大は日本製品の購入と日本への旅行客の増大という変化をもたらした。北海道にもプラスの影響を及ぼしている彼らの存在は縮小する国内需要を補うものである。特に，輸送コストの低下や時間の短縮は商品の輸出に貢献するだけでなく，観光客などのヒトの移動にもプラスとなる。我が国は地方空港の整備が進み，各地の空港にも国際便が就航している。格安航空会社も増え，海外旅行も比較的安価になってきている。ビザの要件の緩和やビザ無しでの海外旅行の受け入れも増加している。

第3章でみるように，北海道を訪れる外国人旅行者の数はリーマンショックや東日本大震災の影響を受け，2008年，2009年および2011年に対前年度比で減少したが，それ以外の期間は順調な伸びをみせ，2012年度の来道者数は約79万人に達した。そのうち8割を越える人々がアジアからの来道者であった。特に台湾，韓国，中国，香港に来道者が集中している。

また，グローバル化により地域に新たな価値が生み出される可能性もある。地域特有の資源はそこに住む人々にとっては時に当たり前のものであり，そこに特有の価値を見出せない場合が多い。しかし，外から見ると非常に魅力的な

---

8) 日本経済新聞北海道版「極東ビジネス新局面」2013年12月3日から7日まで掲載を参照のこと。

ものと映るケースも少なくない．各国の人々の嗜好は異なっており，特に国内と海外のそれには大きな違いがある．グローバル化は新たな視点を地域に持ち込むのである．

その代表的な例がニセコ地区である．オーストラリアからの観光客が同国では夏にあたる期間に冬の北海道でスキーを楽しむために来道している．北海道はその雪質の良さで知られるが，国内からのスキー客の集客にのみ目を奪われがちで，海外の需要を見逃していた．また，これに伴い，オーストラリアやアジア諸国からの直接投資が増加している．

これらを含め，北海道に進出した2010年の外資系企業の事業所数（金融・保険業，不動産業を除く）をみると（経済産業省貿易経済協力局編 2011），事業所の総数は438で，全国9位であった．その内訳は製造業93，非製造業345であり，配置される機能としては製造業，非製造業とも営業・販売・マーケティング機能が多く，それぞれ79と299であった（機能については複数の回答）．

逆に日本貿易振興機構，北海道貿易情報センターの報告書「道内企業の海外進出活動実態調査」に基づき，直接投資についてみると，北海道企業の海外進出は2013年の段階で海外拠点数は137，地理的な分布をみると北東アジア（中国，韓国，台湾，モンゴル）が81と突出しており，特に中国（66）への集中が顕著である．それ以外では東南アジアが29，米国が10，ロシアが6となっている．業種別では製造業が53，卸・小売が45，商社が12，その他が27となっている[9]．時期的には2001年から2010年までに進出した拠点が最も多くなっている．

一方で，グローバル化のマイナス面も忘れてはならない．北海道の産業はほとんどが内向き産業や地元密着型の産業であり，これらの産業においても外国製品の新規流入の脅威は常にある．物理的な参入障壁がない産業では差別化などによる競争力の維持が必要である．そうでなければ，いずれは国内外の競争企業等の参入により道内企業のビジネスが縮小するであろう．グローバル化とはビジネス機会を求めてあらゆる企業が参入することを意味する．

FTAやEPAにより，外国企業に対して内国民待遇を与えることが多くの国

---

9) 進出形態は委託生産，現地法人，駐在員事務所などである．

で起こっており，長期的に特定の産業や企業を保護し続けることは困難となっている。グローバル化の恩恵を受けつつ，一方で海外からの輸入や企業の進出を拒むような，ダブルスタンダードは許容されなくなってきている。それぞれの産業はグローバル化時代に適した対応を求められているのである。

　最後に企業立地について触れる。企業の立地が国内に留まらず，国際的に展開されるようになった。この傾向は1980年代の円高以降，特に顕著であり，北海道の場合は首都圏から生じた遠心力による経済発展または工業化の波が北海道に達する前に日本企業の海外進出が始まり，グローバル化による負の効果が生じたといえる。立地競争に参入するか否かも大きな問題となる。研究機関や関連する様々な機能を持った企業が集中するようなクラスターは競争力を持つであろうが，単なる企業の寄せ集めでは遠心力を活用した企業誘致は難しい状況にある。

6　グローバル化への地域の対応

　具体的な北海道経済の方向性については次章以降の各分野の研究や他の既存研究をもとに第11章で改めて取り上げる。ここではそのための基礎となる地域経済のグローバル化への対応について一般的な考察を行う。

　標準的な商品や人材は世界的な価格競争に組み込まれ，高価格体質が定着している日本を含めた先進国では生き残りは厳しい。これらの産業では低賃金で生産可能な場所に工場を立地させるか，差別化をはかり，価格競争から抜け出す努力が必要となる。このことは強力なクラスターを持ち，イノベーションを継続できない製造業の立地が他地域に移りやすいことを示している。

　世界的な競争に参入できる外向き（海外指向的）産業は偏在する傾向にあり，これらを有する地域は国内ではほぼ三大都市圏に限られている。北海道を含むそれ以外の地域においては内向き（国内指向的）産業が中心であるが，海外のニッチ市場への参入を目指す産業の創出は可能である。その際，地域特性をもとに差別化により競争力を強化するという対応が必要である。すでに述べたように経済のグローバル化は地域特性を顕在化させ，これを有効に活用する機会を地域経済にも与えることができる。地域特性は北海道などの各地域を他の地

域と差別化させるものである。

　この地域特性はモビリティーの低い要素により生み出されることが一般的である。差別化の源泉は各種の要素である。ここでは要素を生産要素だけでなく広義で捉えている。モビリティーの高い要素は画一化されやすく，地域特性や差別化の源泉とはなりにくい。特に重要な要素はその地域にしか存在しない要素である。天然資源などはその典型である[10]。クラスターも形成されたものであれば，そのなかに存在する人材などのモビリティーは低くなる。

　これらの要素を元にいかに付加価値を付けるか，またはブランド化を進めるかが一つのカギとなる。日本国内でも地域のブランド化が進んでいるが，地域特性をもとに地域ブランドの創出や強化により，これを活用して海外向けに商品を売り込むことも可能である。また，海外からの観光客の誘致の際にも地域ブランドは有効に機能する。ブランドとそれがもたらす好イメージは集客に活用できる。また，地域ブランドの存在は国内他地域との差別化において特に重要となる。

　地域が独自に海外市場を開拓することも求められている。特に潜在的な海外の需要を掘り起こすためには，外部者の視点が重要となる。地域に眠る潜在的な優位を地域内の視点のみで見つけ出すことは時として困難を伴う。また，潜在的な需要を顕在化させる方策についても，海外の視点を有効に活用することが望まれる。

　情報通信技術の発達により，人々は多くの情報を瞬時に集めることができるようになった。国内外を問わず，インターネット上で人々は様々な情報を入手している。海外向けの情報発信は海外の潜在的な需要を掘り起こす一助となる。ここでは地域レベルでの情報発信も必要となる。

　地域経済は必ずしもすべての産業において世界経済と直接結びついている訳ではない。しかし，一見，グローバル化からはほど遠いと思われる産業においてもグローバル化の波はひたひたと押し寄せている。各地域内の内向き産業はグローバル化により，これまで以上に外圧を受け，競争に晒される可能性が高まっている。内向き産業においても産業基盤の強化などが求められる。

---

10) これらは局地原料とも呼ばれる。岡田他（2007）を参照のこと。

各地域には地域経済を主導する基幹産業が存在し，内向きの産業が基幹産業である場合が多い。経済のグローバル化に対して，まず基幹産業内での変化への対応が必要となる。基幹産業の衰退は当該地域にとって死活問題であるが，一方で，地域経済を支える基幹産業は変化し，他産業との連携による新たな競争力を生み出すこともある。地域にどれだけ，新しい産業の芽があるか，また，それらがグローバル化に対応するものであるかが重要である。経済発展とは産業構造の変化と高度化を伴うものであり，地域においても継続的に産業を強化するための取り組みが必要となる。

7 結　語

本章では経済のグローバル化をまず，歴史的な観点から概観し，さらには数値を用いてグローバル化の実態をみた。その後に，今般のグローバル化の本質を均一化や標準化とそれに対するカウンターパワーである差別化に求めた。また，経済のグローバル化が北海道経済に与える影響とそれらへの一般的な対応についても考察を加えた。

貿易の自由化や金融政策，マクロの経済政策は中央政府が行うものであり，国内の各地域はこれらの政策決定プロセスに関与することはできるが，最終的には決定された政策に従わざるを得ない。そして，地域に与えられた裁量の範囲内で独自の産業政策を遂行することとなる。

経済のグローバル化は北海道を含む地域経済にとってその強みと弱みを再確認し，将来に向けての方向性を見極める機会を提供するものである。最終的には地域の競争優位をどのように構築し，維持し，強化し，さらにこれを多面的に結合するかが問われている。高付加価値化やブランド化など常に地域の活性化の際に議論される点も含まれるが，競争優位にはその源泉となる要素が最も重要である。ブランド化も地域が有する要素に大きく依存するものである。新たな価値の創造もまたしかりである。高付加価値は着実な改善から生まれるのである。長期的な観点から地域経済のあり方を見つめ直すことが求められている。

【引用・参考文献】

青木　健・馬田啓一［編著］(2001)．経済検証／グローバリゼーション―グローバル化する世界経済の現状と課題　文眞堂

経済産業省貿易経済協力局［編］(2011)．第44回外資系企業の動向（平成22年外資系企業動向調査）　社団法人経済産業統計協会

経済産業省通商政策局経済連携課 (2012)．投資協定の概要と日本の取り組み

木村福成 (2006)．東アジアにおけるフラグメンテーションのメカニズムとその政策的含意　平塚大祐［編］　東アジアの挑戦―経済統合・構造改革・制度構築　アジア経済研究所

小林好宏 (2010)．北海道の経済と開発―論点と課題　北海道大学出版会

大野健一 (2000)．途上国のグローバリゼーション―自立的発展は可能か　東洋経済新報社

大坪　滋 (2009)．グローバリゼーションと開発　勁草書房

岡田知弘・川瀬光義・鈴木　誠・富樫幸一 (2007)．国際化時代の地域経済学　第3版　有斐閣

小澤輝智 (1999)．「過剰な」直接投資と技術移転のジレンマ　浦田秀次郎・木下俊彦［編著］　21世紀のアジア経済―危機から復活へ　東洋経済新報社

新宅純二郎・天野倫文［編］(2009)．ものづくりの国際経営戦略―アジアの産業地理学　有斐閣

Steger, M. (2009). *Globalization: A Very Short Introduction*, Second Edition, New York, Oxford University Press．／櫻井公人・櫻井純理・高嶋正晴［訳］(2010)．新版グローバリゼーション　岩波書店

Takeuchi, H., and Porter, M. E. (1986). Three Roles of International Marketing in Global Strategy（国際マーケティングの三つの役割），Porter, M. E. (eds.) (1989). *Competition in Global Industries*, Boston, Harvard Business School Press．／土岐坤・中辻萬治・小野寺武夫［訳］　グローバル企業の競争戦略　ダイヤモンド社

World Bank (2002). *Globalization, Growth, and Poverty: Building an Inclusive World Economy*, New York, Oxford University Press．／新井敬夫［訳］(2004)．グローバリゼーションと経済開発―世界銀行による政策研究レポート　シュプリンガー・フェアラーク東京

2 北海道経済の貯蓄投資バランスと域際収支[1]

【要　旨】

　本章では，1990年代後半以降の北海道経済を対象に，変容するマネーフローの実情を貯蓄投資バランス論の視点から概観する。さらに，国際収支統計に準拠する形で域際収支を整理し，北海道と道外の間で展開するマネーフローの包括的な把握を試みる。

　2001年度〜2010年度にかけて，貯蓄から投資へのマネーフローは，官・民ともにグロスベースでの縮小と貯蓄投資差額の経年的拡大が同時にみられ，資本形成力の弱体化がうかがわれる。今後の財政トランスファーの動向如何では，北海道経済のダウンサイドリスクが高まることも考えられる。

　また，域際収支を国際収支統計に準えて整理してみると，道外との間で生じるマネーフローに質的な変容を見いだすことができる。インフローが従来の資本移転に伴うものから社会保障関連に伴うものへと大きく変わり，経済に対するインパクトの点では，「起爆力」の低下が推察される。

　貯蓄を如何にして投資へと向かわせるか。この基本的な命題が今日的な意味合いを帯びて，北海道経済に突きつけられている。

---

1) 本章は齋藤（2012）を基に，これに加筆修正を加えたものである。

1 はじめに

「蝦夷地之儀は皇国の北門（……）箱館平定の上は，速に開拓教導等之方法を施設し，人民繁殖の域となさしめられるべき候に付き，利害得失，各意見無忌憚可申出候事」。

1869年5月，明治天皇は蝦夷地開拓の御下問書を下付し，北海道開拓の幕が切っておとされた。以来，わが国が資本の本源的蓄積に邁進する中で，北海道は移民を梃子に，「異域」から「内国」化への道を歩んできた。開拓の初期には士族や囚人が，後には営農をはじめとする移民が，開拓の担い手として政策的に移植されてきた。

しかし，北海道開拓の真の主役は彼らではなかった。北海道庁初代長官・岩村通俊の施政方針演説「移住民を奨励保護するの道多しといえども，渡航費を給与して，内地無頼の徒を召募し，北海道をもって貧民の淵藪となす如きは，策のよろしき者にあらず。（……）自今以往は，貧民を植えずして富民を植えん。是を極言すれば，人民の移住を求めずして，資本の移住を是れ求めんと欲す」（1887年5月）とあるように，主役は政商をはじめとする富裕層であり，官営事業の払い下げと国有未開地の処分によって，生産手段は道外資本や華族の手に握られてきた。国家的な要請から移民によって開発された北海道の近代はこうして始まり，その後の地域経営や経済活動においても，「内国植民地」的な性格が色濃く反映する[2]。

1947年，北海道は開道以来はじめて自治体となった。しかし，地方自治が確立する一方で，開発行政は国政に委ねられ，1950年6月には北海道開発庁（現在の国土交通省北海道局）が設置された。戦後の時代環境の中で，北海道の開発には，増大する生産年齢人口の収容や豊富な未利用資源の開発など，国民経済的な見地からの意義づけがなされたのである。1952年には，「産業振興の基盤となるべき基礎施設の整備」を目的とした第1期北海道総合開発計画が策定され，その後，7次にわたって計画はロールオーバーされてきた。

---

[2] 北海道開拓を巡る一連の研究をサーベイしたものに，今西（2007），内藤（2011）がある。

だが，日本経済が戦後的な状況を脱し高度経済成長のプロセスを突き進む中で，北海道開発の意義もまた変容を強いられた。いわゆる開発論争の中で，「開発に国費を投入する意義は何か」という問いが投げかけられたのである[3]。論争は，北海道の資源的価値と後進性・特殊性を巡って戦わされた。前者を重視する立場からは，北海道のポテンシャリティを強調する議論が発せられ，後者に重きを置く立場からは，特恵的な待遇を求める主張がなされた。しかし，1960年代以降になると論争は下火となり，北海道開発それ自体の「自己目的」化がみられるようになる。その時々の政治的な「意義づけ」を身にまとった北海道開発は，皮肉なことに，開発資金の投入（財政トランスファー）をトリガーとする産業構造——いわゆる「官依存」の経済体質——を固着化させていった。

しかし，近年，国家財政が逼迫する中で，開発資金の投入が変調を来している。開発資金の投入は，北海道経済にとっては正に，成長通貨の供給源泉であり，経済活動の持続可能性を支え続けてきたといっても過言ではない。

本章では，1990年代後半以降（1996年度～2010年度）の北海道経済に焦点を当て，変容するマネーフローの実状を貯蓄投資バランス論の視点から概観する。併せて，国際収支統計に準拠する形で域際収支を整理し，北海道と道外の間で展開するマネーフローの実状を把握する。なお，本章で観察しているデータに関して，1996年度～2000年度分については「平成21年度道民経済計算確報」を，2001年度～2010年度分については「平成22年度道民経済計算確報」を出所とし，いずれも名目ベースでの値を用いている。

2 道民経済計算と貯蓄投資バランス

北海道経済を俯瞰するにあたり，まずは分析の枠組みをなす貯蓄投資バランスについて概説しておこう[4]。図2-1は，道民経済計算における支出面と処分面の恒等関係を図示したものである。いま，道内総支出をE，民間最終消費支

---

3) 例えば，財団法人統計研究会経済構造研究部会（1960）総論，pp.1-30を参照。
4) 貯蓄投資バランス論の視点から域際収支問題を取り上げたものに，土居（2005），峰岸（2005），原（2007）第5章「域際収支論」，pp.131-147などがある。

出と政府最終消費支出の総和を C, 道内総資本形成（＝道内総固定資本形成＋在庫品増加）を I, 財貨・サービスの移輸出を X, 財貨・サービスの移輸入を M で表すと, 道内総支出 E はその定義から,

$$E = C + I + X - M + 統計上の不突合 \tag{1}$$

となる。一方, 道民可処分所得 Y は, 道内純生産（＝ E －固定資本減耗）と道外からの要素所得の受取（純）net Fi, 道外からのその他の経常移転（純）net Ct の総和として与えられることから,

$$Y = E - 固定資本減耗 + \text{net Fi} + \text{net Ct} \tag{2}$$

と表される。さらに, 道民貯蓄 S を道民可処分所得 Y から最終消費支出 C を差し引いた残差として定義すると,

$$S = Y - C \tag{3}$$

となる。

ここで, (3)式に(1)式と(2)式を代入して整序すると,

$$S - \text{net I} = (X - M) + \text{net Fi} + \text{net Ct} + 統計上の不突合 \tag{4}$$

ただし, net I は,

道内純資本形成（＝ I －固定資本減耗）

という恒等関係が事後的に成立する。この(4)式が貯蓄投資バランス式であり, 統計上の不突合をさしあたり無視するならば, 貯蓄投資差額（S － net I）は経常道外収支（＝（X － M）＋ net Fi ＋ net Ct）と等しくなる。

さらに, (4)式左辺の貯蓄投資差額について, これを民間諸部門における貯蓄投資差額 Sp － net Ip と一般政府における貯蓄投資差額 Sg － net Ig に部門分割すると,

$$(Sp - \text{net Ip}) + (Sg - \text{net Ig})$$
$$= (X - M) + \text{net Fi} + \text{net Ct} + 統計上の不突合 \tag{5}$$

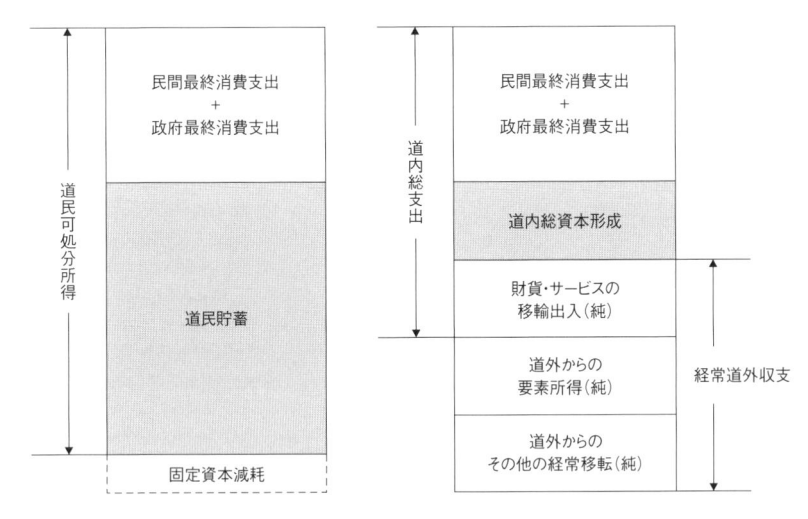

道民可処分所得=道内純生産+道外からの要素所得(純)+道外からのその他の経常移転(純)

図2-1 貯蓄投資バランス論の分析枠組み

となり,民間諸部門における貯蓄投資差額と一般政府における貯蓄投資差額の総和は,経常道外収支に等しくなるという形で表現することができる。

一般に,官公需に支えられた地方圏の貯蓄投資バランスとしては,

①民間諸部門の貯蓄投資差額:Sp − net Ip > 0
②政府部門の貯蓄投資差額:Sg − net Ig < 0
③経常県外収支:(X − M) + net Fi + net Ct > 0　但し,X − M < 0

となることが,典型的なパターンとして想起されよう。他方,大都市圏では,

①民間部門の貯蓄投資差額:Sp − net Ip < 0
②政府部門の貯蓄投資差額:Sg − net Ig > 0
③経常県外収支:(X − M) + net Fi + net Ct < 0　但し,X − M > 0

となることが予想される。

図2-2は,これらふたつの圏域における貯蓄投資バランスと資金の地域間流

34　第1部　現　状

```
        地 方 圏                                    大都市圏
    貯蓄投資差額                                  貯蓄投資差額
      S−I>0          ────────▶                    S−I<0

    ┌民間諸部門┐                                ┌民間諸部門┐
    │ Sp−Ip>0 │                                │ Sp−Ip<0 │
    └         ┘                                └         ┘

    ┌ 一般政府 ┐                                ┌ 一般政府 ┐
    │ Sg−Ig<0 │                                │ Sg−Ig>0 │
    └         ┘                                └         ┘

    経常道外収支       ◀────────              経常県外収支
 (X−M)+net Fi+net Ct>0                    (X−M)+net Fi+net Ct<0

 ┌財貨・サービスの純移輸出┐              ┌財貨・サービスの純移輸出┐
 │        X−M<0         │              │        X−M>0         │
 └                       ┘              └                       ┘
```

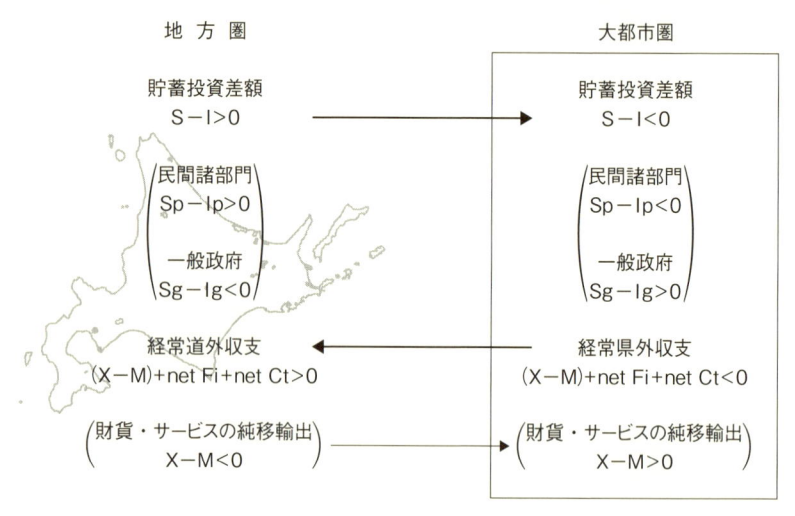

図2-2　資金の地域間流動

動を図式化したものである。地方圏では，民間部門において生じた貯蓄超過分が投資需要の旺盛な大都市圏に吸引されるとともに，大都市圏から移入した財貨・サービスの対価が，地方圏から大都市圏に向けて支払われる。他方，大都市圏から地方圏に向けては，地域間における所得再分配（財政トランスファー）に伴う資金の流れが生じる[5]。

3　北海道経済の貯蓄投資バランス

図2-3は，これまで概説してきた貯蓄投資バランスのフレームワークに即して，1990年代後半以降の貯蓄投資差額を示したものである。使用したデータは，北海道総合政策部「平成21年度道民経済計算年報・確報値」および「平成22年度道民経済計算年報・確報値」を出所とし，名目ベースでその動向を追っている。なお，2010年度の確報値から推計方法が改定されており，2001年度までは遡及推計が施されているものの，2000年度以前のデータとは厳密な意味で接続しない。このため，観察期間はもっぱら2001年度から2010年度とし，1996

---

[5] 政府間財政関係をマネーフローの観点から明らかにしたものに，佐野（2000）がある。

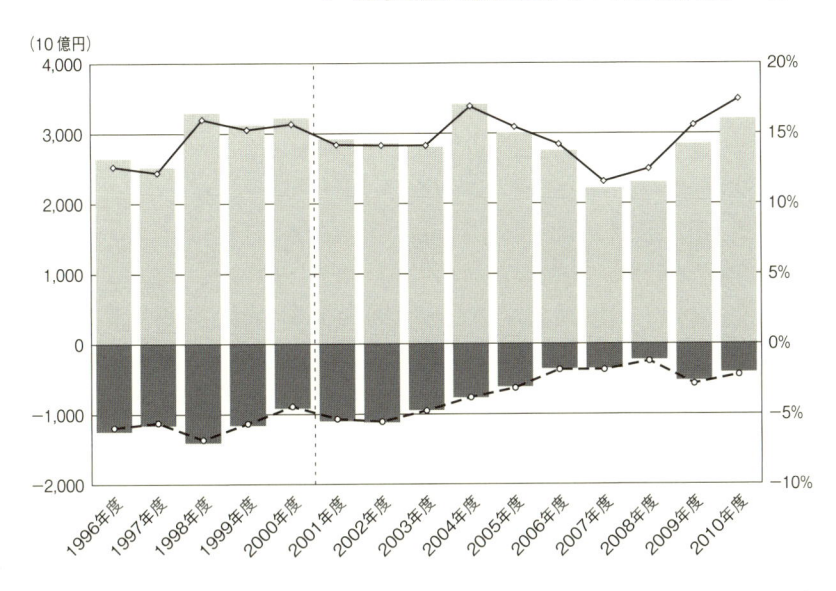

2 北海道経済の貯蓄投資バランスと域際収支

図 2-3　北海道の貯蓄投資バランス

（データ出所）　北海道総合政策部「平成 21 年度　道民経済計算年報・確報値」,「平成 22 年度　道民経済計算年報・確報値」。

年度から 2000 年度にかけてのデータは参考までにとどめておくこととする。

これによると，民間諸部門（非金融法人企業，金融機関，家計（個人企業を含む），対家計民間非営利団体の合計）の貯蓄投資差額（貯蓄超過額）は，平均（2001 年度〜 2010 年度）2 兆 8372 億円を中心に 2 兆 4 千億円から 3 兆 2 千億円のレンジで推移し，恒常的に貯蓄超過の状態にある。直近 10 年間では，2004 年度から 2007 年度にかけて縮小する傾向がみられるものの，2008 年度からは拡大に転じ（2008 年度 2 兆 2206 億円→ 2010 年度 3 兆 2145 億円），道内総生産（名目）との対比においても 11.6%（2008 年度）から 17.4%（2010 年度）まで上昇した。

これに対して，一般政府では，観察期間を通して貯蓄投資差額（投資超過額）が縮小する傾向が顕著にみられる。直接比較可能な 2001 年度以降に限ってみても，2002 年度の 1 兆 1164 億円から 2008 年度の 2287 億円まで，その規模が縮小している（ちなみに，2010 年度は 4073 億円の投資超過）。道内総生産（名

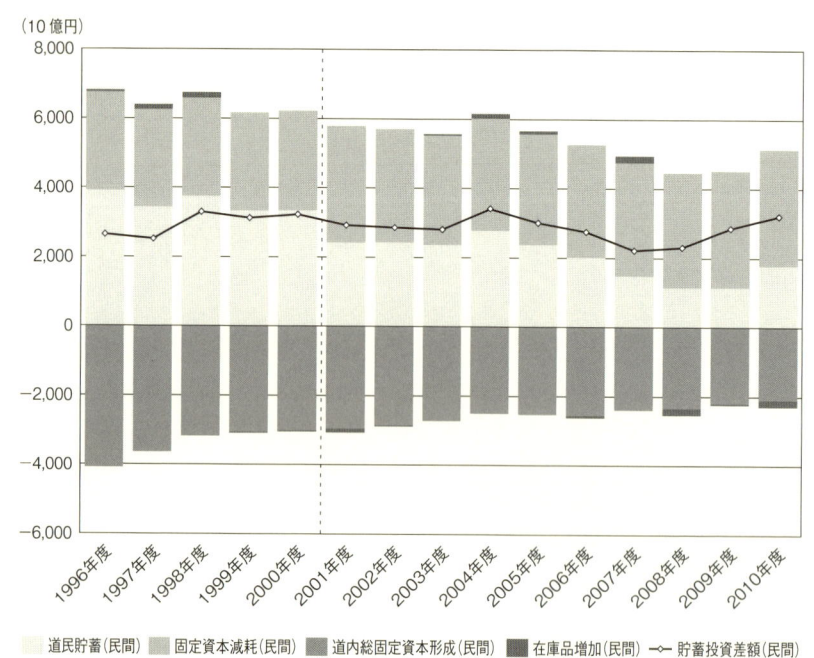

図2-4 民間諸部門の貯蓄投資バランス

（データ出所）北海道総合政策部「平成21年度　道民経済計算年報・確報値」、「平成22年度　道民経済計算年報・確報値」。

目）との対比においても、2002年度の▲5.5％から2008年度の▲1.2％まで、一般政府の貯蓄投資差額（投資超過額）が縮小傾向にあることを見て取ることができる（2010年度は▲2.2％）。

これらの動向から、民間諸部門の貯蓄投資差額が、恒常的に貯蓄超過の状態（道内総生産（名目）との対比で平均14.6％）にある一方で、一般政府の貯蓄投資差額（投資超過）は漸次縮小する傾向にあり、近年においては概ねバランスのとれた状態にあることがわかる。次に、こうした貯蓄投資差額の動向がどのような要因によってもたらされているのかを、投資（＝道内総資本形成）と貯蓄（＝道民貯蓄）、固定資本減耗のそれぞれに分解してみることにしよう。

図2-4は、民間諸部門における貯蓄投資差額の動向を、道内総固定資本形成と在庫品増加、道民貯蓄、固定資本減耗に分けて示したものである。先に、民間諸部門の貯蓄投資差額が恒常的に貯蓄超過の状態にあることをみたが、グラ

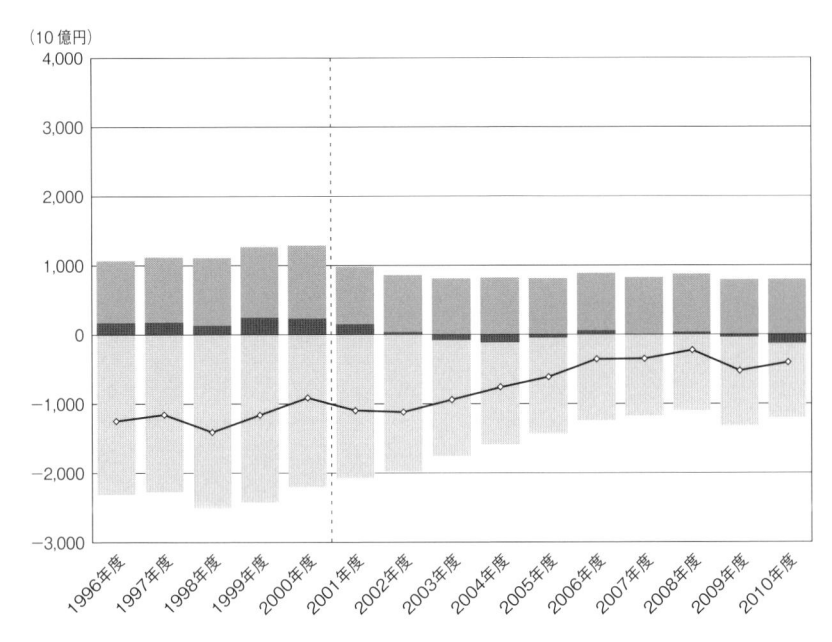

図 2-5　一般政府の貯蓄投資バランス

（データ出所）　北海道総合政策部「平成 21 年度　道民経済計算年報・確報値」,「平成 22 年度　道民経済計算年報・確報値」。

フからは，その内実が手に取るようにわかる。すなわち，投資の原資となる道民貯蓄と固定資本減耗の合計（＝粗貯蓄）は漸次減少する傾向にあり，2001 年度の 5 兆 8075 億円から 2010 年度の 5 兆 1597 億円まで 6478 億円減少した。他方で，粗投資（＝道内総固定資本形成＋在庫品増加）も 2001 年度から 2010 年度にかけて 9409 億円減少しており（2001 年度 2 兆 8861 億円→ 2010 年度 1 兆 9451 億円），北海道における民間諸部門の経済活動が貯蓄と投資の両面にわたって減退していることが見て取れる。民間諸部門における貯蓄超過は，年々の粗貯蓄が減少する中で，それを上回る粗投資の減少によってもたらされているのである。

さらにいえば，2001 年度以降は，民間諸部門の道内総固定資本形成が固定資本減耗を下回るようになった。このことは，新規投資はおろか，更新投資さえ手控えられていることを意味すると同時に，北海道の資本ストックが純減に転

じていることを示唆する。

 他方で，一般政府の貯蓄投資差額についても，民間諸部門と同様の傾向がみられる（図2-5参照）。一般政府の固定資本減耗こそ，概ね横ばいで推移しているものの（2001年度8276億円→2010年度8003億円），貯蓄は1723億円減少し（2001年度1533億円→2010年度▲1343億円），粗貯蓄全体では2876億円減少した。道内総固定資本形成は，公共事業関係予算の削減を主因として1兆44億円減少した（2001年度2兆778億円→2010年度1兆733億円）。結果，民間諸部門における貯蓄投資差額と同様に，粗貯蓄が減少する中で，粗投資の減少がそれを上回り，貯蓄投資差額（投資超過）の縮小がもたらされている。

 斯くして，2001年度から2010年度にかけての限られた期間ではあるが，貯蓄から投資へと向かうマネーフローは，官・民ともにグロスベースで縮小する傾向にあり，北海道経済はいわば「起爆力」を失いつつあるように思われる。

4　貯蓄投資バランスと域際収支

 ここまでは，もっぱら前掲(5)式の左辺に注目して，北海道経済の貯蓄投資バランスを概観してきた。次に，(5)式右辺の経常道外収支に目を移して，財貨・サービスの移輸出入や各種の移転から生じるマネーフローについて取り上げよう。

 一般に，域際収支については移輸出入（純）——財貨・サービス収支——を以て論じられることが多いが，これは，国際収支統計で貿易・サービス収支が大宗を占めていることに準えてのことかもしれない。しかし，地域経済においては，その他の経常移転や道外からの資本移転（純）といった各種の移転や，道外に対する債権の変動で表される投資収支の多寡が大きな意味を持っている。そこで，以下では，国際収支統計に準拠しながら，域際収支をより包括的に捉えるフレームワークを提示しておくことにしよう（表2-1参照)[6]。

---

[6] 域際収支を議論するにあたって，財貨・サービス取引のみならず要素所得や移転取引，資本取引を射程に収めたものに，高橋（1994），北海道（2005）第Ⅱ章「本道経済の構造とその特質」，遠藤（2010）がある。

表 2-1 域際収支の構造

経常道外収支		
	財貨・サービス収支	財貨・サービスの移輸出 − 財貨・サービスの移輸入
	所得収支	雇用者報酬(純) + 財産所得(支払) − 財産所得(受取)
	経常移転収支	その他の経常移転(支払) − その他の経常移転(受取)
資本道外収支		
	投資収支	道外に対する債権の変動(土地の購入(純)を含む)
	その他資本収支	道外からの資本移転等(純)
統計上の不突合		

(5)式は,統計上の不突合を無視すれば,貯蓄投資差額と経常道外収支が恒等的な関係にあることを示すものである。ここで,国際収支統計では,経常収支,資本収支,外貨準備増減,誤差脱漏の総和がゼロとなることを思い起こそう。国際収支統計に準えて域際収支を捉えるならば,そもそも地域には外貨準備を保有する通貨当局が存在しないことから,外貨準備増減に相当する項目は無くなる。誤差脱漏をさしあたり無視するならば,域際収支は経常収支と資本収支から成り,両収支はいわばコインの裏表の関係となる(経常収支 + 資本収支 = 0)。このことから,貯蓄投資差額が道外との間で取り交わす資本取引の収支尻——資本道外収支——となることは容易にわかる。即ち,貯蓄超過(S>I)の場合,道内に居住する経済主体は,貯蓄の一部を道内での投資に振り向けて固定資本ストックの形成を図る一方,残余については道外での運用に回している。このため,資本取引の上では,道外への支払超(マイナス)として計上される。逆に,投資超過(S<I)の場合には,自前の貯蓄を振り向けてもなお不足する額を,道外に居住する経済主体から調達しなければならない。それゆえ,投資超過状態については,資本取引上,道外からの受取超(プラス)として計上される。

このことをあらためて式で表すならば,次のようになる。

$$\text{貯蓄投資差額} = (\blacktriangle) \text{資本道外収支} \qquad (6)$$

ここで,(6)式を前掲(5)式に代入すると,

40　第1部　現　状

$$(\blacktriangle)\ 資本道外収支 = (X - M) + net\ Fi + net\ Ct + 統計上の不突合$$
$$= 経常道外収支 + 統計上の不突合 \qquad (7)$$

(7)式が得られる。(7)式から，統計上の不突合をさしあたり無視するならば，経常道外収支と資本道外収支の合計はゼロとなり，国際収支統計に準える形で域際収支をより包括的に捉えることができるのである。

他方で，資本道外収支については，これを構成する項目として投資収支とその他資本収支に分けてみることができる。

$$資本収支 = 投資収支 + その他資本収支 \qquad (8)$$

国際収支統計において，投資収支は一定期間内に居住者と非居住者との間で行われた金融資産・負債の取引を計上する項目として設けられている。ここでも，国際収支統計に準じて，道内に居住する経済主体と道外に居住する経済主体との間で行われた金融資産・負債取引を対象に，その収支尻である「道外に対する債権の変動」を投資収支として扱っている。また，固定資産の取得や処分に関わる資金の移転，固定資産の所有権の移転などを計上するその他資本収支では，「道外からの資本移転等（純）」をこれに該当するものとして区分している。このように，域際収支をより包括的に捉えるならば，もっぱら財貨・サービス収支のみに注目してきたこれまでの見方とは異なるマネーフローの実状を明らかにすることができる。

5　北海道における域際収支の動向

図2-6は，先に整理した収支項目に沿って，北海道の域際収支を示したものである。グラフの縦軸プラス方向には，道内に居住する経済主体からみたインフローを，マイナス方向にはアウトフローを載せている。これによると，北海道の財貨・サービス収支は基調的に赤字の状態にあるものの，社会保障に関わる国庫からの移転──その他の経常移転──などにより，経常道外収支は黒字で推移していることがわかる。観察期間を通してみると，財貨・サービス収支は，2001年度の▲2兆2046億円から2010年度の▲1兆4812億円まで，赤字

(10億円)

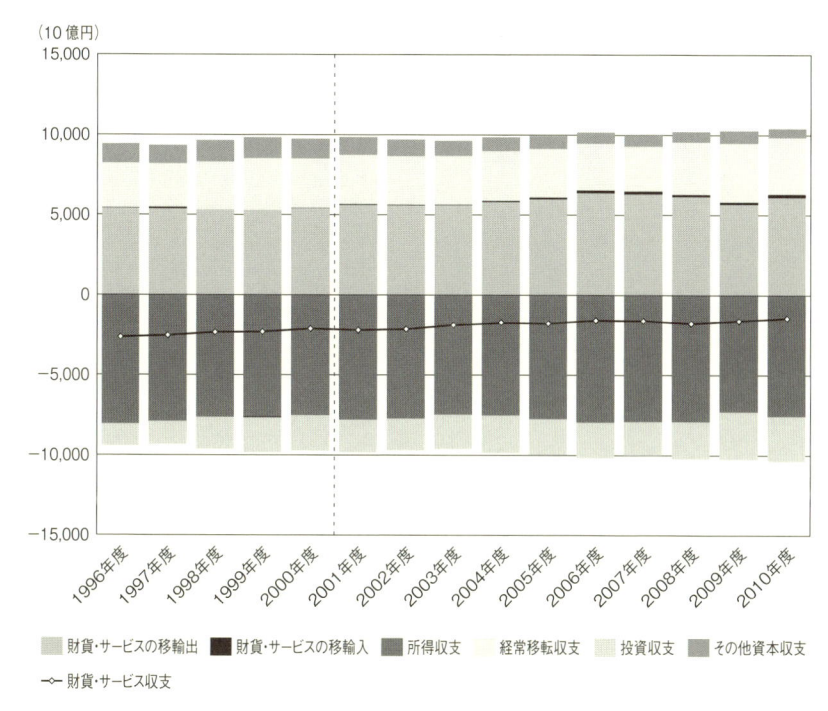

図 2-6　北海道の域際収支

(データ出所)　北海道総合政策部「平成 21 年度　道民経済計算年報・確報値」,「平成 22 年度　道民経済計算年報・確報値」。

額が縮小傾向にある。そこで，財貨・サービスの移輸出と移輸入それぞれの推移を追ってみると，移輸出が同期間で 4940 億円増加する一方，移輸入は 2293 億円減少し，財貨・サービス収支の赤字縮小がもたらされた。

　一方，経常道外収支の変化に着目すれば，財貨・サービス収支における 7233 億円の赤字縮小（2001 ～ 2010 年度）に加えて，その他の経常移転 4703 億円の増加を主因として，経常道外収支の黒字は 1 兆 3352 億円増加した（経常道外収支：2001 年度 9403 億円→ 2010 年度 2 兆 2755 億円）。また，経常道外収支と資本道外収支は，いわばコインの裏表の関係にあることから，経常道外収支における黒字の増加は資本道外収支の赤字の増加，言い換えるならば，道外に対する資金のアウトフローの増大を意味する。資本道外収支のうち，金融資産・負債の取引に係わる投資収支は，観察期間を通して一貫して赤字（支払超過）の

状態にあり、その規模は2010年度で▲2兆8425億円にのぼる。2001年度からの変化では、投資収支の赤字幅は7842億円増えており、趨勢的にも赤字の拡大傾向を見て取ることができる。

これに対して、その他資本収支は、2001年度から2010年度にかけて一貫して黒字（受取超過）の状態にあるものの、趨勢的には黒字が縮小する傾向にあり、観察期間を通して5509億円減少した（その他資本収支：2001年度1兆1180億円→2010年度5670億円）。その他資本収支では、道外からの資本移転等（純）が該当項目として計上されており、そのほとんどが北海道開発事業費であることを勘案するならば、国家財政における公共事業関連予算の削減が、その他資本収支の黒字縮小の背景をなしているであろうことは容易に想像できる。

このように、域際収支を国際収支統計に準えて整理するならば、道外との間で生じるマネーフローはより包括的に捉えることができる。すなわち、北海道経済においては、財貨・サービスの移輸出入に係わって資金が流出する一方、これを補って余りある政府間財政移転（受取超過）が北海道に対してなされ、道民可処分所得の形成に寄与している。資本取引の面においては、北海道開発事業費を基軸とする資本移転等（純）が道内における資本ストックの形成に資する一方、対外的な金融資産・負債取引の様相が反映される投資収支は恒常的に赤字の状態にあり、道外からの資本移転等（純）を上回る規模で道外への資金流出が生じている。

政府間財政移転によるインフローと、民間諸部門の経済活動を通してのアウトフロー。北海道経済を巡るマネーフローを一言で言い表すならば、差し詰めこのように表現することができるだろう。しかし、こうしたマネーフローのパターンも、北海道経済を巡る外的環境の変化によって変容を迫られている。それは、道外との間で生じるインフローの質的変化――いわば、おカネの色の変化――である。

先にみてきたように、資本移転（純）が漸次減少する中で、主たるインフローは社会保障に関わる経常移転（純）へと移り変わってきた。確かに、経常道外収支の黒字が増大する傾向にあり、インフローの絶対額では増えてきている。だが、一般政府による総資本形成として支出されるのと、年金給付をはじめと

する社会給付として家計に再分配され，民間最終消費支出として支出されるのとでは，生産誘発係数の面で，前者の生産誘発係数が後者を上回ることに留意する必要がある（平成17年北海道産業連関表（65部門）では，総固定資本形成（公的）の生産誘発係数1.456，民間最終消費支出の生産誘発係数1.001）。

しかし，だからといって，かつてのように経済活動の「起爆力」を一般政府による総資本形成に求めることはできない。北海道経済の成長・発展を真に望むならば，新たな需要を創造する産業を生み出すことで，北海道経済を巡るマネーフローを「起爆力」のあるものに改善していくことが必須の要件となる。

6 むすびにかえて

本章では，貯蓄投資バランス論をデータ観察のフレームワークとして，貯蓄から投資へ向かうマネーフロー――貯蓄投資バランス――と道外との間で展開

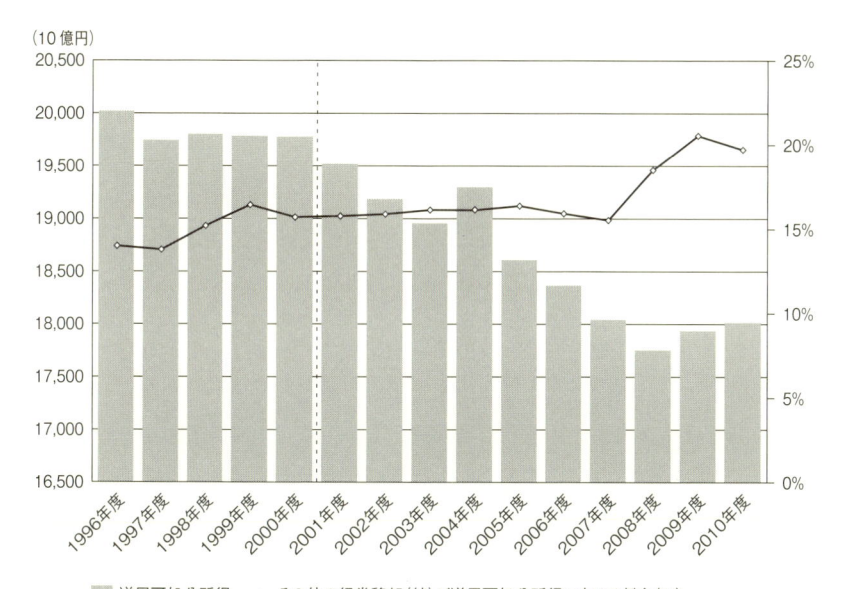

図2-7 道民可処分所得とその他の経常移転（純）

（データ出所）　北海道総合政策部「平成21年度　道民経済計算年報・確報値」，「平成22年度　道民経済計算年報・確報値」。

44　第1部　現　状

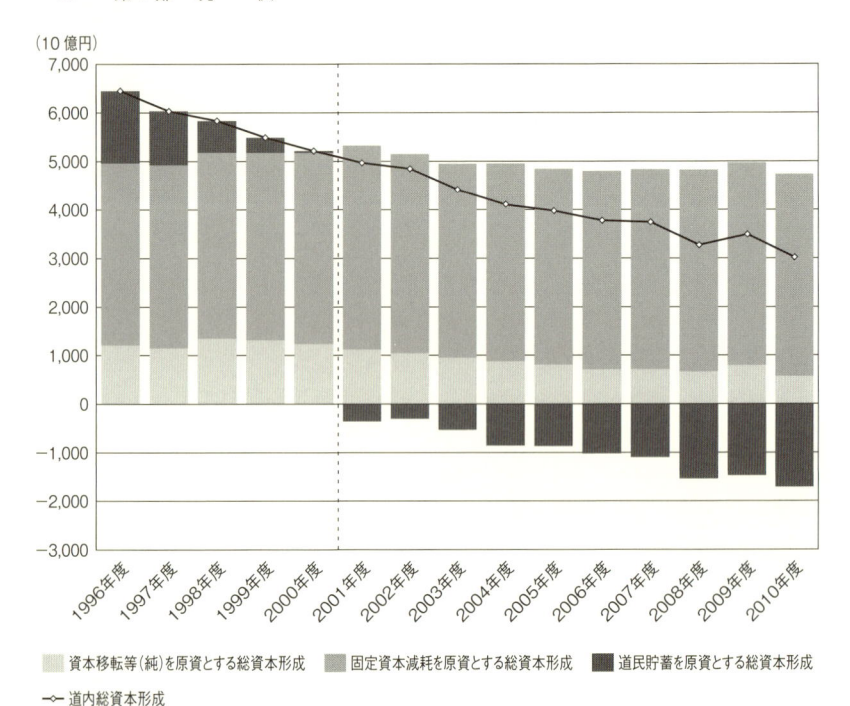

図 2-8　北海道の総資本形成

（データ出所）　北海道総合政策部「平成21年度　道民経済計算年報・確報値」，「平成22年度　道民経済計算年報・確報値」。

するマネーフロー——域際収支——の実状を概観してきた。本章を結ぶにあたって，これまでの観察から浮かび上がってきた課題を2つほど述べておこう。

　課題の第1は，北海道経済における所得形成上の課題である。図2-7は，道民可処分所得と道外からのその他の経常移転（純）の動向を示したものである。道民可処分所得を形成する上で，本源的ともいえる付加価値生産が脆弱であることは，つとに知られている。こうした所得形成上の脆弱性は，政府間財政移転を基軸とする経常的な移転によって補われているのだが，道民可処分所得に占める道外からのその他の経常移転（純）の割合をみると，所得形成における道外——端的には，国家財政——への依存が趨勢的に高まっている。観察期間を通しての平均で17.1%，2010年度では19.7%を占めるに至っており，今後の国家財政の動向如何では，北海道経済のダウンサイドリスクがより一層高まる

ことも考えられる。

　第2の課題は，北海道経済の資本形成に係わる課題である。図2-8は，北海道における総資本形成を原資別に示したものである。これによると，道内総資本形成は年々低下する傾向にあり，観察期間を通してみると，1兆9454億円の減少となっている（道内総資本形成 2001年度4兆9640億円→2010年度3兆185億円）。原資別では，道外からの資本移転等（純）が趨勢的に減少する中で，2001年度以降，道内総資本形成は道外からの資本移転等（純）と固定資本減耗の範囲に留まっており，投資が専ら更新投資の範疇に収まっているように見受けられる。さらにいえば，道内総資本形成に比して，道民貯蓄が相対的に過剰な状態にあり，その規模も年々大きくなっている――貯蓄投資差額の経年的拡大――。斯かる点に，北海道経済における資本形成力の弱体化を見いだすことができるのと同時に，貯蓄を如何にして円滑に投資へと向かわせるかという経済の基本命題に突き当たるのである。

【引用・参考文献】

土居丈朗（2005）．域際収支からみた地域再生に関する一考察　三菱信託銀行　視点　2005年1月号，pp.1-9

遠藤正寛（2010）．所得移転と域際収支　三田商学研究　第53巻第1号，pp.1-37

原　勲（2007）．地域経済学の新展開　改訂版　多賀出版

北海道（2005）．平成16年版北海道経済白書　北海道

今西　一（2007）．帝国日本と国内植民地　立命館言語文化研究　第19巻第1号，pp.17-27

峰岸直輝（2005）．県民経済計算からみた都道府県の経済構造　信金中央金庫総合研究所　内外経済・金融動向　No.16-10，pp.1-22

内藤隆夫（2011）．北海道近代史のための覚書　北海道大学　経済学研究　第61巻第3号，pp.21-35

齋藤一朗（2012）．北海道の貯蓄投資バランスと域際収支　一般財団法人北海道開発協会　地域経済レポート　マルシェノルド　通巻590号，pp.12-18

佐野修久（2000）．地域の財政依存構造　日本政策投資銀行地域政策研究センター　地域政策研究　第3号

高橋秀悦（1994）．域際収支の構造　東北学院大学論集　経済学　第125号，pp.281-311

（財）統計研究会経済構造研究部会（1960）．北海道開発の国民経済的意義　北海道開発庁

第2部
戦略的産業

3 北海道観光の
グローバル化
マーケティングの視点から

【要　旨】

　本章の第1節では，国際的な観光地としての日本の競争的地位について概説し，インバウンド市場に触れる。第2節では，アジアからの観光客を対象とした日本政府の取り組みを取り上げ，第3節では北海道における観光産業の重要性について説明する。第4節では，観光におけるマーケティングの役割と重要性を説明し，観光マーケティングと観光地マーケティングの違いについて述べる。また，観光マーケティング・ミックスの各要素を紹介した後，観光地ブランディング理論について詳述する。第5節では，アジアからの観光客のニーズや特徴についてのマーケティング調査データを一部紹介し，北海道の観光業界にとってそのインプリケーションを考察する。第6節では，北海道観光産業の外客受入態勢にかんする問題や，海外における北海道ブランドの課題を整理する。最後に，インフラ整備としての無料アクセスポイントの重要性や観光地マーケティング組織（DMO）の役割と問題点について明らかにする。

1 日本の観光市場におけるインバウンド観光[1]の位置づけ

　観光産業は日本経済の重要な一部であり，日本人による観光旅行は国内観光

---

1) 海外から訪日する観光客のこと。

市場の中核である（田村 2012）。しかし，人口減少と少子高齢化や不況に伴う所得減少のため日本人による国内観光旅行が衰退し始めており，国内の観光市場は縮小していくことはほぼ確実である。日本経済を活性化させるためには観光市場の活性化がひとつのカギとなるだろう。田村（2012）は日本国内旅行者に占める外国旅行者の比率は2010年で約3％にすぎなかったものの，彼らの1人当たりの旅行に伴う支出額は日本人旅行者の客単価のほぼ6倍であると指摘している。そのため，日本の観光市場を活性化させるために客単価の大きい外国人旅行者を増やす方法はきわめて有効である。観光庁によると，2012年に外国人旅行者が国内で宿泊や買い物などに使ったお金は約1兆円だった。政府は外国人旅行者の大きな経済効果に注目して，2013年6月に閣議決定した成長戦略の中において，2030年までに3000万人超に増やす長期目標を盛り込んだ。目標が達成されれば，経済効果は10兆円規模となる（サンケイビズ 2013）。

しかし，2012年の世界入国旅行者数ランキングでは日本は依然として世界で第33位（アジアで第8位）にとどまっており（観光庁 2013），日本の外客誘致は大きく立ち後れている（田村 2012）。日本政府は2003年に「観光立国宣言」を行い，観光振興で外国人旅行者を呼び込み，地域経済の活性化につなげることを国の施策とした。一方，観光庁は，国際観光市場の競争が激化する状況下で，日本はようやく観光新興国になったという見解を示しており，今後は観光先進国を目指すとしている（観光庁 2013）。

ところで，世界経済フォーラム（World Economic Forum）が隔年発表する「世界観光競争力ランキング」の2013年版で，日本は140か国のうち第14位に位置付けられており，前回の2011年ランキングの22位より大幅に上昇した（Blanke and Ciesa 2011, 2013）。このランキングでは日本の総観光競争力は高く評価されるものの，入国旅行者ランキングの実績との隔たりが大きいと言わざるを得ない。しかし，このランキングの個別項目をみれば，日本が改善すべき弱点も明確にわかる。具体的に見ていくと，個別項目では外国人観光客への接し方など「観光との親和性」が131位から77位に改善されたものの，依然として日本が島国で外国人との交流に慣れていないことが大きく影響していると考えられる（小屋 2010）。さらに，「政策などの観光業の優先度」も50位から42位に上がったものの，「観光産業の価格競争力」が130位と低いほか，「観光

ビザの自由化」が96位と前回76位から悪化した。また，前回ランキング67位の「マーケティングおよびブランディングの有効性」という個別項目は今回「観光客を呼び寄せるマーケティングの有効性」へと少しネーミングが変わり，世界ランキングは60位と多少改善されたものの，日本政府の観光マーケティング政策に関しての評価は依然としてけっして高くない。確かに，「平成24年度観光白書」（観光庁 2013）は一貫した「訪日ブランド」ならびに日本国内各観光地域のそれぞれの地域ブランドを構築する戦略の必要性を課題としてあげており，この問題を自覚している。

2 日本のインバウンド観光におけるアジアの重要性

観光庁は多くの訪日旅行者を送り出している主要12カ国でのプロモーション活動に重点を置き，これらの国を「優先市場」に指定している。優先市場は韓国，台湾，中国，香港，タイ，シンガポール，米国，カナダ，イギリス，ドイツ，フランス，オーストラリアである（観光庁 2009）。

訪日旅行者の出身地域の構成は以前と比べると様変わりしている。訪日外国人旅行者を出身地域別で見ると，1960年代では7割が欧米からの旅行者であった。しかし，2006年では全525万人の訪日外国人旅行者のうち，アジアからの旅行者が71.5％を占めていた。日本政府も，アジア，特に中国からの訪問者の誘致拡大の重要性を認識している（Nagata 2010）。現在，訪日外国人旅行者のうち，東アジア4カ国（韓国，中国，台湾，香港）が約65％を占めており，日本のインバウンド市場は特定の市場に偏っている。そのため，観光庁は政治・経済・震災などの外的要因に大きく影響されると指摘し，リスク分散のため今後，外国人旅行者のさらなる多様化の必要性を提言している（観光庁 2013）。

かつて，日本政府は中国人に観光ビザを発行していなかったが，2000年に政策方針を変更し，外務省は徐々に中国人個人観光客向けビザの発給要件を緩和した。しかし，沖縄県・尖閣諸島の国有化などによる関係悪化で中国からの旅行者は減少しているため，観光庁は東南アジアからの旅行者を呼び込む政策へシフトしている（サンケイビズ 2013）。具体策として，日本政府は2013年6月に東南アジア向けの査証（ビザ）の発給要件を2013年の夏からさらに緩和する

方針を正式決定した。タイとマレーシアはビザ取得を免除，ベトナムとフィリピンは期限内であれば何度でも訪日できる数次ビザを発給するようになった（日本経済新聞 2013）。

3 インバウンド市場における北海道の観光産業

　サービス産業は北海道経済の80％を占め，中でも観光産業が主要業種である。ホスピタリティ産業とも呼ばれる観光産業は多岐の複合産業が共存している。観光産業は旅行業，交通業，宿泊業，飲食業，アミューズメント業，土産品業，旅行関連業，小売業など幅広い分野を含んでいる（山上 2010）。2009年7月～2010年6月の北海道における観光総消費額は1兆2992億円で横ばい傾向であるが（北海道経済部観光局 2011），これは北海道の基幹産業である農業の産出額に匹敵する（北海道経済部観光局 2009）。この観光消費は，他業種に対し，1兆8237億円と推計される生産波及効果をもたらした。さらに，観光業は北海道の全雇用の約6.3％に当たる約16万4000人の雇用を生み出している（北海道経済部観光局 2011）。これらのデータから，観光産業が北海道の健全な経済にとってカギとなることは明らかであろう。

　2009年7月～2010年6月期間中の訪日外国人来道者による消費額は855億円で北海道の総観光消費額の6.6％を占め（北海道観光産業経済効果調査委員会 2011），国内観光客の観光消費額の減少分に相当する額になっている（北海道経済部観光局 2011）。観光客1人当りの平均観光消費額単価[2]をみても，道民が1万3271円，来道者が6万9670円，訪日外国人来道者が12万2128円となっており（北海道観光産業経済効果調査委員会 2011），外国人観光客を1人増やせばその経済効果は，国内来道者の1.75人分，道民の9.2人分に相当する。これらの数字から，北海道にとって客単価の大きい外国人観光客を増やす重要性がわかるだろう。

　北海道を訪れる国内・外国人観光客の数は，1997年以来，ほぼ600万人で落ち着いている。近年，国内観光客の数ならびに彼らによる観光消費額が減少す

---

2) 交通費，宿泊費，飲食費，土産・買い物代，入場料・施設利用料，その他の支出。

る一方で，外国人観光客数は，1997年の12万人から，2003年29万5780人，2007年の71万950人へと着実に増加していた（日本政府観光局 2011）。外国人観光客数は2008年の74万4400人から2009年65万6500人に減少したが，2010年の来道外国人観光客は74万1700人となっている。来道外国人観光客の大半が，台湾，韓国，香港，中国，シンガポールをトップ5とするアジア諸国からの旅行者である。これら5カ国が2010年の来道外国人観光客の78.8%を占め，北海道はアジアからの観光客に対する依存度が高いことを示している。さらに，北海道のアジアからの観光客に対する依存度は日本全体のそれより高い（2010年：北海道82.6% vs. 日本全体70.8%）（日本政府観光局 2011）。日本政府観光局の「外国人観光客都道府県別訪問率調べ」によれば，北海道訪問率は2006-2007年度6.4%，2007-2008年度7.6%，2008年8.1%，2009年8.0%，2010年8.8%[3]，2011年では8.9%と少しずつ右肩上がりに伸びている。2009年の訪日外国人における来道比率を東アジア地域の北海道観光客主要9市場だけでみればこの数字は平均で12.6%であるが，韓国5.7%，台湾13.2%，香港17.3%，中国8.9%，マレーシア15.3%，シンガポールは17.0%，タイは5.7%，オーストラリアは15.9%，ロシアは14.3%と市場間に大きなばらつきが見られる。同主要9市場における2010年訪日外国人来道比率は平均で14.6%であり，国のうちわけは，韓国5.7%，台湾12.2%，香港18.8%，中国11.6%，マレーシア18.0%，シンガポール24.1%，タイ8.7%，オーストラリア15.4%，ロシア17.2%であった（日本政府観光局 2011）。この数字は，特に中国，シンガポール，タイ，マレーシアとロシア市場が伸びていることを示す。これらの市場向けにより効果的なマーケティング活動を行えば，まだまだ成長の余地があることを示唆している。ところで，中国人観光客の2008年度北海道訪問率は4.7%であったが，2010年度には11.6%まで急伸している。

　北海道庁は2005年度より外国人旅行者の誘致拡大に向けて積極的に取り組み，その結果として外国人旅行者は徐々に増えている。2006年度から2012年度までの国・地域別での外国人来道者数推移と割合の詳細については表3-1を

---

[3] 2010年の都道府県ランキングでは，東京都が64.4%で他を引き離して1位で，北海道は8位となっている。

表 3-1 国・地域別外国人来道者数と割合

国・地域	2006年度		2007年度		2008年度		2009年度		2010年度		2011年度		2012年度	
台湾	267,900	45%	277,400	39%	278,000	37%	168,100	26%	183,700	25%	191,200	34%	280,800	36%
韓国	133,850	23%	169,300	24%	114,800	15%	122,100	19%	148,900	20%	89,700	16%	123,600	16%
香港	86,050	15%	108,000	15%	114,800	15%	86,200	13%	87,100	12%	56,200	10%	72,600	9%
中国	17,350	3%	26,950	4%	52,000	7%	106,200	16%	135,500	18%	101,400	18%	102,200	13%
シンガポール	18,950	3%	37,150	5%	29,900	4%	26,700	4%	28,800	4%	17,700	3%	23,500	3%
その他（アジア）	10,350	2%	14,000	2%										
マレーシア					12,900	2%	11,200	2%	21,700	3%	12,400	2%	22,000	3%
タイ					12,700	2%	13,100	2%	18,400	2%	9,700	2%	37,000	5%
アメリカ	9,700	2%	10,850	2%	22,900	3%	23,200	4%	21,200	3%	16,300	3%	23,700	3%
ロシア	5,850	1%	6,050	1%	13,900	2%	9,400	1%	11,300	2%	7,400	1%	11,100	1%
オーストラリア	22,950	4%	33,350	5%	30,400	4%	33,900	5%	25,600	3%	20,500	4%	29,400	4%
カナダ	1,350	0%	1,350	0%	7,400	1%	9,600	1%	9,300	1%	6,600	1%	9,400	1%
その他	16,350	3%	26,550	4%	54,700	7%	46,800	7%	50,200	7%	40,600	7%	55,100	7%
合計	590,650		710,950		744,400		656,500		741,700		569,700		790,400	

（出所）北海道経済部観光局「北海道観光入込客数調査報告書」の平成17年度～24年度のデータに基づき筆者が作成。なお，2008年度以降のデータは観光庁が定めた共通基準に準じて新方式によるものになっている。

参照されたい。

　表3-1に示されるように台湾からの観光客は，2008年度の27万8000人（全体の37%）をピークに，一貫して来道外国人観光客数の最も大きなシェアを占めてきたが，2010年度にはその絶対数も割合（25%）も減少傾向にあった。しかし，2011年度には東日本大震災の影響を受けたものの，前年度の台湾人来道者数を上回り，2012年度では過去最高数を更新するまでに伸びた。韓国と香港からの観光客が2位を競い合っていたが，韓国からの観光客数は2006年度に急増したものの，2008年度に一時的に減少し，その後（2011年度を除けば）は再び回復しつつある。新千歳空港の韓国線は2012年，領土問題による国際関係の悪化で欠航が相次いだが，韓国の格安航空会社（LCC）ティーウェイ航空も2013年12月から新千歳 - 仁川便（毎日運航）を就航させ，日韓関係悪化の影響は一時期よりは回復している（毎日新聞 2013）。香港からの観光客の合計数は2008年度に増加し，韓国観光客数と拮抗した。しかし，香港人観光客数は2008年度の11万4800人のピーク以降伸び悩んでいる。その一方，新興国のマレーシアとタイからの観光客は2008年度から急進しているので，今後注目すべきターゲット市場になるだろう。2012年10月にタイ国際航空の新千歳 - バンコク便が就航し，さらに2013年10月1日からこの路線の毎日運航を始めた

ため，タイからの来道者が急増し，道内の観光関連企業がタイ人の集客に力を入れ始めた。中国からの観光客数は2007年度の2万6950人（全体の4%）から2010年度の13万5500人（全体の18%）へ2位韓国の割合に匹敵するほど急増しつつあり，東アジアからの外国人観光客の中で一番著しい成長ぶりを見せている市場ではあったが，韓国と同様，中国線も領土問題による国際関係の悪化で欠航が相次いだ。その影響で中国人来道者数は2012年度では2011年度と同レベルにとどまっている。しかし，将来的に日中関係が回復すればさらなるインバウンド客の増大が見込めるに違いない。

　これらの数字から，北海道の観光産業にとって東アジアが最も重要かつ有望な外国人観光客供給市場であることは明らかである。2008年および2009年は，新型インフルエンザ，リーマンショックによる世界的不況や円高が原因で外国人来道者数が減少した。さらに，2011年には東日本大震災，福島第1原子力発電所の原発事故による放射線への懸念のため外国人観光客が日本への旅行を敬遠する中，来道外国人も一時的に激減した。しかし，本稿執筆時点の2013年11月現在では福島第1原発事故などへの不安が口コミや道内関係者のPR活動で解消されてきているため，来道外国人観光客数が回復している。中長期的にいかに北海道を訪れるアジア人観光客を継続的かつ安定的に増やすことができるかが課題となる。そのカギを握るのは観光業関係者が統制できない外部環境の安定，ならびに北海道観光業関係者による観光におけるマーケティングの基本概念の理解とその応用的スキルとノウハウであると筆者は考える。ところで，観光庁（2013）も同じく日本訪日外客市場について近年，世界的に個人旅行が主流になりつつある中，多様な個人のニーズを的確に把握することが不可欠であるとし，きめ細かなマーケティングがより一層欠かせなくなると，マーケティングの重要性を指摘している。以下ではまず観光におけるマーケティングの役割を簡単に紹介し，「観光マーケティング」と「観光地マーケティング」の意味とその対象範囲を簡単に整理しておこう。

4　観光におけるマーケティング

　観光に対する消費者個人のニーズが多様化し，常に変化してきている。個人

が自由に旅行先を選ぶことができるようになった現代において，観光地間の競争が激化する中，競争優位性を構築することが重要になる。競争優位性を構築するためにマーケティング志向（＝顧客志向）[4]が重要なカギとなる。旅行者のニーズを的確にとらえ，それに基づき商品やサービスを提供することが観光産業でも最大の課題である。観光客を含む旅行者は自分のニーズに合った商品やサービスに満足し，その結果，リピーターになったり，自分の旅行経験を友人や親戚に伝える（好意的な口コミ）ことで新たな顧客が増えたりといった好循環が生まれる。

● 4-1 観光マーケティングと観光地マーケティングの違い

本稿では観光客をターゲットにする個別民間企業のマーケティング活動を「観光マーケティング（Tourism Marketing）」と呼ぶことにする。一方，ある組織（大抵は非営利組織や行政組織）が特定の観光地全体を代表して観光客に対してマーケティングを行うことを「観光地マーケティング（Tourism Destination Marketing）」と呼ぶことにしよう。観光地（国，都道府県，地域，市町村）の全体をマーケティングする組織は通常DMO[5]（Destination Marketing Organization）と呼ばれる。

観光地マーケティングにおいては，観光地の構成員の利害調整と統合を図りながら観光地そのものの需要を創造し，プロモーションする。各構成員の個別的利害を超えて，観光地全体を企画してプロモーションができる組織でなければならないため，その機能を果たせる機関は通常地方自治体等の非営利組織に限られる（山上 1997）。しかし，日本では地域における観光産業を振興する主体である都道府県あるいは市町村単位で設置される観光協会，商工会，温泉地における温泉旅館組合等といった団体の多くは，主としてデスティネーションにかかわる情報発信・提供，すなわちプロモーションを行うことに止まり，プランニングやマーケティング，地域の関係者間の利害調整といった役割までは

---

[4] 顧客のニーズやウォンツを調査し，彼らが求める商品・サービス（いわゆる消費者ニーズを満たした商品・サービス）を生産・販売するという考え方。
[5] Destination Management Organization と呼ばれることも多い。

● 4-2 観光におけるマーケティングでの統制不可能要因と統制可能要因
1) 統制不可能要因：外部環境（国内と国外）

　観光組織は絶えず変化し不確定な外部環境，即ち，経済的環境（為替レートの変動等），政治的・法律的環境（地域紛争等），社会的・文化的環境，技術的環境，および自然的・生態的環境（天変地異の発生）に適応しながら組織目標を達成するように努める。これらの外部的要因の観光組織自身による統制は不可能であるが，観光組織が主体的に決定し統制できるマーケティング・ミックスを統合して創造的に適応できる（長谷 1996，平田 2000）。

2) 統制可能な要因：観光におけるマーケティング・ミックス（7P）

　観光組織のマーケティング担当者は，上述した統制不可能な諸要因の影響力を配慮しつつ，それに対応して観光市場でのマーケティング・ミックス戦略を展開する。コア・プロダクトが有形である製品マーケティングでは一般にいわゆる「4P」のマーケティング・ミックス，すなわち，製品（Product），価格（Price），販売促進（Promotion），場所（流通チャンネル）（Place）を戦略要因としている。一方，サービス・マーケティングの一種である観光のマーケティングにおいては多くの場合サービス・エンカウンター[6]における人的要素（ヒト・人材），従業員と顧客間のやりとりプロセス（＝接客）や宿泊施設等の設備（物的環境）が重要となるため，通常これらの「4P」に加えてヒト（People），物的環境要素（Physical Evidence），提供過程（Process）の3つのPを合わせた「7P」（近藤 1999）が観光のマーケティング・ミックスとなる（詳細は表 3-2 を参照）。

　本稿では来道する主な市場からの外国人観光客のマーケティング調査で得られた洞察をもとに彼らのニーズに焦点を当てながら北海道の観光業界が抱えて

---

[6] サービス・エンカウンターとは，サービス提供の際，顧客と企業が接する場をいう。顧客対従業員といった人的接触に限らず，顧客と ATM 等の機械化されたチャネルの接触も含む。

表 3-2 観光におけるマーケティング・ミックス（7P）

要因	事例
Product （観光製品）	観光資源：自然，人文 買い物商品：電化製品，お土産，高級ブランドなど サービス：宿泊，飲食，テーマパーク，ゴルフ，パックツアー，移動・交通，情報サービス（観光案内，ガイド，通訳など） ブランド：個別企業製品ブランドの各要素，または観光地（国，都道府県，地域，市町村など）全体のブランド各要素
Place （場所）	観光商品の立地・アクセス：目的地，小売店舗・ホテル等の立地，又は交通アクセス 旅行（宿泊・交通）商品を購入するチャンネル：旅行代理店，インターネットなど
Promotion （販売促進）	広告，パブリシティ（プレスリリース配布や記者会見），インターネットのホームページ，旅行代理店への販売促進など
Price（価格）	価格水準（プレミアム価格，手頃価格），割引，手数料など
People（人）	従業員（訓練など），顧客（教育・訓練），スタッフと顧客の相互作用
Physical Evidence （物的環境要素）	施設デザイン（内装，外装），空調，温度，BGM，備品，調度品，サイン，従業員の服装等
Process （提供過程）	顧客参加の程度（フル・セルフサービス），サービス提供の標準化・個客化，ホテルの受付，旅行代理店などの予約システム

（出所）近藤（1999）を一部参考に筆者が作成。

いる課題を検討する。ここでは観光客の様々なニーズに合わせて 7P の各要素に触れながら検討する。例えば，製品（Product）は外国人観光客の観光目的に対して北海道の観光産業はどのような観光商品（宿泊，交通，エンターテインメントなどのサービス，お土産など）を提供するかを意味する。また，観光製品ならびに観光地自体の上述した各ブランド要素も観光製品の一部である。場所（Place）というのは観光客がどこの観光地を訪れるのか，どの交通手段で移動するか，どこに宿泊するか，どこで買い物をするか，また旅行に必要な交通チケットや宿泊をどこで（旅行代理店店頭，旅行代理店のウェブサイトや電話で，インターネット専用旅行サイト，航空会社や宿泊施設のウェブサイト，電話で直接購入）購入するかということである。価格（Price）は様々な観光商品（パックツアー，宿泊，飲食，交通切符料）などの料金や手数料（旅行代理店手数料など）をどう設定するかということである。観光客の情報ニーズや情報検索行動に対してどのようなメディアを使って情報提供，PR，宣伝広告およ

び旅行代理店などへの販売促進（Promotion）をするかである。従業員は観光業におけるきわめて重要な要因である。顧客のニーズを的確に把握し即時に対応できる従業員は顧客の満足度を高める要因になり，他の観光サービス提供者と差別化できる要因にもなる。また，サービス・エンカウンターにおける従業員と顧客の相互作用および顧客同士の相互作用は顧客満足に影響する。物的環境要素（Physical Evidence）は観光サービスの生産に関する全ての物理的物事を意味する。特に初めて受けるサービスの場合は，サービスは実際に経験しなければその内容はわからないため，物的要素は顧客にとってサービス内容を示す手がかりとして機能する。観光客のニーズに十分対応できる人材（People）や物的環境要素（Physical Evidence）を含む受入態勢が十分に整っているかも観光におけるマーケティング・ミックスの重要な要因である。最後に，外国人観光客が日本で様々な人的サービスを受ける際のルールやマナーを十分理解できるか，その違いによって混乱して不満を感じてしまうのか，またはサービスの個客化を望むのか，標準化を望むのかはサービス提供過程（Process）の対象となる。

● 4-3　観光地ブランディング（Tourism Destination Branding）

　ブランドは，上述した観光マーケティング・ミックスの「製品（Product）」の一部であり，個別の営利組織もしくは非営利組織の製品，サービスやアイデアを識別させ，競合組織のそれと区別するための名称，言葉，記号，シンボル，ロゴ，マーク，デザイン，アイデンティティ，名声あるいはそれらを組み合わせたものと定義できる。ブランド理論を観光地に応用したのが，観光地ブランド，または観光地ブランディングである（大井 2012）。

　なお，ここで重要なのは「ブランド・アイデンティティ」と「ブランド・イメージ」の区別である。観光地ブランディングにおける「ブランド・アイデンティティ」とは観光地マーケターが自分の観光地の同一性（あるいは「らしさ」）を顧客に明確に示すものである。これを適切に行えば競合観光地との明確な差別化または識別化を図ることにつながる。一方，「ブランド・イメージ」とはブランド連想をもとに消費者がブランドに対して抱く知覚（認識）のことをいう。すなわち，ブランド・アイデンティティはマーケター（送り手）が意

図する(=伝えたい)ブランド価値(ブランドの本質)であることに対して,ブランド・イメージは消費者(受け手)が知覚(認識)するブランドの姿である。この両者の間に「ギャップ(隔たり)」が生じることがしばしば起こる。また,インバウンドマーケティングではターゲットの消費者が抱く観光地のブランド・イメージは人によって異なる場合もあれば,消費者の出身国によって異なることも多い。

　田村(2011)は,特産品のコンテキストでは,ある商品が「ブランド」であるかどうかはマーケターが決めるのではなく,消費者が判断するとしている。ブランドになれるかどうかの決め手になるのはマーケターが顧客との間に特異な関係性を築けるかどうかに依存するという。コモディティと異なって,田村(2011)は商品がブランドになれば,次の4つの特徴を持つという。①その商品の常用客が増え,その商品を反復購買する,②愛着心を持つ消費者が多い,③愛着心が強くなれば,消費者は友人・知人などにその商品の購買・使用を勧めがちになる,④消費者はその商品の価格が競合品より高くても購買し続けることになる(価格プレミアム)。

　また,大井(2013)はブランド力のある観光地は次の条件を満たさなければならないとしている。①消費者が抱く観光地に対するイメージが良い,②魅力がある,③観光客のリピート率が高い。その結果,観光地の競争優位性が発生し,ブランドの信頼性があるために他の観光地よりも高い価格設定をしても観光客が訪れるという。米浪(2008)も強い(=競争優位性をもつ)観光地ブランドは次の特徴ならびに利点があるとしている。①信頼性があるために他の競合観光地よりも高い価格設定をしても観光者は訪れてくれる,②その観光地に対して好感ならびに忠誠を持ってくれる観光者が存在することで安定した来訪者数(リピーター)が確保できるとしている。これに田村の論理を当てはめると,リピーターは友人・知人に観光地への観光旅行を推薦することになるだろう。

　米浪(2008)はさらに競争優位性を持つ観光地ブランドは次の特徴をもっているという。知名度の高い,しかも肯定的なアイデンティティを持つ観光地ブランドを形成している場合には非観光企業(農産物や水産物の輸出会社,加工食品メーカーなど)がある(外国)市場に進出してもその市場の消費者が抱く観光地ブランドに対する知覚(イメージ)が効力を発揮する[7]。この場合は観

光地ブランドが民間企業の「企業ブランド」や「傘ブランド」と同様の役割をはたすといえるだろう。逆に，消費者が地域の特産食品に対して抱くイメージが地域そのもののイメージ形成に影響を与えることもある（大津 2012）。地域の特産品などの非観光ブランドと観光地ブランドがこのように消費者の頭の中でお互いに連想されることで「ハロー効果[8]」が生み出される。

カマン（Kamann 2008）が欧州 337 の DMO を対象に 2008 年に実施したアンケート調査によれば，DMO の主たる役割は，観光地ブランディング（1 位），観光事業計画と開発（2 位），マーケティング活動とプロモーション（3 位），調査（4 位），および観光商品開発（5 位）が最多であり，今後もこれらの項目の重要性は続くと見られている[9]。

しかし，観光地ブランディングには様々な問題点があるといわれている。パイク（Pike 2005）は今後の観光地マーケティングでは観光地同士の競争がますます激化すると予想している。観光客は数が増え続けている観光地から選ぶことができる中，その観光地同士の差別化をはかることがますます困難になっていると指摘する。パイク（Pike 2005）はこういった激化する競争の中，観光地マーケティング組織（DMO）によるブランド・ポジショニング[10]（Brand Positioning）は複雑な作業であることを説明するためにいくつかに要因をあげている。

①観光地は消費財あるいは他のサービスと比べてはるかに多次元的なものである。ブランド・ポジショニング理論ではマーケターはひとつまたは少数のブランド連想に絞る必要があるとされるので，どの連想に絞るべ

7）この現象は国のレベルであれば「原産国イメージ」，「原産国効果」に類似する。
8）人や事物のあるひとつの特徴について良い（ないしは悪い）印象を受けると，その人や事物の他のすべての特徴も実際以上に高く（ないしは低く）評価すること。
9）また，観光地ブランディング，観光事業計画と開発，および観光商品開発の重要性は高まる一方，調査やマーケティング活動とプロモーションの重要性は少し減っていくとみられる（Kamann 2008）。
10）マーケターがコミュニケーション（広告，価格，チャンネル，パッケージ，競合ブランドとの比較など）を通じて消費者の頭の中に自社ブランドを位置付け，自社ブランドと他ブランドの位置付けを明らかにすることをいう。

きかという判断は難しくなる。

② 観光地の各ステークホルダーの利害関係が異なる。DMO はこれらの利害関係を考慮しながら，市場のニーズに合わせて製品が設計される消費財マーケティングの市場指向性と異なって，比較的変えにくい既存の観光商品に関心があると思われる幅広いセグメントにアピールするために，地理的に分散されている複数の市場をターゲットしなければならない。そのためひとつのスローガンやブランド・ポジショニングは各市場セグメントに同様の意味を持つことは困難になる。

③ DMO はマーケティング・コミュニケーションによる観光地ブランドが約束する内容は統制できるが，実際現場で提供される観光製品の内容を統制できない。

④ 顧客の属性情報や購買履歴などを管理する顧客情報管理（CRM）では顧客との双方コミュニケーションがブランド・ロイヤルティ[11]を促進することができるとされるが，DMO は観光客の連絡先のデータベースを持っていないため，一度観光地を訪れたことのある観光客に連絡の再訪問を促すことは困難である。

5 マーケティング調査データから読み取れる外国人観光客の特徴と北海道の観光業界にとってのそのインプリケーション

4-2 で述べた観光マーケティングおよび観光地マーケティングでは観光客のニーズを満たすことが焦点となっている。しかし，まず観光客のニーズを把握しなければそれを満たすこともできない。観光客のニーズ，嗜好，行動，満足・不満足を把握するためにマーケティング調査が非常に重要な役割を担う。

アジアの観光客を北海道に引き付けるものは何か，彼らはどのような経験を求めているのか，どのような観光行動をし，どの程度満足しているかなどを知ることが重要になる。また，外国人観光客は数多くの観光地の中から特定の観光地をどのように選び，どのように情報を収集するのかを知ることは，観光地

---

11) 消費者がある特定のブランドを繰り返し購買し，かつ他の代替となるブランドがあるにもかかわらず必然的にそのある特定のブランドを購買し続けること（＝リピーター）。

マーケターならびに観光マーケターにとってターゲット観光客にどの手段（広告，インターネット，ガイドブック，旅行会社等）を使って彼らに情報発信をすれば最も有効な方法を選ぶことを可能にする。また，観光客の旅行目的地の選択プロセスに与える観光地ブランドの役割を理解することもきわめて重要になる。

これらの問題にかんして北海道の様々な行政組織[12]と社団法人[13]がマーケティング調査会社等[14]にマーケティング調査を委託して報告書を公表している。

プラート（2012）ではいくつかのマーケティング調査報告書をもとに来道する外国人観光客について出身国または出身都市によって旅行形態，観光目的や観光訪問地が異なる傾向があると分析している[15]。

本節ではプラート（2012）で紹介された各マーケティング調査の結果，または2008年の日本経済新聞社調査[16]および観光局（2009, 2013）ならびに北海道開発局（2012）の調査結果を踏まえて北海道の観光業界にとってそのインプリケーションを検討する。日本経済新聞社調査（2008）によれば，日本国内の訪問先として提示した43の観光地の中から3カ所を選択するように回答者に求めた結果，北海道が東京を抜いて1位となった。同調査結果により，来道経験のない人たちは観光地としての北海道に対して肯定的なイメージを抱いている。しかも北海道経済部観光のくにづくり推進局（2008）によれば来道経験のある多くの観光客はその経験に満足し，再訪したいと思っていることが明らかである。

日本国内の観光にかんして，アジアの観光者のやりたいことや必要なサービスに関するニーズは，出身国——中国の場合は地域や都市——ごとに異なる傾向がある。従って，北海道の観光業界がアジア市場を国あるいは地域や都市別

---

12) 例えば北海道経済部観光局（2008, 2013），北海道開発局（2012），国土交通省北海道運輸局（2012）。
13) 例えば北海道観光振興機構（2010, 2011）。
14) 例えば北海道二十一世紀総合研究所。
15) 詳細についてプラート（2012）を参照されたい。
16) ㈱ヤフージャパンバリューインサイトを通して地元の企業に委託された2008年3月中旬に実施された調査では，ソウル，香港，台北，上海，北京，シドニーの各都市在住の500人，合計3000人をインタビューした（Nikkei Marketing Journal 2008）。

に細分化（セグメンテーション）し，それぞれのセグメントごとに異なるサービスを提供し，それぞれに適合した宣伝活動を行う必要がある。

　2008年度および2009年度の日本全国来日外国人訪日動機・観光目的のデータをみると，韓国，台湾，中国，香港，マレーシア，シンガポール全ての国では日本食，温泉，ショッピングおよび自然・風景が上位3位に入っていることから（日本政府観光局 2011），北海道もこれらの国の消費者向けに北海道は日本でもトップレベルの日本食，温泉，ショッピングおよび自然・風景を体験できるという宣伝・PRを強化すべきであろう。

　様々なマーケティング調査データから各国の来道観光客はそれぞれ特徴（嗜好および行動パターン）が異なることがわかる。観光地マーケターと個別企業の観光マーケターはこれらのデータに基づいて自分の観光資源とどの外国人観光客のニーズや行動パターンとのフィットがあるかを考え，ターゲット客を決めなければならない。さらに，既存の外国人観光客の中で，それぞれの嗜好に合わせて提供するサービスや商品を工夫する必要があるだろう。

　プラート（2012）で紹介したように，北海道にとってのインバウンド重点市場の観光客が旅行前に利用する北海道に関する観光情報収集方法は全体では「インターネット」が1位，「旅行会社」が2位であるが，国・地域別では，台湾，中国では「テレビ」，オーストラリアでは「クチコミ」が2位となっている点が特徴である。さらにみると，台湾と香港人は雑誌とガイドブック，中国人はガイドブックもよく利用し，韓国人はオーストラリア人と同じく口コミを参考にする傾向が見られる。この国々の消費者をターゲットにマーケティング・コミュニケーションを行う際に，各国の情報収集の特徴を考慮し，それにあわせてそれぞれのプロモーションミックス及びメディアミックス戦略を考える必要がある。さらに，各国の共通点としてインターネットでのコミュニケーション戦略が極めて重要な手段となっているといえる。また，アジア人観光客のもうひとつの特徴は団体旅行客が多いためか，旅行代理店から情報を収集する傾向も強いため，各国の旅行代理店との関係作りおよび旅行代理店へ営業活動強化が重要となっている。

　それぞれの国や地域でのアンケート調査では，旅行先選択の意思決定プロセスでは口コミやインターネットと並んで映画やテレビの影響の大きさが浮かび

上がった。国によって情報源の使い方には違いもあり，北海道の観光地マーケティング担当者および企業の観光マーケターはこれらの調査データを参考にしながら，ターゲットにしたい観光客を選ぶことができる。また，外国人観光客の観光行動の特徴や嗜好，およびメディアやその他の情報源の使用特徴にあわせて最適なプロダクトミックスおよびプロモーションミックス，あるいはメディアミックスを計画できる。

しかし，今までDMOによる集められた調査データのほとんどは記述データに過ぎないため，個別の観光客のニーズは把握できない。したがって，そのニーズをより詳しく調べる必要がある。そのため，定量的データのさらなる高度な統計分析（因子分析，相関分析，回帰分析など）や定性的な調査（フォーカスグループ・インタビューやインデプス・インタビュー）が必要となる。

6 北海道のインバウンド観光の今後の課題

本稿で注目したいのは外国人観光客を対象にしたいくつかのマーケティング調査の結果から明らかになっている外国人観光客共通の次のいくつかの課題である。この共通課題は旅行前と旅行中の言葉の「壁」，旅行中インターネットアクセスポイントの不足，ATM・両替所・クレジットカードの利用できるお店等の不足である。

以下では2011年に実施された来道外国人旅行者を対象（総計151人）としたアンケート調査（北海道開発局開発調査課 2012），「訪日外国人個人旅行者が日本旅行中に感じた不便・不満調査」（日本政府観光局 2009）及び「平成24年度TIC利用外国人旅行者調査報告書」（日本政府観光局 2013）の結果を交えながら北海道の観光業界が直面するいくつかの課題を明らかにする。

● 6-1 受入態勢・受入環境整備における旅行中の言葉の「壁」

受入態勢と受入環境整備における最重要課題は「言葉」に起因する双方の不安やミスコミュニケーションを解消することと言われている（溝尾他 2007）。外国人旅行者の満足度をさらに高めるためのホスピタリティの向上とサービスの充実が必要であり，外国語による観光案内板や標識・サイン等の充実を優先

的に進めることが必要であろう。観光案内所は，現地情報の総合的窓口であるため，外国語に対応できるスタッフや，外国語による地図，資料等の充実を図る必要があるとされる（溝尾他 2007）。日本政府観光局（2009）の結果を見ると，外国人旅行者が旅行中に感じた不便・不満のうち，「標識等（案内版，道路標識，地図）」は37.3％にものぼり，言葉が通じないことについても回答者の20％が不便・不満を感じたとしており，訪日外国人にとってやはり言葉の問題は最大の不満・不便につながることがわかる。2012年の調査でも任意・自由記述項目であったため比率が下がったと思われるにもかかわらず，外国人旅行者の13％が旅行中に生じる言葉にかんする問題を挙げている。

1）民間企業の観光マーケティングにおける言葉の「壁」

北海道のアウトレットモールや百貨店でも，一部の店舗を除いて英語，韓国語や中国語を話せるスタッフはまだ限られている。これは，アジア観光客に対するサービスレベルを引き下げるだけでなく，せっかくの機会を失うことにも繋がりかねない。アジア観光客の多くは英語や日本語は堪能ではない。店員が外国語を一切話せない場合，彼らはこれらの顧客とコミュニケーションできないだけでなく，顧客のニーズも把握できない。これでは，外国人観光客に対して商品のクロスセリング，あるいは十分な商品説明や代替品の提案は不可能である。

一つの対応策は東アジア諸国からの留学生をスタッフとして雇い，外国人観光客の接客に参加させることである。札幌市や小樽市の都市ホテル，家電量販店，百貨店，アウトレットモール[17]や土産店の一部ではすでに中国語を含む外

---

17) 例えば，三井不動産が運営する「三井アウトレットパーク北広島」は会社の中で積極的に外国人旅行者を誘致する外国人旅行者の「受入重点施設」として選定されており多言語対応のスタッフ配置や多言語対応コールセンターで顧客とテナント双方からの質問に対応している。フロアマップや館内表示，ホームページに英語，中国語（簡体字，繁体字），韓国語の多言語表記を導入している。「三井アウトレットパーク北広島」での年間ベースの外国人旅行者の割合は10％未満だが，立ち寄るツアーバスは増えている。中国人旅行者が最も多いが，近年はタイ，シンガポールの客が増えているという（日本観光振興協会 2012）。三井不動産の外国人旅行者誘致戦略は成功しているといえるだろう。

国語を話せるスタッフを設置することや外国語での店内アナウンスや外国語での標識などによって積極的に外国人観光客の受入態勢を整えている（北海道新聞朝刊全道版 2010 年 2 月 10 日付，10 面）。

　しかし，道東などの地方では外国語に対応できる観光施設や宿泊施設は未だ少ない（北海道新聞朝刊地方版 2010 年 9 月 25 日付，29 面）。小規模宿泊施設を対象として，外国人観光客の対応方法についての言語・文化ワークショップを開催することも必要とされる。必要な資源を持たない小規模宿泊施設による各国語の標識・パンフレットの作成を援助することも必要不可欠な政策であろう。

2）観光地マーケティングにおける言葉の「壁」

　市町村レベルでの観光地マーケティングも言葉の壁にぶつかっている。ここで，ひとつの事例を紹介する。道東を舞台にした中国映画「狙った恋の落とし方」の大ヒットで道内を訪れる中国人観光客は激増した。他にも中国映画では，芦別のカナディアンワールド公園でロケを行った作品もある。作品に心を動かされた中国の人々が映画の舞台を自分の目で見るために芦別へ観光で訪れることも十分期待される。

　にもかかわらず，芦別市のホームページは日本語でしか表示されていない。観光パンフレット，案内板も中国語には対応していない。同じロケ地だった富良野市が，国土交通省の実証実験事業で，主な観光スポットに多言語の案内板を設置し，パンフレットも対応済みであることと比べれば，芦別市の受入態勢は対照的である（北海道新聞朝刊地方版 2010 年 10 月 23 日，23 面）。

　以下ではまず北海道および市町村を観光地として捉え，観光地マーケティングの観点から課題をいくつか検討する。

● 6-2　インフラ整備：旅行中無料インターネットアクセスポイントの不足

　北海道開発局（2012）では「北海道観光をする上で不足していると感じること」といった質問項目について最も答えが多かった（48％）のは Wi-Fi アクセスポイント（無料公衆無線 LAN）である。全国でも同様な問題が見られる（日本政府観光局 2009, 2013）。多くの日本人消費者はスマートフォンなどのイン

ターネットアクセス端末を所有しており，キャリアが自分のサービスに加入しているユーザーのみに提供する専用 Wi-Fi アクセスポイントが利用できるが，外国人観光客はこれらのアクセスポイントを利用できない。上述した言葉の「壁」問題を解決する方法のひとつとして無料アクセスポイント（無料 Wi-Fi スポット）を増やすことで，外国人観光客が高いローミングコストを負担しないで自分のスマートフォンなどの電子端末を使って母国語での現地観光関連情報を検索できるようになる。また，外国人観光客のうち，自分の旅行中の体験を文章，画像，動画で SNS やメールを使って自国の家族や友人とやりとりする人が多い。現状ではその際ローミングでの通信料が非常に高額になるので，遠慮する人が多いと推測できる。

　無料 Wi-Fi アクセスポイントを増やせば外国人観光客による SNS 等での口コミが大幅に増えるだろう。マーケティング・コミュニケーションや消費者行動研究では顧客による口コミ効果がマーケターによるプロモーション活動より効果があるといった研究結果が数多く報告されている。したがって，外国人観光客誘致において観光客による SNS 等での口コミは DMO の宣伝広告や PR 活動より有効な方法であるに違いない。外国人観光客の日本での観光をより便利にすることで日本での観光にさらに満足する彼らの好意的な口コミが日本の観光市場をさらに活性化させる重要なカギになる。よって，日本の政府，自治体，民間企業[18]，観光協会，および DMO 等[19]が独自でまたは協力して無料

---

18) アサヒ飲料による無料 Wi-Fi 搭載自動販売機の事例は日本観光振興会（2012）を参照。
19) 最近，外国人観光客の利便性や満足度の向上を図るため北海道庁，北海道観光振興機構及び NTT 東日本の3者が連携協力し，「Wi-Fi 環境の整備等に関する協力連携協定」を締結したと発表した。これは外国人観光客を対象に，NTT 東日本が観光施設や飲食店，ホテルなどへ提供している「Wi-Fi スポット（光ステーション）」提供エリアにおいてキャリアフリーで Wi-Fi が14日間無料で利用できる「ID/PASS カード」を配布するといった内容である（北海道 2014）。この連携は本文で触れた問題の解決に向けて歓迎すべき第一歩である。しかし，現在，光ステーションのアクセスポイントは全道に約5000カ所あり，広範囲をカバーする印象を受けるかも知れないが，多くの場合アクセスポイントは一部の市町（札幌市，旭川市，富良野市，美瑛町）に限られている。また，光ステーション自体のカバーエリアもきわめて限定的である（小売店舗等内のみ）。よって，観光客がよりストレスを感じる可能性があり，改善が急務であろう。

Wi-Fi アクセスポイントを増やさなければならない。無料 Wi-Fi アクセスポイントを整備することで来道外国人観光客の旅行中の利便性向上→言葉の壁の影響を軽減→外国人観光客の満足向上→SNS等での口コミ件数増→外国人観光客の来道増といった好循環ができれば，北海道の観光業界にとって「一石二鳥」になるだろう。

● 6-3 マーケティング・ミックス要素の中での観光地プロモーションの偏重

北海道庁の観光誘致戦略をまとめるため，2006年に官民一体の観光推進の中核組織として「北海道観光戦略会議」が設置された。同会議の目的は，観光分野に関与する各団体・地域を継続的，有機的に連携させることにより，観光客のニーズ把握や戦略的プロモーションなどにより各地の上質な観光サービスを提供することである（瀧内 2008）。「北海道観光戦略会議」での議論の結果として，北海道の観光振興推進の中核機能を担う新組織の設立が提案されたことを受け，これまで社団法人北海道観光連盟が担ってきた役割を継承・拡大し，組織名称を改めて，2008年4月1日に社団法人北海道観光振興機構が発足した（北海道観光振興機構公式ウェブサイト）。

この機構は5つの役割をもっている。それまで北海道観光連盟が担ってきた「プロモーション推進機能」「地域支援機能」の2機能に加えて，「北海道の観光戦略の推進機能」，事業者間・地域間の連携を深める「コーディネート機能」および，効果的なプロモーションを展開するための「マーケティング機能」の3機能が新設されたという（北海道観光振興機構公式ウェブサイト）。ここで問題になるのはマーケティング機能＝プロモーションの点である。観光地のマーケティングでは，伝統的にプロモーションの機能に重点をおいてきているし，今後もこのプロモーション志向が続くとされる（Ritchie and Ritchie 2002）。観光産業に携わっている企業や政府組織は，マーケティング・ミックス要素の一部にだけ，即ちプロモーション要素を適用している。観光地マーケティングは観光客誘致だけに力を入れるのではなく，観光客の数だけを増やすより観光客の満足度を継続的に測定することがより重要である（Buhalis 2000）。

6-4　観光地でのステークホルダー（利害関係者）のコーディネーション

　北海道観光振興機構が率先して，北海道の全ての主要観光地のマーケティング戦略を取りまとめ，統合する必要がある。道レベルでは，北海道観光業界のメンバー間，即ち政府機関と民間企業の間，あるいは北海道の観光地間に協調戦略が欠けているように思える。資源をプールすることによって北海道全体の宣伝に協力し合えるように，観光業界の各ステークホルダーを率先して連携させる立場にあるのは北海道観光振興機構であると思われる。現在は北海道全体の観光地マーケティングを企画・調整する組織が2つ存在する。それは①北海道庁経済部観光局，②社団法人北海道観光振興機構である。この2つの組織は連携しているものの，それぞれが独自で活動しているため，重複作業や時には矛盾する作業が行われることもあり非効率が生じ，外から見ても北海道の観光地マーケティングは未だ一貫性にかけている。北海道の観光地マーケティングの各機能を統合する北海道観光振興機構はその機能を十分にこなせているかどうかについて疑問は残る。

6-5　海外での観光地ブランド「北海道」の成立度

　上述した田村（2011），米浪（2008）及び大井（2013）が提示したブランドの基準または条件を踏まえて，「北海道」は海外においてどの程度，真の観光地「ブランド」となっているだろうか。言い換えれば，「北海道」はどの程度「ブランド力」のある観光地になっているかということである。まずは，ブランドの最低限基準である「知名度」（認知度）はどうなっているだろう。これに関して2013年10月に実施された「アジア8地域・訪日外国人旅行者の意向調査」日本政策投資銀行（2013b）[20]の調査結果の一部を記載した表3-3を参照されたい。「北海道」に対する認知度は，ゴールデンルート[21]の観光地と同等水準以上と日本でトップレベルであり，特に台湾，中国，香港では認知度が75％以上である。また，タイ，シンガポール，マレーシアでも60％以上で，相当高いと

---

20) 韓国，中国，台湾，香港，タイ，シンガポール，マレーシア，インドネシアの8地域で各国で500名の海外旅行経験者を対象としたインターネット調査。
21) 東京〜大阪間を周遊する定番観光ルート。

表 3-3　アジア 8 国における北海道とその中の観光地の認知度及び訪問意欲

	東アジア4か国平均値		中国		台湾		香港		韓国	
	認知度	訪問意欲	認知度	訪問意欲	認知度	訪問意欲	認知度	訪問意欲	認知度	訪問意欲
北海道	73%	48%	78%	59%	82%	62%	75%	50%	57%	22%
札幌	66%	31%	57%	23%	72%	39%	72%	30%	63%	31%
函館	33%	14%	16%	4%	57%	30%	42%	17%	18%	4%
十勝・帯広	10%	4%	10%	2%	12%	7%	18%	6%	2%	0%
知床	9%	3%	12%	2%	9%	3%	14%	5%	2%	1%
ニセコ	7%	2%	15%	5%	6%	2%	5%	1%	1%	0%

	アセアン4か国平均値		タイ		シンガポール		マレーシア		インドネシア	
	認知度	訪問意欲	認知度	訪問意欲	認知度	訪問意欲	認知度	訪問意欲	認知度	訪問意欲
北海道	58%	41%	69%	47%	66%	53%	61%	47%	37%	15%
札幌	35%	16%	47%	22%	47%	21%	22%	11%	24%	9%
函館	8%	3%	9%	3%	13%	6%	5%	2%	3%	1%
十勝・帯広	3%	1%	4%	1%	3%	2%	3%	1%	2%	0%
知床	3%	1%	4%	1%	3%	1%	3%	1%	2%	1%
ニセコ	3%	1%	4%	1%	3%	2%	4%	1%	2%	0%

（出所）　日本政策投資銀行「アジア 8 地域・訪日外国人旅行者の意向調査（平成 25 年版）」2013 年 12 月のデータに基づき筆者が作成。

言える。一方，韓国では「北海道」の認知度は 60％を下回っており，「札幌」の認知度の方がより高い。インドネシアでは「北海道」の認知度が 37％で比較的に低いと言える。

　ただし，この調査では日本の観光地のリストを見せ，その中から観光地を知っているかどうかを尋ねる，いわゆる「助成想起（Aided Awareness）」といった方法をとっている。

　一方，「純粋想起（Unaided Awareness）」は，製品カテゴリー等の手がかりが与えられたとき，特定のブランドを思い起こさせるきき方である。一般に，「助成想起」よりも「純粋想起」の方が記憶の程度が強く，購買の際により選択されやすいとされているので，実際消費者が旅行先を検討するとき，観光地カテゴリーで最初に浮かんでくるブランド名のことをトップオブマインド（Top of Mind Awareness）という。そのため，「北海道」のトップオブマインドがどうなっているかはわからないが，日本の観光地の中では知名度が高いということは間違いないだろう。また，北海道，札幌，函館以外の調査リストにあった道内観光地に関しては助成想起方法でも知名度が低いといった課題が見て

取れる。

次に，北海道への訪問意欲が台湾，中国では60％前後，また，香港，シンガポール，タイ，マレーシアでは50％前後で比較的に高くなっている。また，道内個別観光地に比して認知度と訪問意欲のギャップが小さく，「認知度」が「訪問意欲」につながりやすいという潜在的な「集客力」がある。

道内の観光地別でみると，「札幌」は調査対象各地域で上位の認知度，訪問意欲を得ている。「函館」は特に台湾，香港では認知度，訪問意欲が相対的に高いが，その他の国では低くなっている。また，「十勝・帯広」，「知床」は香港，台湾と中国ではけっして高いと言えないがある程度の認知度があり，「ニセコ」は中国である程度の認知度，訪問意欲があるといった特徴がみられる。これらの道内観光地の認知度はこの8カ国で低いレベルにとどまっていることが重大な課題になっている。

また，観光地北海道を「ブランド」と呼べるかどうかに関してその他の条件のひとつである「常用客（＝リピーター）」に関しては，既存の各マーケティング調査では来訪頻度または再訪意向についての質問項目はあるが，観光地に対して「愛着心」を感じ，友人などに推薦するといったブランドの「ファン」による行動についての調査項目は通常の調査には含まれていない。来道リピート外国人観光客（1回以上）は2007年度では次の通りだった（北海道経済部観光のくにづくり推進局 2008）。台湾（21.7％），香港（24.7％），韓国（20.6％），中国（25.4％），豪州（34.3％）。この基準では，彼らにとって北海道（または豪州人の場合はニセコ）は「ブランド」となっていると言えるかもしれない。しかし，来道経験者の内，友人への推薦はどの程度であるかについてもさらなる調査が必要である。さらに，他の競合観光地と比べてより高く払っても北海道に来る意向があるかについても設問項目はないので判断できない。したがって，以上の基準に基づいて観光地ブランド「北海道」は東アジアにおいて日本の観光地の中でも認知度の面では最低条件をクリアしており，行動意図（訪問意欲）にもつながりつつあるが，その他の条件の面では真の観光地「ブランド」にはまだなっていない可能性がある。また，海外市場によっても認知度，及び訪問意欲にばらつきがあることも今後の課題である。海外において全ての側面でどの程度観光地ブランド「北海道」が成立しているかについて的確に評価できる

ようにさらなる調査が必要である。しかし，その際問題になるのは現在観光地ブランドの評価について確立した手法は存在しないということである（大井 2013）。

4-3 で述べた「ハロー効果」メカニズムを適用すれば，北海道の特産品（農産物，加工食品など）の東アジアにいる消費者のうちでの良い名称（イメージ）を活かし観光地ブランド「北海道」を強化することができるだろう。また，観光地ブランド「北海道」が確立されている国では北海道産の加工商品などのマーケティングでも北海道の観光地ブランドを利用することでお互いへの「ハロー効果」を戦略的に目指すべきだろう。この場合，北海道全体のブランドを構築ならびに管理すべく DMO がコーディネーター役を務める必要がある。しかし，以下でも言及するが，現在の北海道の DMO 組織には充分なマーケティング・ノウハウがあると言いがたい。また，上述した地域の特産品などの非観光商品やブランドと観光地ブランドが外国の消費者の頭の中でお互いにどのように連想されているかについてさらなる研究が必要である。

さらに，外客に魅力的，かつ安定した価値を約束する北海道の観光地「ブランド」，または「ブランド・アイデンティティ」の構築や維持に向けて統合的マーケティング・コミュニケーションが不可欠になる。しかし，社団法人北海道観光振興機構の平成 25 年度運営予算の 80％は北海道庁からの補助金及び負担金からなっている[22]ため，外部委託は入札制度で行うように義務づけられている。そのため，外国のターゲット市場ごとの宣伝広告，PR・プロモーションキャンペーンや観光パンフレット作成事業などが細かく事業ごとに入札にかけられ，広告代理店等の委託先がプロジェクトごとに決められる。その結果，各キャンペーンの委託先は異なる可能性があり，DMO の重要な任務である北海道の観光地ブランドの構築・維持に向けて不可欠である統合的マーケティング・コミュニケーションが困難になる。

● **6-6　北海道観光 WEB サイトの充実化**

インターネットの急速な普及に伴い，旅行情報の収集源として，インターネ

---

[22]「平成 25 年度北海道観光振興機構収支予算」を参考に筆者が計算。

ットを活用している人が増えている（瀧内 2008）。上述した様々な調査データからも明らかになったように，現代の観光客は旅行を計画する際，意思決定プロセスの初期段階に当たる観光地候補リストから旅行目的地を決めるときのインターネットでの事前情報収集がますます重要になってきている。事前情報収集プロセスでは，当該目的地の観光ウェブサイトの第一印象が非常に重要である。ウェブサイトの印象，またはサイトのユーザビリティが悪ければ，その段階で当該旅行目的地への旅行を断念する人が多いといわれている (Taudes and Tanaka 2011)。

多くの海外観光客の情報収集において北海道観光振興機構ウェブサイトは重要な役割を担っており，北海道観光へのゲートウェイであると言っても過言ではない。そこで，同機構は日本語でのウェブサイトに加えて，英語版，韓国語版と中国語版（簡体字版および繁体字版）を用意している。さらに，YouTubeにアップされている北海道観光プロモーションビデオ動画へのリンクやFacebookのプラグインもあり，最新のソーシャル・メディア・マーケティングの道具（インターネット経由口コミ）も積極的に導入している。

しかしながら，本ウェブサイトには様々な課題が残されている。例えば，ユーザビリティの観点から見れば情報は最新のものではなく（特に外国語版の場合），頻繁にアップデートされていないばかりか，情報の量と種類は十分ではない。さらに北海道観光振興機構へはメールで連絡がとれないこと，サイトから直接にホテル予約ができないこと等が指摘されている (Taudes and Tanaka 2011)。さらに各言語ページのデザインやロゴマークのページでの位置やロゴの色も統一されていない。このウェブサイトのデザインもウェブサイトデザイン専門会社に外部委託しているため，これに当てられた予算があるときにしか改善・リニューアルできないようになっている。これらの問題についてマーケティングやウェブデザインのインハウス・スペシャリストがいればすぐに対応できるが，北海道観光振興機構は外部委託に依存している状態である。

● 6-7 国際観光人材の能力向上および観光マーケティングと観光地マーケティングのプロフェッショナル育成と雇用

今後は北海道の観光産業のさらなる発展には観光マーケティングおよび観光

地マーケティングのプロフェッショナル育成が不可欠である。北海道の私立大学には観光学部が設置されている大学はあるが，通常の場合観光関連科目の内容は，国内市場と日本人観光客中心であると推測できる。そのため，北海道には外国人観光客の行動や特徴に精通するマーケティング・プロフェッショナルが不足している。この問題を克服するために，北海道の海外主要ターゲット市場出身の優秀な観光マーケティング・プロフェッショナルを雇用し，彼らが昇進できる労働条件の良い職場を作らなければならない。さらに，北海道の各高等教育機関でも今後外国人観光客に対応できる観光マーケティング人材を育成するコースを設置する必要がある。

もうひとつの問題は，上述した北海道庁の観光局に在籍する職員は，人事ローテーションの関係から3年程度職務を担当した後，異なった部門に異動してしまい，それまで蓄積された知識が継承されないケースが多いことである（瀧内 2008）。そもそも，これらの職員は公務員であり，観光マーケティング等関連の専門知識を持っておらず，観光マーケティングのプロフェッショナルではない。一方，高い観光競争力を誇る国が比較的多い欧州[23]の各国のDMOでは，マーケティングの専門人材が中長期的な視野で取り組んでいることが特徴であり，政府からの出向者等ではなく，観光業界やマーケティング分野の専門家であることがほとんどであるという（日本政策投資銀行 2013a）。また，東アジア観光市場において日本インバウンド市場にとって競合国になっている韓国でも，韓国観光公社[24]のマーケティング本部の中に「海外マーケティング室」や「観光ブランド商品室」といった部署があり，韓国ブランドを浸透させるべくマーケティング分野で高い専門性を有する人材が従事していると推測される（日本政策投資銀行 2013a）。

海外の観光先進国の国や州等のレベルのDMO組織で通常みられるマーケテ

---

[23] 例えば，世界経済フォーラムによる2013年版「世界観光競争力ランキング」の上位10位の中でスイス（1位），ドイツ（2位），オーストリア（3位），スペイン（4位），イギリス（5位），フランス（7位），スエーデン（9位），と7カ国もランク入りしている（Blanke and Ciesa 2013）。また，欧州では国レベルだけでなく地域レベルでの観光振興も活発とされている（日本政策投資銀行 2013a）。

[24] 日本政府観光局と観光庁の機能の一部を併せ持っているDMO組織。

ィング人材の高い専門性と対照的に，北海道のDMOに準ずる北海道庁経済部観光局，あるいは社団法人北海道観光振興機構ではマーケティングに関する専門性は相対的に低いレベルにあると推測できる。なぜならば，両組織が公表している各マーケティング調査はマーケティング調査会社やコンサルティング会社に委託されており，両組織内にはこれらの調査の設計，分析や解釈ができるマーケティング調査専門家はいないようである。これも北海道のより良い観光地マーケティング戦略の立案・実施・評価のために解決しなければならない課題である。

7　結　び

　北海道の観光業界は上述した課題に着実に取り組めば，中国やその他のアジア近隣諸国で，海外旅行への高いニーズを持った裕福な消費者層が増加していることによる好機を十分に活用できる。今後の課題は，中国，台湾，香港，韓国，シンガポール，タイ，マレーシア，およびロシアからの訪道観光客数をどのように増加させながらこれらの観光客に満足してもらえるかである。さらに，中国人観光客をはじめ，アジア各国の観光客の独自のニーズと嗜好を理解し，それらを北海道の豊かな観光資源と効率よく一致させることが必要である。個別企業の観光マーケティングの面では外国人観光客の受入態勢改善，インフラ整備，人材育成，外国人正社員スタッフがさらに必要であろう。北海道全体の観光地マーケティングでは，北海道の外部と内部に対する統合的マーケティングおよび道内の各ステークホルダーの観光マーケティングのコーディネーションと統括，あるいは外国人旅行者に関する詳細なマーケティングデータの収集，分析，その共有と効果的な応用，または各外国ターゲット市場に対する観光地ブランドの構築とそのブランド力の測定が今後の課題になっている。

【引用・参考文献】

Blanke, J., and T. Ciesa (eds.) (2011). The Travel & Tourism Competitiveness Report 2011. World Economic Forum.

Blanke, J., and T. Ciesa (eds.) (2013). The Travel & Tourism Competitiveness Report 2013. World Economic Forum.

Buhalis, D. (2000). Marketing the competitive destination of the future. *Tourism Management*, Volume 21, issue 1, pp.97-116.
長谷政弘［編著］（1996）．観光マーケティング―理論と実際― 同文舘
平田真幸（2000）．台湾からの「北海道旅行ブーム」はどのように生まれたか？―デスティネーション・マーケティングの視点からの考察―第5回観光に関する学術研究論文 財団法人アジア太平洋観光交流センター，pp.1-16
北海道開発局開発調査課（2012）．平成23年度北海道における外国人観光の回復に係る基礎調査報告書（概要）
北海道観光産業経済効果調査委員会（2011）．消費と経済効果 第5回北海道観光産業経済効果調査
北海道観光振興機構（2010）．北海道に関する東アジア地域マーケティング調査
北海道観光振興機構（2011）．北海道に関する東アジア地域マーケティング調査
北海道経済部観光局（2009）．北海道観光の現況
北海道経済部観光局（2011a）．北海道観光入込客数調査報告書 平成22年度版
北海道経済部観光局（2011b）．北海道観光の現況
北海道経済部観光局（2012）．平成23年度観光客動態・満足度調査の概要
北海道経済部観光局（2013）．北海道外国人観光客来訪促進計画（平成25年度～平成29年度）（案）
北海道経済部観光のくにづくり推進局（2008）．平成19年度訪日外国人来道者動態（満足度）調査報告書
北海道新聞朝刊地方版（2010a）．中国人観光客が増加し続ける網走市：受け入れ態勢充実へ 実用会話の教室開設 マナーに違い 市民交流に課題も 2010年9月25日付，29面
北海道新聞朝刊地方版（2010b）．中国人観光客の迎え方 2010月10月23日付，23面
北海道新聞朝刊全道版（2010c）．春節で商機つかめ 通訳配置，朝食にギョーザ，振り袖で出迎え… 家電店や百貨店 中国観光客狙う 2010年2月10日付，10面
Kamann, S. (2008). Destination Marketing Organizations in Europe - An in-depth analysis. Bachelor Thesis, May 2008, NHTV Breda University of Applied Sciences.
観光庁（2009）．平成21年度観光の状況―平成22年度観光施策（観光白書）
観光庁（2013）．平成24年度観光の状況―平成25年度観光施策（観光白書）
経済産業省北海道経済産業局（2009）．北海道の観光産業のグローバル化促進調査事業報告書
近藤隆雄（1999）．サービス・マーケティング：サービス商品の開発と顧客価値の創造 生産性出版
溝尾良隆他（2007）．地域におけるインバウンド観光マーケティング戦略 総合研究開発機構（NIRA） 研究報告書0701
Nagata, K. (2010). Tourism 'czar' aims high, targets Chinese. *The Japan Times*, Wednesday, Jan. 6.
日本観光振興協会（2012）．新たな集客に挑む！ インバウンドBUSINESS

日本政府観光局（2009）．訪日外国人個人旅行者が日本旅行中に感じた不便・不満調査報告書
日本政府観光局（2011）．JNTO 訪日外国人訪問地調査 2010
日本政府観光局（2013）．平成 24 年度 TIC 利用外国人旅行者調査報告書
大井達雄（2012）．観光地ブランドの評価に関する一考察　研究所報　法政大学日本統計研究所，No.42, pp.9-27
大井達雄（2013）．観光地ブランドの評価　大橋昭一［編］　現代の観光とブランド　同文館出版
大津正和（2012）．日本における観光研究の展望　田村正紀・島津　望・橋元理恵・大津正和　観光地のアメニティ　白桃書房
Pike, S. (2005). Tourism destination branding complexity. *Journal of Product & Brand Management*, Volume 14, issue 4, pp.258-59.
プラート・カロラス（2012）．北海道観光の国際化　穴沢　眞・江頭　進［編］　グローバリズムと地域経済　日本評論社
Ritchie, Robin J. B. and J. R. Brent Ritchie. (2002). A framework for an industry supported destination marketing information system. *Tourism Management*, Volume 23, pp.439-454.
瀧内　洋（2008）．北海道の観光戦略とインターネットの役割　日本国際観光学会論文集　第 15 号，pp.44-49
田村正紀（2011）．ブランドの誕生―地域ブランド化実現への道筋　千倉書房
田村正紀（2012）．外客が求めるアメニティ　田村正紀・島津　望・橋元理恵・大津正和　観光地のアメニティ　白桃書房
Taudes, A. and A. Tanaka. (2011). A Comparative Study of E-Tourism between Hokkaido and Austria. Paper presented at the "Globalism and local economies" International Symposium, Otaru University of Commerce, August 26.
山上　徹編著（1997）．国際観光マーケティング　白桃書房
山上　徹（2010）．観光事業における社会的責任とステークホルダーについての一研究―観光立国の実現に向けて　日本国際観光学会論文集　第 17 号，pp.43-48
米浪信男（2008）．現代観光のダイナミズム　同文館出版

【参考 URL】
北海道観光振興機構公式ウェブサイト（http://www.visit-hokkaido.jp/, 2013/04/14 にアクセス）
北海道（2014）．報道発表資料「外国人観光客向け Wi-Fi 環境の整備促進プロジェクトの実施について」2014 年 1 月 27 日（http://www.pref.hokkaido.lg.jp/ss/tkk/hodo/happyo/h26/01/260127-08gaikokujinwifi.pdf, 2014/02/08 にアクセス）
小屋知幸（2010）．観光ビッグバンが日本を変える　日本独自のソフトパワーが切り開く観光立国への道　日経ビジネスオンライン，2010 年 11 月 16 日（http://business.nikkeibp.co.jp/article/manage/20101110/217026/, 2013/11/04 にアクセス）
毎日新聞（2013）．新千歳，国際線が好調　乗客 120 万人の見通し　今冬就航海外 15 社

北海道 2013 年 11 月 12 日地方版（http://mainichi.jp/area/hokkaido/news/201311 12ddlk01040152000c.html, 2013/11/20 にアクセス）

Nikkei Marketing Journal, "More Asia Tourists Coming Back To Japan For More: Survey," May 2, 2008（http://www.nni.nikkei.co.jp, 2008/05/18 にアクセス）

日本経済新聞（2013）．東南ア向けビザ緩和を正式決定 タイ・マレーシアは取得免除 2013 年 6 月 11 日電子版（http://www.nikkei.com/article/DGXNASDF11005_R10C13A6EB1000/, 2013/11/20 にアクセス）

日本政策投資銀行（2013a）．地域のビジネスとして発展するインバウンド観光―日本型 DMO による「マーケティング」と「観光品質向上」に向けて 2013 年 3 月（http://www.dbj.jp/pdf/investigate/etc/pdf/book1303_02.pdf, 2013/12/05 にアクセス）

日本政策投資銀行（2013b）．アジア 8 地域・訪日外国人旅行者の意向調査（平成 25 年版） 2013 年 12 月（http://www.dbj.jp/pdf/investigate/etc/pdf/book1312_01.pdf, 2013/12/05 にアクセス）

サンケイビズ（2013）．ビザ緩和追い風 東南アジア急伸 7 月の訪日外国人初の 100 万人突破 2013 年 8 月 22 日（http://www.sankeibiz.jp/express/print/130822/exc1308221027001-c.htm, 2013/11/20 にアクセス）

4 北海道における「食」の課題と展望

【要　旨】

　北海道における「食」（農業・食料関連産業）が果たしてきた役割は大きく分けて2つある。ひとつは日本の食料供給基地としての役割であり，もうひとつは雇用や輸移出による地域経済への貢献である。今後，北海道経済の再生に向けて，農業・食料関連産業の発展は必要不可欠であり，第1次産業としての農業と食品製造業との連携・強化により，付加価値率を高めていくことが求められている。

　本章では，北海道の「食」をテーマとして，6次産業化に関連した実証分析と事例分析について報告する。第1節では，道内の各市（34市分）で産業促進に使われている振興費（商工費と農業振興費）が付加価値額に及ぼす影響についてパネルデータ分析から明らかにする。

　第2節では，産地・加工場・販売の三位一体を実現した「パイオニアジャパングループ」を事例として，6次産業化のビジネスモデルを分析する。また，事例分析を通じて，顧客と密接なつながりを持つ販売（第3次産業）の果たす役割について確認し，販売側を起点としたビジネスの重要性を示す。

1 付加価値率の動向と地方自治体による政策効果の関係について
　　─北海道の製造産業と農業を対象としたパネルデータ分析─

● 1-1　はじめに

　北海道は日本における後発発展地域である。かつては石炭などの鉱山資源の

供給地として，現在では広大な土地を活かした食料生産の場として経済基盤が構築されてきた。そのため道外への移出を目的に，特に苫小牧市や室蘭市，釧路市，小樽市，函館市などの湾岸地区における発展が見られたが道内鉱山の閉山などから現在では日本海側の湾岸地区は衰退し，太平洋側の湾岸地区に重工業や製造業が集まっている状況にある。

　全国の産業構造と比べ，第2次産業の割合が小さな北海道において湾岸地区の製造業は重要なもので，苫小牧市の自動車産業や室蘭市の化学コンビナート，函館市や釧路市の水産関連食品製造業，旭川市や帯広市の食品製造業などが付加価値率からも北海道経済に占める割合は大きい（渡久地・Baljinyam 2012）。しかしながら，全国に比べて後発発展地域であったために，インフラ整備など公共事業が北海道開拓時から行われた結果，建設業を中心に北海道は公共事業に依存した産業構造にもある。

　近年では，海外からの輸入品の増加や製造業の海外移転，財政縮減による公共事業費の削減など，北海道経済を取り巻く環境は厳しく，これまでの産業構造から脱却した新たな産業振興が必要となってきている。

　そのために考えられうる他府県にない北海道の優位性は広大な土地や環境資源を活かした第1次産業ではあるのだが，上記の既存研究や先行研究から指摘されるように1次産品は低次加工で付加価値が付きにくく，漁業や農業を主業にしている地域の製造業の多くは労働集約的という状況となっている。

　これらの問題を改善するために北海道内の地方自治体は地場産業の育成及び発展のために様々な政策を講じている。地方自治体においてこの政策の主たる財源に商工費や農林水産費があり，商工費は地域の商工業振興や産業振興，観光事業振興を目的に，農林水産費は農業振興，林業，漁業振興を目的に毎年計上されている。

　しかしながら，広大な面積を有し，上述のように地域によって産業構造が変化している北海道において地方自治体の商工費や農林水産費などの振興費が常に地場産業の発展に効果をもたらしているとは考えづらい。

　そこで本報告では，北海道内の製造産業の付加価値率を計測した渡久地・Baljinyam（2012）のデータや知見を用いて，地方自治体の商工費の製造業への影響及び農林水産費の農業への影響についてパネルデータ分析を用いて明らか

にし，後述する6次産業化における製造業と農業の現在の関係性についても分析を試みる。

◉ 1-2　北海道製造産業の概況

　北海道における食料品製造業の出荷額シェアは図4-1のように全国に比べて非常に高い。特徴として北海道の食品製造業では原材料の移入輸入の割合は他府県と比べ低く，北海道産を原材料として使用する傾向があり，食糧生産基地である北海道の第1次産業と密接に結びついている。しかしながら，北海道の食品製造業は他府県と比べて従業者数は少なく，付加価値額も低いという面も持っている。

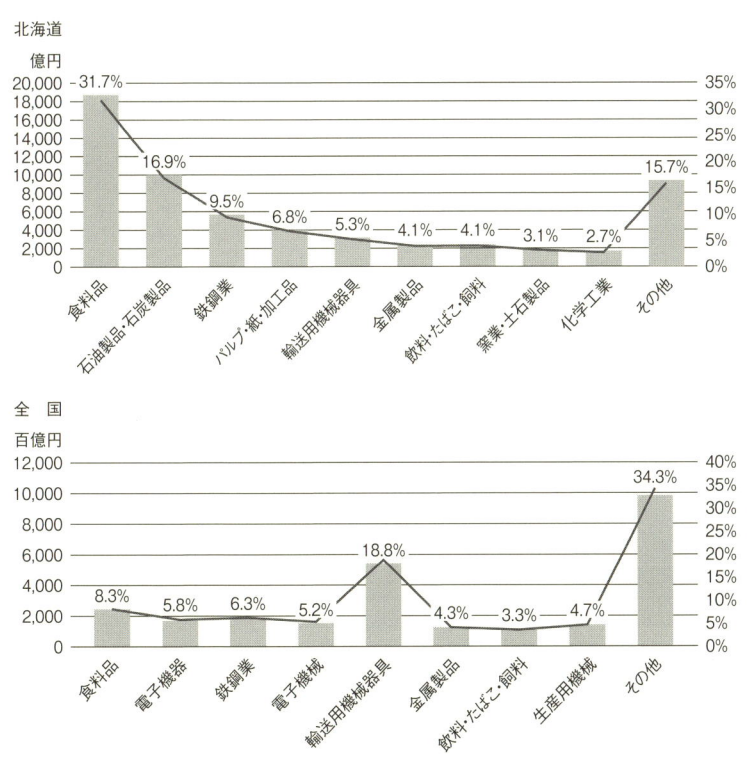

図 4-1　北海道と全国の業種別製造品出荷額の割合

（出所）　北海道「北海道の食品工業の現状」2012年。

84　第 2 部　戦略的産業

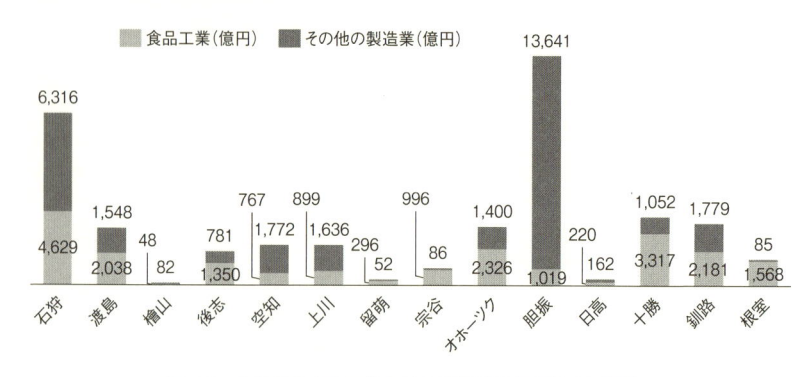

図 4-2　北海道の食品工業とその他製造業出荷額（支庁別）
（出所）　北海道「北海道の食品工業の現状」2011 年。

　次にこれらの北海道の食品製造業を支庁単位で区分して北海道内での特徴をみる。

　図 4-2 は，支庁別の北海道の製造業の製品出荷額を表している。北海道の食品製造業は札幌などの消費地に近い支庁でその製造品出荷額は大きく，その他は原材料の生産地に近い場所に事務所が多いという特徴がみられる。

　支庁別に製品出荷額からみれば，消費地に近い石狩，第 2 次産業や関連する港のある胆振，水産関連の食品製造業が多数ある渡島，網走，畜産業や畑作といった原料供給地にある十勝，後志といった区分が行える。

　さらに，図 4-3 の食料品別の食品製造業の割合と既存研究から併せてみていくと，港の多い渡島や網走を中心に水産関連の食品製造業が多く北海道に集中しており，製造品出荷額でも北海道全体の約 21％ を占めている。これらの水産関連の食品製造業では，北海道特有な理由ではないが水産資源の減少やロシアとの漁業貿易に関する問題を抱える中で，低付加価値な大規模生産から高付加価値な小ロットの小規模生産へとより細分化した近年の消費者の需要に応える企業努力が行われている。

　原料供給地にある十勝，後志などでは，食糧生産基地として推進された農業生産の大規模化を背景に豊富な原材料の供給を受けて，食品製造業も大規模生産が行われている。原材料としては大きく分けて食肉加工業と乳業の畜産業関連と，小麦や甜菜，ジャガイモといった畑作農業を原料供給とする製粉業や糖

4 北海道における「食」の課題と展望　85

事業所数

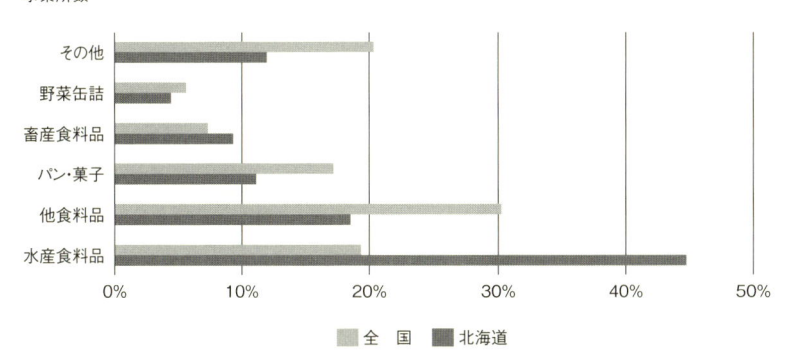

その他
野菜缶詰
畜産食料品
パン・菓子
他食品
水産食料品

■ 全国　■ 北海道

製造品出荷額

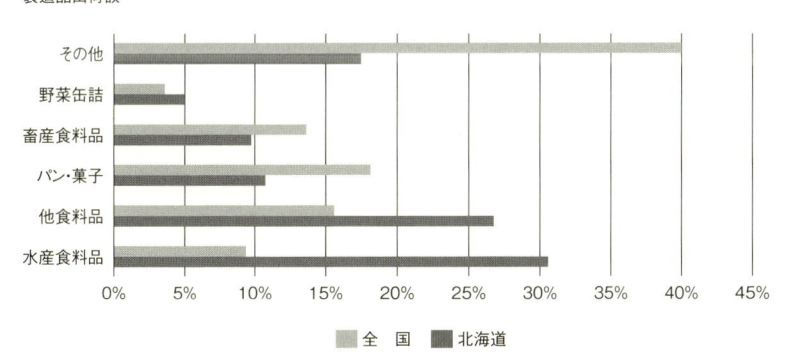

その他
野菜缶詰
畜産食料品
パン・菓子
他食品
水産食料品

■ 全国　■ 北海道

従業員数

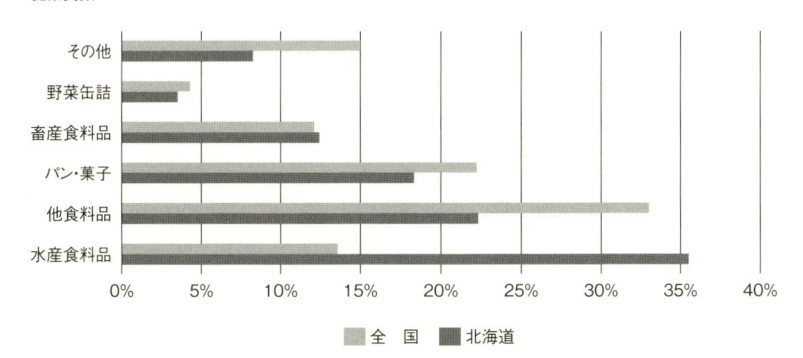

その他
野菜缶詰
畜産食料品
パン・菓子
他食品
水産食料品

■ 全国　■ 北海道

図 4-3　北海道と全国の食料品別事務所数，従業者数，製品出荷額の割合
（出所）　経済産業省「工業統計調査」2010 年。

業などの農作物関連がある。

どちらの食品製造業も農業の大規模供給に応えるために大規模生産を行っており，北海道外の供給先のための低次加工を中心としている。近年の動向として，これらの農畜産物関連の食品製造業も水産関連の食品製造業と同様に，細分化した近年の消費者の需要に応え，かつ，外部の競争に負けないために高付加価値な製品生産に注力している。

このように北海道内の食品製造業は北海道経済の特徴でもある第1次産業の強みを活かして，付加価値の付きにくい食料品の大規模生産を行ってきたが，諸外国からの低価格な輸入品との競合と，近年の消費者需要の細分化への対応という2つの相反する大きな問題を抱えている。

● 1-3 先行研究

地域経済と製造産業を題材にした既存研究は多く，近年では山田・徳永 (2008)，徳永他 (2009)，阿久根 (2009) らが食品産業の集積や共集積による生産力効果について分析しており，吉本他 (2010) や吉本・近藤 (2010) では，食品産業の地域への経済波及効果について分析を行っている。

これらの既存研究では徳永他 (2009) は食品産業の集積を，吉本・近藤 (2010) は地域経済への影響を見ているが，両者とも共通して付加価値額に着目して分析を行っている。

前者は食品産業の集積効果をみるために，食品産業の従業員数を用いて特化係数として扱うことで，ある地域の食品産業の集積が全国の食品産業と比べてどの程度の集積であるのかを明らかにするマクロ的分析を行っている。

後者は食品産業の地域経済への影響をみるために，付加価値額を出荷額で回帰することで付加価値の変化を明らかにして，産業連関表から地域経済への経済波及効果を明らかにすることで付加価値の変動を分析している。

両者から北海道経済における食品製造業についてみると，北海道の製造業に占める食品製造業の出荷額は全国的にも高く，事務所数も多いが，産業集積では北海道は非常に低い結果となっている。影山他 (2008) によると，食品産業の雇用に基づく集積指数での結果は1985年では北海道が全国42位で，2000年では全国44位と低迷している。他業種との共集積指数でも全国33位 (2000年

時）と推計されている。

また，付加価値額においても吉本・近藤（2010）の分析結果によれば，1992年以降北海道の食品産業は乳製品製造業や水産食料品製造業といった食品製造業で原料供給地に近い地の利のメリットを活かしてはいるが，付加価値額は減少傾向を示している。

北海道の食品製造業を分析したこれらの既存研究においても 1-2 の内容を裏付けるような分析結果が出ており，高付加価値製品の育成を試みてはいるが，北海道の製品に付加価値を付与できていない現状が指摘される。

● 1-4　北海道農業の付加価値

北海道の主要産業である農業は広大で豊かな土地を活かした大規模な畑作が盛んであるが，農業従事者の高齢化や離農に伴う耕作放棄地の増大などの問題を抱えている。そのため，農地の維持管理及び有効利用を促すために各地域で農業振興費を基にした様々な施策が行われている。具体的に農業振興費は農業用排水路や区画整理，農業用ダム，農業加工の振興，農産物販売の促進など，地域の農業発展に利するよう活用されている。

図4-4は財務省や各市が公表している「各市別決算況調」及び「各市決算カード」から農業振興費を北海道の34市においてグラフ化したものである。各年の農業振興費の公表状況は各市で異なるためグラフは2007〜2011年までとした。

各市の農業振興費は農業用ダムなどの特別な事業がない限りにおいて年々減少傾向にあり，北海道34市の農業振興費の平均額は8021万9000円（2007〜2011）であるがその額は地域の状況によって異なる。本報告ではこのような公表データを用いて付加価値額を算出し，既述の製造業との関わりを調べるために統計データとして整理した。

● 1-5　付加価値率についてのパネルデータ分析

以上を踏まえて，北海道の製造産業が抱える問題を解消するために地方自治体が講じている政策が地場産業の発展に効果をもたらしているか分析する。これによって，北海道の製造産業の問題が政策的に解決できるものなのかを考察

第2部 戦略的産業

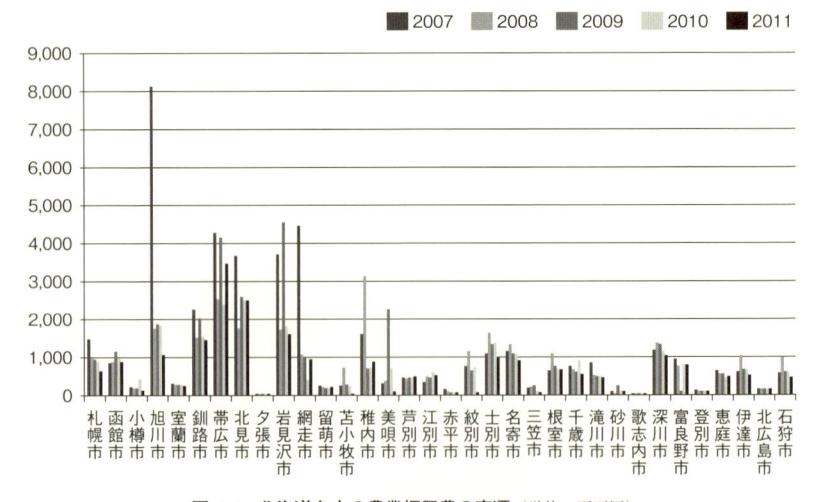

図 4-4　北海道各市の農業振興費の変遷（単位：百万円）
（出所）「各市別決算況調」及び「各市決算カード」（2007-2011年）より筆者作成。

でき，地方自治体の産業育成に関する政策の方向性及び製造産業の問題の要因を明らかにできると考える。

そのために政策などの効果や製造産業の変化をみるために時系列データを用いる必要がある。そして，このような時系列データによる分析においては研究蓄積が豊富なパネルデータ分析が適切と考える。

本報告では，北海道内の製造産業の付加価値率を計測した渡久地・Baljinyam（2012）のデータや知見を用いて，地方自治体の産業育成に関する政策に使用される商工費との影響についてパネルデータ分析を行い，政策効果及びその要因を明らかにする。

まず，パネルデータ分析に使用する説明変数において説明を行う。

製造産業の付加価値とは企業活動によって生み出された価値であり，計算方法が異なるいくつかの計算方法がある。本報告では総製造品出荷額から中間投入額および原材料等使用額，有形固定資産額を差し引くという中小企業庁方式で算出した。これを北海道内の各市で算出し，北海道全体の付加価値で割ったものが北海道における各各市の付加価値率となる。この付加価値額と付加価値率を利用した数値を，本分析では被説明変数として用いる。基となるデータは

渡久地・Baljinyam（2012）を用いた。

パネルデータ分析に用いる他のデータである従業員数，事業所数，総製造品出荷額は経済産業省「工業統計調査」（2002 〜 2009 年）を使用する。また，各市別の商工費及び企業税収については各市及び総務省の「各市別決算況調」（2002 〜 2009 年）及び「各市決算カード」（2002 〜 2009 年）を使用した[1]。

このように各市の製造産業の経済状況に関連するデータを基に，各自治体が行っている産業振興策の原資である商工費が地場産業に影響を与えているかどうか，既存研究による算出されたデータ及び統計データを用いてパネルデータ分析によって推計していく。

パネルデータ分析では，下記の数式 model 1 を想定した。

$$\text{Add value}_{nt} = \alpha_1 + \alpha_2 \text{Subsidy}_{nt} + \alpha_3 \text{Worker}_{nt} + \alpha_4 \text{Sales}_{nt} + \alpha_5 \text{Company}_{nt} + \alpha_6 \text{Dummy} + \varepsilon_n \quad (\text{model1})$$

$n = 1 \sim 34, \ t = 1 \sim 8, \ (n = 272)$

model1 において，Add value_{nt} が製造産業の付加価値を，Subsidy_{nt} が各市の商工費を，Worker_{nt} が従業員数を，Sales_{nt} が総製品出荷額，Company_{nt} が事業所数を表している。また，Dummy に関しては北海道における製造業の性質が各地域によって大きく異なることから，大規模施設を伴うような製造業がみられる札幌市，函館市，小樽市，旭川市，室蘭市，釧路市，苫小牧市，千歳市について Dummy を置いた。これは，他の農林業を産業主体とする市と区別するための産業ダミーである[2]。

結果は表 4-1 のようになった。分析の結果，model1 において付加価値率を被

---

1) 使用した「各市別決算況調」や「各市決算カード」では，各市別の商工費の総額に観光産業に用いられる観光費も含まれている場合がある。本分析では開示している各市については商工費から観光費を除した額で分析を行っている。しかしながら，開示していない各市に関しては「各市決算状況」や各市議事録等の資料と「各市決算カード」とを比較して，報告されている事業決算から商工費及び観光費を推測した額で分析を行った。
2) 分析に際してダミー変数は，固定効果モデルを行うためにスロープダミーに変換して行った。

表 4-1　北海道製造業の付加価値におけるパネル分析

説明変数	係数	Prob
C	0.030632	＊＊＊
商工費	3.52E-10	＊
従業員数	-5.56E-06	＊＊＊
総製造品出荷額	5.96E-10	＊＊＊
事務所数	1.47E-04	＊＊＊
Dummy	-3.46E-10	ns
データ数		272
Prob		0.0000

＊$p<0.1$, ＊＊$p<0.01$, ＊＊＊$p<0.001$

表 4-2　model1 における F 検定，カイ二乗検定の結果

Effects test	Statistic	d.f	Prob
Cross-section F	1266.3826	33,233	0.0000
Cross-section Chi-square	1413.0261	33	0.0000

　説明変数として，商工費，総製造品出荷額，事業所数は正の値を示した。従業員数は負の値を示した。よって，付加価値を高める要因としては商工費を用いた援助・振興策，出荷額や事業所数が挙げられ，従業員数はその逆の要因となり，Dummy に関しては付加価値との関連が本分析では有意に見られないものとなった。

　次に分析に用いたモデルの検証を行う。まず，対象となった各市に固定効果があるかを表 4-2 のように検定した。結果は固定効果が無いという帰無仮説が棄却されている。

　北海道の製造業は農業と密な関係にある食品製造業が多数を占めていることから，次に農業との関係性をみていくために，下記の内容でパネル分析を model2 として改めて行う。

　model2 では農業との関係性をみるために農業の付加価値（水田及び畑作を含める）を各市の農業振興費から推計して Add value2 として model1 に付加する。model2 では各市の農業振興費の開示状況を考慮して計測期間を 2005-2009 の 5 年間に縮めている。

表 4-3　農業付加価値を付加した製造業の付加価値に関する結果

説明変数	係数	Prob
C	0.017019	ns
商工費	-8.56E-07	ns
農業振興費	2.79E-08	ns
従業員数	-2.70E-01	＊
事務所数	5.56E+00	ns
農業粗付加価値額	-3.72E-05	ns
耕作地（畑地）	4.51E-06	ns
総製造品出荷額	1.25E-04	＊＊＊
Dummy	-1.66E-09	＊＊＊
データ数		170
Prob		0.0000

＊p＜0.1，＊＊p＜0.01，＊＊＊p＜0.001

表 4-4　model2 に関する F 検定，カイ二乗検定の結果

Effects test	Statistic	d.f	Prob
Cross-section F	1353.1108	33,128	0.0000
Cross-section Chi-square	995.7752	33	0.0000

$$\text{Add value}_{nt} = \alpha_1 + \alpha_2 \text{Subsidy1}_{nt} + \alpha_3 \text{Worker}_{nt} + \alpha_4 \text{Sales}_{nt} +$$
$$\alpha_5 \text{Company}_{nt} + \alpha_6 \text{Subsidy2}_{nt} + \alpha_7 \text{Field}_{nt} +$$
$$\alpha_8 \text{Addvalue2} + \alpha_9 \text{Dummy} + \varepsilon_n \quad (\text{model 2})$$

$n = 1 \sim 34, \ t = 1 \sim 5, \ (n = 170)$

　結果は表4-3のようになった。model2において製造業の付加価値を被説明変数として，総製造品出荷額は正の値を示した。従業員数とDummyは負の値である。また，商工費，農業振興費，事務所数，耕作地（畑地），農業の付加価値に関しては有意な結果は得られなかった。model2では，付加価値を高める要因として出荷額や耕作地（畑地）が挙げられ，商工費，農業振興費，事務所数，耕作地（畑地），農業の付加価値に関して製造業の付加価値との関連が本分析では見られないものとなった。

　先ほどと同様に分析に用いたモデルの検証を行う。まず，対象となった各市に固定効果があるかを表4-4のように検定した。結果は固定効果が無いという

帰無仮説が棄却されている。

● 1-6 まとめ

両モデルから北海道の製造産業の付加価値に関して商工費や農業の付加価値との関係について関連する統計データとともにパネルデータ分析を行った。

結果，北海道の製造業だけを主体とするmodel1では商工費が北海道の製造業の付加価値を上げることに寄与していることが確認された。また，model1では商工費同様に製造品出荷額の大きさや事務所数の多さが付加価値を上げる要因であることが示唆されるため，企業規模を拡大することも重要と考えられる。

北海道の主要産業である農業と製造業の関係をみるために行ったmodel2では，北海道製造業の付加価値において商工費及び農業振興費による直接的な影響はみられなかった。model2において北海道製造業の付加価値に影響を与える要因は，製造品出荷額及び従業員数であった。このmodel2に関しては商工費をその内訳から食品製造業のみに区分できず，分析データを製造業全体としている点，農業振興費をその内訳から畑作と米作に区分できず，分析データを農業全体としている点，そこから計算される農業付加価値額も畑作と米作の区分が行われない点を考慮する必要がある。また，6次産業化[3]でみられる取り組みには地域のコミュニティを介して行われる事例が多くみられることからも，本報告のような量的データだけに頼る分析では正確な要因を分析することは難しいと思われる。そのため，6次産業化のような多種多彩な産業が交わる課題に関してはケーススタディを伴う実態調査が不可欠と考える。しかしながら，北海道全体を俯瞰する際にはマクロ的な分析が重要であることはこれまでの既存研究からも認識できることである。そのため，model1のように開示されて

---

[3] 農林水産省（2012）によれば，6次産業化とは「1次産業としての農林漁業と，2次産業としての製造業，3次産業としての小売業等の事業との総合的かつ一体的な推進を図り，地域資源を活用した新たな付加価値を生み出す取り組み」であると定義される。なお，6次産業化という言葉をはじめて提起したのは，東京大学名誉教授の今村奈良臣氏である（大西 2012）。今村（2010）によると，6次産業化は「地域農業の総合産業化」を目指したものであり各次元の産業を単純に足すのではなく，「1次産業×2次産業×3次産業＝6次産業化」のように掛け合わしたものとして表現されるという。

いる統計データを有効に用いることでひとつの産業の成長要因を明示し，その要因の詳細に関して実態調査による深掘りが必要になる。

　本報告でも製造業の付加価値を上げる要因として，商工費や企業規模が影響を与えていることを確認したが様々なデータ制約の上で行っており，製造業と他産業との互いの要因を明確にするには，より詳細な統計データ及び地域の人的資本を表す質的変数が必要である。これらは今後の課題としたい。

2　パイオニアジャパングループによるビジネスシステムの形成と６次産業化

● 2-1　パイオニアジャパングループの設立経緯と概要

　北海道は，「食」の宝庫と言われている。本節では，食にまつわる豊富な地域資源を活かし，新たな顧客価値を創造するためのビジネスシステムの形成を通じて６次産業化に成功した事例を取り上げる。

　「パイオニアジャパングループ」は，1990年３月，株式会社パイオニアジャパンの創業を皮切りに農業生産法人やま道の里，株式会社まんゆう，株式会社コスモの４社を設立し「惣菜の総合メーカー」として成長している。グループ全体の従業員数は，約140名である。

　パイオニアジャパングループは，元々，惣菜の卸売および小売といった３次産業にまつわるビジネスからスタートした。今では，さまざまな種類の惣菜がスーパーマーケットで売られ食卓にのぼることは日常のことではあるが，同グループが創業した1990年代前半まではそうではなかった。当時，工場で加工された食材で調理せずともそのまま食べることのできる惣菜といえば，かまぼこ，納豆，つくだ煮などのようなものに限られていた。

　同グループが設立されたきっかけは，創業者の山道勝則氏（現会長）が前職の精肉メーカー時代にアメリカ視察旅行を経験したことにさかのぼる。山道会長はスーパーマーケットをおとずれ豊富な惣菜が並べられた売り場を目の当たりにした。その時，日本でも近い時代に惣菜ビジネスが急成長すると強く確信する。山道会長は，当時の視察旅行について次のように振り返る。

　「（アメリカのスーパーの）メインは必ずデリカテッセンだったんですよ。

図4-5　パイオニアジャパングループ本社

このデリカテッセンっていう言葉自体がその当時は日本になかったですから。その時に『えー！なんだ？』ってすごいショックをうけたんです。『あっ，これ変わるな』と。(中略) その時に『ああ，世の中の流れがこうなっているんだな』っていうことがちょっと見えた。この見えた時に，どうも考えていたことは，(日本の) 家庭というものがみんなと家族でご飯を食べてたっていう時代から，どんどんその生活パターンが変わっていって，帰る時間がそれぞれ変わってきて，食べる時間も違って，自分たちが単独で食べる時間が増えてきて。そういう流れがバーッて変わってる時とちょうど (惣菜メーカーのビジョンが) マッチングしたんですね」[4]

この視察旅行の体験を通じて，山道会長は惣菜ビジネスを起業するため精肉メーカーから独立しパイオニアジャパンを創業する。その後事業は順調に拡大し，2004年，野菜商品の製造・加工を手掛ける「まんゆう」を設立，さらに2006年，グループとして農業へも進出し「やま道の里」を設立した。今では，ミート惣菜，カット野菜，フレッシュサラダ，温野菜類を北海道内外の有力スーパーや飲食店向けに供給する「惣菜の総合メーカー」として成長

4) 2013年8月26日，山道勝則会長インタビュー。

表 4-5 パイオニアジャパングループ 社歴

年	事業内容
1990 年	株式会社パイオニアジャパン設立
1991 年	株式会社コスモ設立
2004 年	株式会社まんゆう設立
2006 年	農業生産法人やま道の里設立
2009 年	株式会社まんゆうに過熱水蒸気の最新機器導入

している（表4-5）。

● 2-2　6次産業化の取り組みのきっかけと現状

　同グループが6次産業化に力を入れるきっかけとなったのは、やま道の里における「規格外野菜」の商品化の取り組みである。北海道は、ジャガイモ、タマネギ、カボチャ、ニンジンなどの生産高が日本一であり、やま道の里も生産している（図4-6）。しかしこれらの野菜は生産の過程でひとつ大きな問題があった。サイズや色合いや形によって約5割が出荷の際に規格外となり、廃棄されるのが一般的だったのである。やま道の里も同様のロスが発生していた。

　同グループは、このロスをなくしビジネスチャンスに変えるために、規格外野菜の商品化に取り組んでいく。その本質は、高い加工技術による高付加価値化である。具体的には、やま道の里で生じた規格外の野菜を全てまんゆうに出荷し、「過熱水蒸気技術」による加工を行う。過熱水蒸気技術とは、100℃以上の状態にした超高温水蒸気を利用し、素材のうまみ・色合い・栄養分などを落とすことなく焼いたり蒸したりというような「ブランチング」と呼ばれる加工

図 4-6　農業生産法人やま道の里における自社農園

96　第2部　戦略的産業

図4-7　規格外野菜の過熱水蒸気処理の様子（まんゆう）

ができる処理システムのことである。まんゆうでは，2009年頃から北海道経済産業局や北海道立総合研究機構食品加工研究センターの協力を得ることで，北海道ではいち早くこの技術を導入することに成功した（図4-7）。

　この加工によって商品化されたのが「野菜のピューレ」である（図4-8）。従来の加熱処理による野菜のピューレは，アミノ酸や糖分などの栄養分が流れ出てしまううえに，色合いも悪くなってしまっていた。同グループでは，過熱水蒸気技術によるブランチングを行うことによって素材の酸化や劣化を抑え，成分保持性が高く色合いの良いピューレを作ることに成功する。今では，過熱水蒸気技術を利用してあらゆる野菜や果物のピューレの加工に取り組み，ピューレを利用したパンやジュース，アイスクリーム，さらには麺類，菓子類などの商品化も実現している。さらにピューレだけでなく，過熱水蒸気技術による農産物の加工によって，栄養価が高く美味しい野菜素材品（ブロック加工）の商品化も実現した。

　この他社にはない過熱水蒸気技術を利用した加工商品の取り組みは，6次産業に興味を持った農協との連携にも発展している。具体的な例としては，「JAふらの」との取り組みがあげられる。富良野地区の農家から生じた規格外野菜を，同グループの過熱水蒸気技術による加工をほどこし「ミックス野菜JAふらの編」として商品化し，北海道最大の生活協同組合コープさっぽろなどで販

売している。このJAふらのとの連携は，従来，一般的な農業の流通で確立されてきたJA経由による生鮮野菜の集荷・出荷ルート[5]とは違う新たなビジネスチャンスを生み，道内の他のJAとの連携へと拡大している[6]。

この過熱水蒸気技術を利用した野菜の商品化ビジネスは，約5割もの規格外野菜のロスを無くすことに大きく貢献しただけでなく，生鮮野菜に引けをとらない栄養と味を維持した高付加価値の野菜商品を実現した。まさにマイナスをプラスへと変えた新たなビジネスといえる。また，道内各地のJAとの連携の拡がりは，北海道の農業において従来の農産物の流通ルートとは違う新たなルートを生み出し，農業ビジネスの新たなスタイルを確立している。

図4-8　野菜のピューレ（じゃがいも）

◉ 2-3　ビジネスシステムの形成と6次産業化

ここまで見てきたパイオニアジャパングループの6次産業化の取り組みで重

---

[5] 北海道の一般的な集荷・出荷ルートでは，農産物は「生鮮品」として道外へ出荷されることが多い。このため，多くの規格外野菜が粗悪品として廃棄せざるを得ないことから1次産業者はその分の収入がほぼ得られないのが現状であった。

[6] その他にはJAさっぽろなどとの連携も図られている。さらに，JA以外にも稚内市や浜中町の漁業協同組合と連携して未利用の水産資源（小型の「さんま」や加工の難しい「おおなご」等）の加工・商品化にも取り組み，北海道の様々な団体と連携しながら同グループの技術やノウハウを活かした道産食材の付加価値向上に努めている。

98　第 2 部　戦略的産業

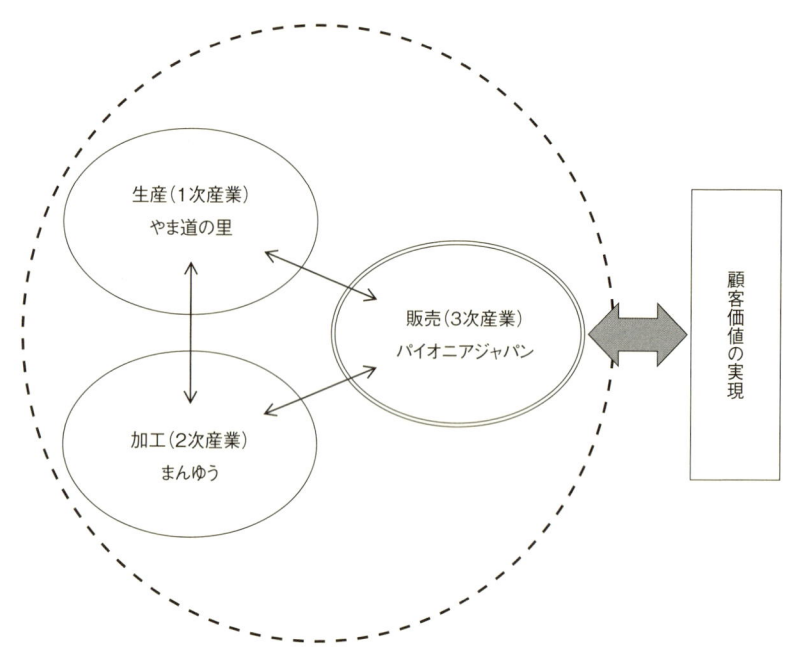

```
       生産（1次産業）
        やま道の里
              ↕
                    販売（3次産業）      ⇔   顧客価値の実現
                    パイオニアジャパン
              ↕
       加工（2次産業）
         まんゆう
```

図 4-9　パイオニアジャパングループのビジネスシステムと顧客価値の創造
（出所）　調査に基づき筆者作成。

　要なのは，同グループがもともと 3 次産業を起点として成長・発展してきたことにある。なぜなら，最もエンドユーザーに近い 3 次産業で得た市場の動向にいち早く注目し，新たな顧客価値の実現を達成するために，販売だけでなく加工や生産といった 2 次産業から 1 次産業へと活動の場を拡げ，最終的には 6 次産業化するために，グループ全体を一体化させるビジネスシステム化を行っていたからである。ビジネスシステムとは，簡潔にいえば流通構造における川上から川下にかけての「顧客に価値を届けるまでの仕組み」（加護野・石井編 1991，加護野・井上 2004）のことである。6 次産業化で大事なことは，ただ単に 1 次産業，2 次産業，3 次産業をつなげればよいのではなく，1 次・2 次・3 次を掛け合わせて一体となったビジネスシステムを形成し新たな顧客価値を実現しなければならない。この点をさらに検討していこう。

　図 4-9 は，同グループのビジネスシステムを表したものである。もともと 1 次産業にあたる「やま道の里」，2 次産業にあたる「まんゆう」，3 次産業にあた

る「パイオニアジャパン」は，グループ内の多角化の事業展開の要素が強く，事業面ではそれぞれ独立して運営されていた。それぞれ独立したグループ法人を一体化し新たに6次産業化を意識した事業展開を行うようになったのは，先述の規格外野菜の商品化をグループ全体で実践していく中にあった。現社長の上田琢巳氏は次のように述べている。

> 「パイオニアジャパンというのは営業会社ですから，どうしても顧客創造っていうのが代名詞であるわけです。なので，道内だけで販売活動を続けるよりも，道外っていう思いもありましたので，道外に出ていくのにはどうしたらいいのかっていうのを考えていくと，やはり北海道っていうのをキーワードにしたものをつくって外に出すというところがどうしても必要になってくると考えまして，取り組み始めたのはもう5年前ですね。（中略）で，その時に北海道産のものをつくって外に出すという，この流れをやっているところはやはり結構あったんです。ただ，畑であったり，水産物だったりという中で当然出てくるのが規格外というものなんです。そしてそれを加工して外に出すということをやっているのがそんなに多くはなかったんです。だったらそこを自分たちがやることによって，生産している側も当然やま道の里というものも持ってますから，生産する側の気持ちや経営状況もわかるわけですよ。捨ててるものを何とか金に換えれば，うちの農家の部門は金がまわりはじめるな，と思ったんです。それと同時に，まんゆうとかコスモ[7]っていう製造部門は安価な原料を買うことができるので，多分処理をするのにお金はかかるとは思いますけど，原料自体は安かったり，その規格外だから活かせるものっていうのをつくっていけば，それが特徴になるだろうと思ったわけです」[8]

同グループの取り組みをまとめると，販売側（パイオニアジャパン）が「顧

---

7) 株式会社コスモジャパンは，株式会社まんゆうと同様に製造・加工部門の企業であり，主にミート惣菜を扱っている。本節では規格外野菜の事例を取り上げるため，特にまんゆうに注目して記述している。
8) 2013年8月13日，上田琢巳代表取締役社長インタビュー。

客価値」の創造を目指して「北海道の特に規格外野菜に対する高付加価値化」という明確なビジョンを示し，そこからグループ内（やま道の里・まんゆう）を事業レベルで統合することによって6次産業化を達成していたといえる。ここからわかるのは，6次産業化を成功させるカギは生産者の論理だけではなく，「顧客価値」の実現を可能とするビジネスシステムの形成にかかっていることである。

　さらにこのような事業レベルの統合は，好循環を生み，新たな商品開発にもつながっている。例えばジャガイモの加工商品があげられる。ジャガイモの場合，新じゃがと言われる3カ月（9〜11月）の間にとれるジャガイモはでんぷん質が高いため，まんゆうの過熱水蒸気技術により早めにブランチングをすることで酵素活性が止まるため，それをポテトサラダなどに加工する方がジャガイモのほくほく感を活かせる。一方，1月まで寝かしておくとでんぷん質が糖化するためにほくほく感はないがしっとり感が増して甘くなるためコロッケに加工する方が有効である。この例からもわかるのは，グループ内で農業生産部門を有しているからこそ得られる技術や情報と，生産・加工部門が持つ独自技術や顧客価値の情報とが一体化した時，新たな商品化や事業化に至っていることである。

　つまり，1次・2次・3次それぞれの部門で蓄積された知識やノウハウ，技術を巧みに統合しトータルの活動の中で商品化および事業化がなされなければ6次産業化は達成できない。上田社長は次のように言う。

　「こういうのがあったらいいよねっていうその出口側の意見をどんどん川上に持ってきたんです。たまにですね，生産者の中にも賢い人がいて『こういうのつくったんですけど』っていう人がいるんですよ。そういうのもやっぱり全部出口に聞きに行くんですね。で，どういうのができるのかっていうのを製造工場にフィードバックして，ここでもできるかどうか（を考える）っていう」[9]

---

9) 2013年8月13日，上田琢巳代表取締役社長インタビュー。

この上田社長の言葉からわかることは，最も川下（販売側）を基軸に川上（生産・加工）を一体化するビジネスシステムを形成していった点である。つまり，同グループは，ビジネスシステム形成において最も重要な新規性のある顧客価値をいち早く察知し，その価値を実現するために6次産業化を推し進めていた。
　以上のパイオニアジャパングループの事例からわかることは，今求められる6次産業化とは生産者の声を市場に届けたり，直売の推進など1次産業の活性化に重点を置くことではない。重要なのは，川上から川下にかけての1次・2次・3次を一体化したいわばバリューチェーンを創造しビジネスシステムを形成することである。このような新たな顧客価値に結び付くビジネスシステムができれば，農業ビジネスの活性化につながるだけでなく，JAをはじめとした地域の多様なステークホルダーを巻き込んだ動きへと発展し，地域経済の活性化にも貢献すると考えられる。

【引用・参考文献】
阿久根優子（2009）．食品産業の産業集積と立地選択に関する実証分析　筑波書房
今村奈良臣（2010）．農業の6次産業化の理論と実践　技術と普及　第47巻第9号，pp.19-22
影山将洋・徳永澄憲・山田文子（2008）．地方都市圏の食品製造業における集積と共集積の生産力効果　地域学研究　日本地域学会，第38巻第2号，pp.447-458
加護野忠男・石井淳蔵編（1991）．伝統と革新—酒類産業におけるビジネスシステムの変貌　千倉書房
加護野忠男・井上達彦（2004）．事業システム戦略—事業の仕組みと競争優位　有斐閣アルマ
室屋有宏（2013）．6次産業化の現状と課題—地域全体の活性化につながる「地域の6次化」の必要性　農林金融　農林中央金庫
農林水産省（2012）．食料・農業・農村白書［平成23年版］
大西敏夫（2012）．農業の6次産業化の今日的意義—奈良県・笠地区を事例に　経済理論　和歌山大学　第368号，pp.45-62
渡久地朝央・Maytsetseg, B.（2012）．道内における地域経済の現状分析　ディスカッションペーパー，小樽商科大学ビジネス創造センター，No.150
徳永澄憲・影山将洋・阿久根優子（2009）．日本の製造業における産業集積の生産力効果の実証分析　日本地域学会
山田文子・徳永澄憲（2008）．首都圏食品製造業における地域特化の生産力効果の実証分析　地域学研究　日本地域学会，第38巻第2号，pp.267-277
吉本　論・大城　健・原　勲（2010）．沖縄農業の多面的価値に関する定量的分析—沖

縄観光への貢献度額と経済波及効果の推計　地域学研究　日本地域学会，第39巻第4号，pp.1013-1025
吉本　諭・近藤　巧（2010）．北海道における食品製造業の付加価値率変動に関する要因分析　日本農業経済学会論文集，pp.161-167

【事例資料】
・1次資料および2次資料
北海道新聞朝刊全道版（2013）．富良野産で冷凍野菜―パイオニア社，来月発売　2013年2月9日付，10面
パイオニアジャパン　過熱水蒸気加工商品のご案内　2013年入手
パイオニアジャパン　商品のご案内　2013年入手
パイオニアジャパングループ―農業に革命を。生産・加工・商品開発で6次産業化を実現　財界さっぽろ　2013年2月号，p.15
TEIKOKU NEWS　北海道版　すき間営業と技の伝承で業績拡大　2013年3月4日付
・HP
パイオニアジャパングループ公式HP（http://www.pioneer-j.co.jp/）（2013年10月1日現在）
・フィールド調査（パイオニアジャパングループ）
やま道の里農場見学（2013年8月26日）
インタビュー調査：代表取締役社長　上田琢巳氏（2013年8月13日　約80分）
　　　　　　　　　会長　山道勝則氏（2013年8月26日　約80分）

5 北海道における自動車産業の競争力

【要　旨】

　本章では，北海道の自動車産業の集積と競争力について考察している。まず，北海道自動車産業の振興策を検討した。北海道は自動車産業集積促進協議会を設立し，道外企業の誘致と地場企業の参入促進を図り一定の成果を収めているが，集積力を高めるためにさらなる展開が必要であることが明らかになった。次に，道内自動車産業の中核企業であるトヨタ自動車北海道の事例分析を行った。同社は北海道で操業開始以来，製品ラインを増加させ順調な成長を遂げてきたが，そのような中，雇用や設備資材の調達といった面で北海道経済に貢献していることが明らかであった。しかし，自動車部品の調達については道外調達比率が高く，同社と取引できる地元企業が育っていない現実も明らかになった。以上の考察から，北海道自動車産業が競争力を確保するためには，集積の発展に応じた支援策の高度化，および長期的な展望に基づく方針の明確化と経営者意識の変革を促す産学官のネットワーク形成が必要であることを指摘している。

1　はじめに

　日本の自動車産業は，日本のものづくり競争力を支える代表的業界として知られている。同業界の台頭は，20世紀の最後の四半世紀における世界の産業史上の大きな出来事のひとつとして捉えられ，自らの生産システムをグローバ

ル・スタンダードとして世界へと発信している稀な産業であることが指摘されている（藤本 2003）。

また，自動車産業はすそ野の広い産業であり，雇用および関連産業の創出，技術の波及など地域経済への影響は大きいといわれている（日本政策投資銀行北海道支店 2005）。このため，日本各地において自動車関連企業の積極的な誘致が行われてきた。北海道もそのひとつの地域である。

北海道への自動車関連メーカーの進出は 1970 年代に始まるが，1975 年から 2004 年までの 30 年間において 14 社の新規立地にとどまっていた。しかし，この状況は一変し，2005 年以降は進出が盛んに行われるようになる（伊藤 2008）。

現在，北海道の主要な自動車会社（大手一次サプライヤー，あるいはその子会社）は 6 社であるが，いずれも道外から進出してきた企業である。道内には，これら 6 社以外に 20 数社の自動車関連企業が存在するが，ほとんどが道外から進出してきた企業であり，地場企業は少ない。また 6 社と取引している企業は数社にすぎず地場企業の貢献が十分でないことが指摘されている（田中 2009）。

このように，北海道の自動車産業は，必ずしも高い競争力を確立した業界になっているとはいえない。北海道は，北関東や広島のように組み立てラインを持ったものづくりの伝統をベースに発展した地域ではない。また，北部九州や岩手のように完成車組み立てライン工場の進出によって発展してきた地域でもないため，これらの地域に比べて集積力にも見劣りがある（日本政策投資銀行北海道支店 2005）。

ただし，個々の企業レベルで見るとサプライヤーとして成長力や競争力に優れた企業が存在している。これらの企業は厳しい納入競争の中で優れた成果を収め，自動車メーカーにとってなくてはならない重要な供給先になっているのである。

これらの企業の特徴が明らかになれば，優れた自動車サプライヤーとして必要な要件は何か，また，これらの企業に対し道内企業はどのように取引関係を構築していくべきか，さらには，道内自動車産業のあるべき姿と政策的な支援のあり方に対する指針が与えられると思われる。

以下では，まず，北海道自動車産業に対する支援の実体について分析し，そ

の成果について議論を行う。次に，北海道自動車産業の中で中核企業としての役割を果たしているトヨタ自動車北海道の事例分析を通じて，同社が道内企業とどのような取引を望んでいるのか，また，道内企業が優れたサプライヤーになるための条件とは何かについて検討する。最後にこれらの分析に基づいて，北海道自動車産業の今後の成長の方向性を議論していく。

2 北海道の自動車産業支援状況

　北海道による自動車産業振興の本格的取り組みは 2005 年に始まるが，その契機は，自動車産業の誘致が公共事業依存体質からの脱却の推進力となり，地域中小企業の競争力向上につながることが期待されたためである（田中 2009）。2006 年，道は「企業立地の促進」と「地場企業の参入促進」による自動車産業の集積を図るため，北海道自動車産業集積促進協議会を設立した[1]。

　本協議会は，具体的な施策の柱として①企業誘致などの強化，②地場の基幹技術の育成・振興，③技術系人材の育成確保を置き，企業・経済・業界団体，教育機関，行政などが連携してそれらの目的を達成しようとした（北海道自動車産業集積促進協議会 2007a）。

　道外からの誘致を促進するために，同協議会では，道外の企業訪問による誘致活動の実施や自動車関連企業へのセミナーを行ってきた（北海道自動車産業集積促進協議会 2007b）。誘致および地場企業の自動車会社の参入については，2006 年に道外から 5 社の進出があり，2007 年にはデンソーエレクトロニクス等 3 社，2008 年には 2 社が進出し，徐々にではあるが自動車関連の企業数は増えてきている。

　また，地場企業の自動車業界への参入を促進するために，各種セミナーや現場実習を中心としたゼミナール，および道経済部に「自動車産業総合支援室」を設置することで進出企業に対するワンストップの情報提供サービスを行ってきた（北海道自動車産業集積促進協議会 2007b）。

---

[1] 北海道経済部産業振興局産業振興課 HP（http://www.pref.hokkaido.lg.jp/kz/ssg/sgs/jidousha1.htm）。

人材育成については，技術系人材の育成を図るため，産学官が連携し大学・専門学校を核にした人材育成事業が実施された（北海道自動車産業集積促進協議会 2007b）。そこでは，人材育成カリキュラムに基づく講座が2007年から開講され，人材育成体制の整備が図られてきた（北海道自動車産業集積促進協議会 2008）。

また，地場の中小企業に対しては従業員を派遣する企業間インターンシップ事業を行っている（北海道自動車産業集積促進協議会 2010）。これに加え，将来のものづくりを担う若者や子供へと人材育成の対象領域を広げ，高校生や大学生向けのエコカーコンテストや小中学生に対するものづくり体験会を実施し創意工夫の機会を提供した（北海道自動車産業集積促進協議会 2011）。

人材確保については，「北海道自動車産業合同企業ガイダンス」等，技術系人材に対する就職説明会や相談会を2008年からスタートした（北海道自動車産業集積促進協議会 2008）。

これらの取り組みにより，自動車部品の地場調達比率は2004年には8.7％であったが，2007年には10.3％になった。その後，2008年には12.3％，2009年は13.0％，2010年は12.4％，2011年は12.6％になっている（北海道自動車産業集積促進協議会 2012）。ここ数年は12％を超える比率で推移しており，一定の成果を挙げたといえる。

また，北海道自動車産業集積促進協議会の会員数（北海道自動車産業集積促進協議会 2012）は，2006年の設立時には企業数79社，支援機関数48であったが，2012年4月には企業数174社，支援機関数72となり，協議会における誘致能力，および自動車産業に対するその他の支援活動を支える能力も高まりつつある。

ただし，本協議会は，最終的な目標として一貫生産工場の誘致，および自動車以外の高度部品にも製造展開できる1次サプライヤーとしての能力を持つ地場企業の育成を掲げており（北海道自動車産業集積促進協議会 2006），競争力のある北海道の自動車産業の確立はこれからの課題である。

今後，北海道の自動車産業を考えるにあたっては，先行する他地域の自動車産業振興の試みが参考になる。高度経済成長期に産業集積を高めた中国地方，1990年の中盤から2000年代の半ばまで産業集積を行った九州地方，自動車集

積の離陸期に入った東北地方（目代 2013a）の状況を見てみよう。

まず，中国地方においては，自動車産業における生産体制や製品技術の大きな変化に対応するために，モジュール化および電動化・エレクトロトロニクス化の取り組みが行われた。モジュール化に対する取り組みでは，広島県において産学官連携の大規模プロジェクトとして，研究会が組織され大きな開発助成が行われている。結果として，地域サプライヤーの技術開発力を向上させる成果を収めた。

また，電動化・エレクトロニクス化の取り組みは中国地方全域で行われ，上述のモジュール化における研究会をさらに強化した「戦略的産業活力活性化研究会」が立ち上げられた。研究会には，地元企業の多くが参加し開発に取り組んできた（岩城 2013）。

このように，自動車産業の大きな変化を見据えた課題が設定され，大規模な投資を必要とするプロジェクトが立ち上がっており，産学官連携の大規模統合型のプロジェクトを推進する仕組みづくりが重要であると理解される。

次に，九州地方においては，一定の集積達成後，福岡県において「北部九州自動車 150 万台先進生産拠点推進構想」（2006 年策定）さらには，「北部九州自動車産業アジア先進拠点推進構想」などの新しい産業新興プログラムが推進され始めた。150 万台構想では，単なる量的な集積だけでなく高機能部品生産といった質的な側面も重視され一定の成果をあげている。また，アジア先進拠点推進構想では，アジアとの競争や連携といった今後の競争ポジションを意識した計画が策定された（目代 2013b）。このように，一定の集積力の達成後，環境変化に伴う新たな課題が生まれており，新たなステージへの発展を意識した広い視点から地域の自動車産業の政策変更を考えていくことが重要であると考えられる。

最後に東北地方の岩手県では，十分な能力を持っていなかった地場企業を，産学官連携や公的資金助成制度を利用して新規参入させる取り組みがある。村山（2013）はその顕著な例を紹介している。そのひとつとして，地元の 3 企業が専門的な強みを持ち寄り「プラ 21」という企業連合体を形成することで，自動車メーカーとの樹脂内装部品の取引に成功した例が挙げられている。もともとは，地元のコーディネーターが有志とともに中小企業育成の勉強会，さらに

自動車分科会をスタートさせたが、これらの会合が発展し一体感のある産学官のネットワークが形成され自動車メーカーとの取引が可能になった。

1社での能力不足を複数企業の連合によって補完した点は、支援のあり方に対する指針となる。また、このような成果は、支援のための政策だけで達成されるものではない。地域の人的なネットワークの存在や、コーディネーターといった社会的な機能が活性化しなければ参入の成功は難しいことを教えている。

このように、先行する自動車産業集積地の取り組みから北海道企業が学ぶ点は数多くあると思われる。特に、各地域の施策は集積力の高まりに応じた対応策と捉えることができ、北海道自動車産業の今後の発展において、取り組まなければならない課題と解決策に対する示唆を与えている。

3 トヨタ自動車北海道の事例分析[2]

● 3-1 企業概要

トヨタ自動車北海道（以下、トヨタ北海道）は、1991年2月、トヨタ自動車（以下、トヨタ）の100％子会社として設立された（表5-1参照[3]）。当初は本社直営とする予定であったものの、地域の実情に即した意思決定、および、企業・従業員一体となった地域への密着が可能な点から、現地法人として設立されている[4]。海外の生産拠点はすべて現地法人化しているトヨタにあっても、国内において、愛知県以外への地方分散および別会社化を行うのは、トヨタ北海道が初めてである[5]。

トヨタの磯村巌常務（当時）によれば、トヨタの地方分散は、①国内市場の好調さや、需要の多様化による一車体あたりの部品数の増加から、現状の愛知県集中生産に限界が出てきたこと、②同社の労働時間短縮によって近い将来

---

[2] 本節は、乙政（2013）に基づいて執筆している。
[3] トヨタ自動車北海道HP（http://www.tmh.co.jp/）、および、北海道新聞2012年8月31日朝刊をもとに作成した。
[4] 北海道新聞1990年12月21日夕刊。
[5] 北海道新聞1991年2月8日夕刊。

表5-1 トヨタ自動車北海道の概要および沿革

概要	
会社名：	トヨタ自動車北海道株式会社
代表：	田中義克
設立：	1991年2月8日
資本金：	275億円
従業員数：	3,275人（2012年4月1日現在）
製品：	オートマチック・トランスミッション（AT）、無段変速機（CVT）、トランスファー、ハイブリッド・トランスアクスル

沿革		
1991年	2月	トヨタ自動車北海道設立。翌年、アルミホイール生産開始
1993年	6月	自動変速機（AT）「A541」生産開始
1994年	11月	動力分配装置（トランスファー）生産開始
1999年	6月	ISO14001外部認証取得
	7月	AT「U340」生産開始
2005年	11月	変速機とトランスファーの生産累計1千万台突破
	12月	第4工場（機械工場）完成、AT「U660」生産開始
2006年	9月	無段変速機（CVT）「K310」生産開始
2007年	5月	北米向けAT部品生産開始
2008年	6月	第5工場（鍛造工場）完成
	10月	変速機の生産累計1千万台突破
2010年	7月	アルミホイール生産終了
2011年	2月	変速機とトランスファーの生産累計2千万台突破
2012年	10月	トヨタ自動車東日本向けにハイブリッド車「アクア」用変速機の生産開始

2000人の従業員が不足する[6]とともに，県内では十分に人材を確保できないことを背景として，既存設備のスクラップ・アンド・ビルドも含めた，広域化による生産体制の再構築を進めるために展開された[7]。

トヨタは，広大な土地および人材が確保できる点に加えて，道内最大港湾の存在を苫小牧進出の決め手としている[8]。苫小牧では，王子製紙苫小牧工場の存在によって，電力，道路，港湾のような工場立地に必要なインフラ整備が進

---

6) 愛知県商工部の幹部は，愛知県下の人手不足および用地不足について，「狭い地域に集約された産業構造は，親会社のトヨタが増産に動けば，関連企業，下請け企業まで地域ぐるみの人手不足に陥る。用地不足も同じこと」と指摘する。部品在庫を抱えなくても済むよう，周辺に関連，下請け企業を集約したトヨタ独特の効率経営が，土台を揺さぶる原因となっている（北海道新聞1991年1月9日朝刊）。
7) 北海道新聞1990年7月20日夕刊。
8) 北海道新聞2012年8月31日朝刊。

んでいた。それゆえ，工業都市としてすでに整備されている，また，物流拠点として機能し得る苫小牧に白羽の矢が立てられたのである[9]。

表5-1に示す通り，トヨタ北海道は，1992年のアルミホイール製造を皮切りに操業を開始した。また，翌年の1993年にオートマチック・トランスミッション（AT）[10]，1994年にはトランスファー[11]の生産に取り掛かっている。トランスファーの製造を開始したことによって，当初計画通りに，トヨタ北海道の3本柱が揃った形となっている。

加えて，2006年には，小型車「ヴィッツ」をはじめとして多様な車種に搭載される無段変速機（CVT）[12]の生産が開始された。2010年には，最初の製造品目であったアルミホイールの生産から撤退したものの，2012年には新たに，ハイブリッド車「アクア」用変速機の生産が始まっている。

なお，トヨタ北海道は，2008年6月の，AT向け鍛造部品の製造工場の完成を機に，道内で素材調達から部品完成までを完結させる体制を整えている。ただし，トヨタ北海道は，トヨタにとって国内で唯一，完成車を生み出さない「自動車工場」である[13]。

トヨタ北海道の経営成績に関して，売上高は操業以来，右肩上がりに成長している。売上高の成長とともに，従業員数もまた増加している。同社において，ATが売上高の約8割を占める。

しかしながら，リーマンショックを契機とした世界的な自動車販売の不振から，2009年以降は売上高が減少傾向にある。また，2009年3月期には，1995年3月期に黒字化して以来15年ぶりに経常赤字を計上している[14]。

トヨタ北海道では，工藤末志氏，狩野耕氏に続いて，現在，田中義克氏が3

---

9) 北海道新聞2010年9月10日朝刊，および，北海道新聞2012年1月1日朝刊。
10) エンジンからの動力を，走行や停止の動作に合わせて適した力の大きさに自動的に変える装置である。
11) エンジンからの動力を前輪と後輪に分配する，四輪駆動車に取り付けられる動力伝達システムである。
12) 変速時のショックのなさを特徴とした最新型の変速機である。動力伝達の効率化徹底によって実現される低燃費性も注目を集めている。
13) 北海道新聞1993年11月18日朝刊。
14) 北海道新聞2009年6月26日朝刊。

代目の社長を務めている。トヨタ北海道は、歴代社長の下で、駆動ユニットの製造拠点として国内外のトヨタの車両工場を支える「世界№1のユニット工場」、および、自動車づくりを通じて地域社会に貢献する「町いちばんの会社」を目指している。

● 3-2 トヨタとの関係
1）トヨタ北海道の決定権限

トヨタ北海道における、調達部品の選定や製品開発をはじめとした生産計画の多くは、親会社であるトヨタが決めている[15]。

1999年の、集約化によるコスト削減を狙ったATの製造ラインの増強は、分散生産されていた大衆車向けATの需要を見込んだトヨタによって決定された[16]。2010年の東郷製作所の新日本製鐵室蘭製鉄所構内への進出[17]も、素材調達から部品完成までを道内で完結させることによって物流費を削減したいトヨタの意向が働いているとみられる[18]。トヨタ北海道における、2010年のアルミホイールの生産終了も、グループ内他社への集約によるコスト削減を目指したトヨタの決定である[19]。

生産計画の大半をトヨタが決定する中で、トヨタ北海道は、コスト削減や、品質・納期の向上に集中することになる。創業時のアルミホイール生産に際して、当時を知る社員は「トヨタ本社から『提案型の企業に』と言われ続けた」と振り返る[20]。トヨタ北海道は、指定の意匠や強度を守りつつ、ホイール裏面やリムの形状の工夫によって、軽さ、および、加工しやすさを追求した上で、競争力を強化した[21]。アルミホイールに続くATの製造においても、操業後わず

---

15) 北海道新聞1996年2月2日朝刊。
16) 北海道新聞1997年4月15日朝刊。
17) 自動車用小物ばねのトップメーカーである東郷製作所は、ばね用線材を愛知県にいったん輸送してから、加工品を再びトヨタ自動車北海道（苫小牧）へ搬入する非効率な状態を続けていたため、2010年4月から新日本製鐵室蘭製鉄所構内に拠点を構えている。
18) 北海道新聞2008年3月20日朝刊。
19) 北海道新聞2009年12月19日朝刊。
20) 北海道新聞2012年8月31日朝刊。

か数年で，容赦なくコスト削減が求められた。

AT製造を開始した際には，生産ラインの立ち上げにトヨタからの応援を受けていたものの，現在の主力製品である4速AT「U340」では初めて自力でラインが設置されている[22]。高いハードルをクリアするため，トヨタ北海道は，作業の効率化や部品の自社製造に挑戦し続けている。

2) トヨタからの信頼の確保

トヨタ北海道は，1992年の操業開始以来，国内外のグループ会社や関連企業との熾烈な受注競争を繰り広げる中で，トヨタからの受注を増加させている。

1990年代半ば，自動車産業は円高による不況の波にのまれた。当時，工場に空きスペースがあったトヨタ北海道では，ラインを増設するために，トヨタからのATの受注を増加させる必要に迫られていた。トヨタ北海道の幹部は，トヨタ役員が来るたびに，「工場は空いています。仕事を下さい」と頭を下げ続けたという。

現状を打破するために，現場は，工場内の「作戦会議室」にこもりつつ，生産の問題点を徹底的に洗い出した。作業改善に努めた結果として，AT「A541」は，2000年に月産3万台の看板商品に成長している[23]。当時のグループ長は，トヨタからの受注を得るための条件について次のように述べる。

> 「何があっても，決められた量を造らなければいけない。遅れがないのが一番の信用になる。その積み重ねで次の商品の注文が来るようになったと思うんですよ[24]」

トヨタからコストや品質に関して評価を得れば，新たな受注を獲得すること

---

21) 海外にも出荷する高級車向けのホイールの製品化を目指して，北海道大学大学院工学研究科との，高品質のアルミホイールの共同開発も行われている（北海道新聞2006年2月23日朝刊）。
22) 北海道新聞2012年8月31日朝刊。
23) 北海道新聞2006年4月17日夕刊。なお，2006年3月に，北海道産1号機であった「A541」の，13年に及ぶ生産の歴史に幕が下ろされている。
24) 北海道新聞2006年4月17日夕刊。

5 北海道における自動車産業の競争力　113

につながる。トヨタ北海道の第4工場が操業を開始した際に,3代目社長の狩野氏は,前輪駆動車向け6速ATの受注を得た要因について次のように述べている。

> 「前輪駆動車向け六速ATをトヨタの工場としては世界で初めて生産しています。当面は月産二万台で北米向けの輸出中心ですが,多くの車両に搭載されれば生産量も増えるでしょう。六速ATは愛知の工場で生産する計画でしたが,人手不足で急きょ北海道で作ることが決まりました。当社では従来二種類のATを生産していますが,コストや品質が認められた成果だと自負しています[25]」

トヨタからの評価[26]は,受注のみならず,さらなる投資も呼び込む。従来,トヨタ北海道では,愛知県のグループ内の工場で製造された鍛造部品を使用していた。鍛造部品を苫小牧で製造することによって,愛知から苫小牧への物流費を大幅に抑制するため,第5工場(鍛造工場)建設への投資がトヨタによって決定されている。2005年12月の第4工場の操業開始から間もない段階での,第5工場建設への大型投資には,愛知県の人手不足もさることながら,精密部品を製造するトヨタ北海道の技術がトヨタに評価されたことも追い風となっている[27]。

トヨタからの評価は受注を増加させる。とはいえ,一時の評価で受注の増加が永続するわけではない。受注を獲得するための努力を継続しなければならない。2012年10月に,トヨタ自動車東日本[28]が製造する小型ハイブリッド車

---

[25] 北海道新聞2005年12月21日朝刊。
[26] ATの低コスト製造技術が,トヨタに高く評価されたため,トヨタ北海道は,北米のトヨタグループ関連工場を指導する支援工場に選ばれている(北海道新聞2005年12月20日朝刊)。
[27] 北海道新聞2006年3月1日朝刊。
[28] トヨタ自動車東日本は,2012年7月に,トヨタ東北,東北を拠点に完成車生産を手掛ける,トヨタ系列の関東自動車工業,および,セントラル自動車の3社の経営統合によって設立された。トヨタは,東北を,愛知,九州に続く国内第3の生産拠点として位置付けている。雇用拡大を通じた東北の復興支援や災害時のリスク分散を目指す

「アクア」に搭載される変速機の生産を開始した際，3代目社長の田中氏は，新製品の受注を得たばかりにもかかわらず，次のように展望を語っている。

> 「今回の受注でまずは実績を残したい。さらに受注できるよう技術開発に取り組み，質の向上を進める[29]」

● 3-3 サプライヤーとの関係
1）産業集積の状況

トヨタの苫小牧進出を契機として，道内の自動車産業は成長を続けている。トヨタ北海道操業開始前の1991年に年間約512億円であった自動車関連の製造品出荷額は，2008年には2684億円に拡大した。1991年に期間工を含めて1210人であった，自動車関連の製造業に携わる従業員数も，2007年には5000人を突破している[30]。3代目社長の田中氏は，地域貢献について次のように語る。

> 「トヨタ自動車北海道は15年前，バブル期の土地高騰と人手不足を受け，三河一極集中からリスク分散を図る目的で進出してきました。当初から3つの基本的な柱がありました。まず地元雇用ですが，3千人弱の従業員のうち，92％が道内出身者で，成功したと思っています。次に地元調達は，部品では会社数で12社（全体の16％）で，金額では6.5％です。設備・資材の道内調達は233社（同59％）で，金額では70％を道内で調達しています。社会貢献もトヨタらしい地道な活動ができていると思います[31]」

トヨタ北海道に設備や資材を納入する企業は200社を上回った。金額ベースでも，操業当初の約43億円から2007年のピーク時には約394億円に達してい

ほか，将来は東北の日本海側から船や鉄道を使ってロシアへ輸出する計画もあるとされる（北海道新聞2012年1月7日朝）。
29）北海道新聞2012年8月31日朝刊。
30）北海道新聞2012年8月31日朝刊。
31）北海道新聞2007年8月4日朝刊。

る。しかしながら，自動車部品をトヨタ北海道に納入する地場企業は未だ少ない。増加傾向とはいえ，道内調達率も12％程度にとどまっている。初代社長の工藤氏は，高い技術を有しながらも動きの鈍い道内企業を次のように惜しんでいる。

「創業当初は5社でしたが，現在11社。技術的にしっかりした製品で，価格が安定していることが，取引での絶対条件です。親会社を通しての取引ですが，発注先を推薦する主導権は当社にあります。現在取引している道内メーカーは，いずれも立派な技術を持っています。当社は創業からまだ十年足らずで，地元企業を育てるほどの体力はありませんが，納入を通じ，ずいぶんと当社の技術も勉強してもらっているとの自負はあります。ただ，千歳に本社のあるクラッチ板製造のダイナックスのように，技術をバネに世界に販路を広げようという動きが，道内の他のメーカーにあまりみられないのは残念。十分な競争力があるのに，新しい市場を開拓しないのは，もったいない気がします[32]」

2代目社長の狩野氏は，道内調達率の低さに関して，次のように，道内企業から納入される部品のコストの問題を挙げる。

「1992年の進出当初から部品の地場調達の方針を掲げています。特に輸送効率の悪い部品は地元で調達したい。しかし，残念ながら当社に部品を納入している企業は11社にすぎず，全体の94％を道外から調達しているのが現状です。道内企業は技術力はあっても，コストで負けてしまう。輸送費をかけてでも，本州から運んだ方が安いのが実情です。当社としても（ATなどの）生産量をもっと増やすことで，道内からの部品調達も拡大したいと考えています[33]」

---

[32] 北海道新聞1999年11月5日朝刊。
[33] 北海道新聞2005年12月21日朝刊。

表 5-2　苫小牧に進出した主な自動車関連企業

企業名	操業年	主な業務内容
いすゞエンジン製造北海道	1984	エンジン部品製造
ダイナックス	1991	クラッチ板製造
杉山工業	1999	金型製造
新明工業	2006	生産ライン設備
アイシン北海道	2007	アルミ鋳造部品製造
三和油化工業	2007	アルミ製品の含浸加工
佐藤商事	2007	鋼材加工販売
三五北海道	2007	棒鋼製造
岡谷鋼機北海道	2007	工作機械販売
ウメトク	2007	金型表面処理、熱処理
岡谷岩井北海道	2007	工作機械修理製造
豊通スメルティングテクノロジー	2008	アルミ溶湯製造
光生アルミ北海道	2008	アルミホイール製造
グリーンメタルズ北海道	2009	鉄くずスクラップ加工
松江エンジニアリング	2009	金型製造

　3代目社長の田中氏もまた，コストの問題を次のように指摘する。

　　「北海道の企業は，品質の点でかなりのレベルに達していますが，価格面でまだ弱いんです。物価が安く，労務費は有利なはずですが，厳しく効率化している中部圏の会社に，入札で勝てない場合が多いのです[34]」

　品質，納期，コストに関して，トヨタ北海道が道内企業に求める水準は高い。トヨタ側が要求する技術レベルに追いつかない，あるいは，効率性を極限まで追求した「かんばん方式」に対応しきれないといった理由で尻込みする道内企業も少なくない[35]。また，道内企業からは，「かんばん方式」に対応するために「単なる部品製造のみならず，24時間発注に即応できる在庫管理能力が必要となる」「トヨタ一社の納入に特化すると，モデルチェンジなどで受注が停止した場合に倒れてしまう」というような不安も聞かれる[36]。さらに，トヨタ北海道

34）北海道新聞 2006 年 9 月 6 日朝刊。
35）北海道新聞 2004 年 9 月 30 日朝刊。
36）北海道新聞 2004 年 4 月 27 日朝刊。

の生産量が少ない状況では，生産設備の拡大や自動化も進まないため，供給する道内企業にとってコスト引き下げは困難となる[37]。

トヨタ北海道と道内企業との取引が進まない[38]中，トヨタ北海道の操業開始以降，道外からの自動車関連の進出企業は約20社に上る。特にトヨタ北海道の売上高が過去最高となった2008年3月期の道外からの進出企業は9社である。道外からは，表5-2に示す通り[39]，トヨタグループのアイシン北海道のような部品メーカーの他にも，素材，機械設備メーカーといった，多岐にわたる企業が進出している[40]。

2) サプライヤーの育成

トヨタ北海道にとって，自動車部品の道内調達は，物流費を抑制するためのみならず，頻繁な情報交換を行うためにも必要不可欠である。それゆえ，操業当初から部品の道内調達には積極的である。

表5-3には，2005年時点での，トヨタ北海道に部品を納入している企業をまとめている[41]。前述のとおりトヨタ北海道から要求される水準は高いものの，トヨタ北海道との取引を開始したり，拡大したりしている道内企業が存在する。

例えば，トヨタ北海道からの受注を得るまでに8年の歳月を要した北海バネは，1998年の取引開始当初，月5万個であった納入数を現在50万個にまで拡大させている。売上高に占めるトヨタ北海道の割合は，0.2%から4.5%へと高まった。

北海バネの岸社長による愛知のトヨタへのアプローチは，トヨタ北海道の進出当初，全く相手にされなかった。それにもかかわらず，岸社長は，あきらめ

---

[37] 北海道新聞2006年2月4日朝刊。
[38] 北海道では，道内の大手メーカー系工場と地場製造業者との取引を仲介する目的で，2005年度から「企業間ビジネス・マッチング促進事業」を開始している。ただし，初年度取引実績はゼロに終わっている。トヨタ北海道への製品納入に名乗りを上げる企業は5社あったものの，トヨタ側が求める品質に対応しきれないことから，契約は見送られたという（北海道新聞2006年7月30日朝刊）。
[39] 北海道新聞2012年1月1日朝刊。
[40] 北海道新聞2012年1月1日朝刊。
[41] 北海道新聞2005年12月21日朝刊。

表 5-3 トヨタ北海道に部品を納入している道内企業

会社名	所在地	主な納入部品	納入開始時期(年)
ニッテツ室蘭エンジニアリング	室蘭市	トランスファー部品	1993
ダイナックス	千歳市	変速機部品（クラッチ板）	1993
東都成形	小樽市	樹脂キャップ	1993
京浜精密工業	空知管内栗沢町	変速機トランスファー部品	1994
パピルス化成	札幌市	樹脂キャップ	1994
新日本製鉄	室蘭市	変速機部品（棒鋼）	1997
北海バネ	小樽市	変速機部品（バネ）	1998
トルク精密工業	赤平市	変速機部品（プレートなど）	1998
三立	北広島市	変速機部品（オイルパン）	1999
帯広松下電器	帯広市	変速機部品	2003
佐藤鋳工	空知管内妹背牛町	変速機部品（デフケース）	2004

ずに売り込みを続けると同時に，社内で研修会を重ねながら，仕事の方法や社員の意識改革に努めた。結果として，「トヨタと取引したいという経営者や社員の熱意が会社を変え，受注につながった」と岸社長は振り返る[42]。

トヨタ北海道から受注を得るためには，熱意や努力，時として意識の変革が必要である。3代目社長の田中氏は，道内企業の問題点を以下のように指摘する。

「道内企業に関して独断と偏見で言わせてもらうと，公共事業の影響なのか，仕事はどこからか来ると思っているのではないか。自分から取りに行く，レベルを上げていくという意識が乏しい。まだまだ原価主義にとらわれており，コスト競争力がない。決められたことはしっかりやってくれるが，自分から変えていく力が必要です。そして基礎的な技術力はありますが，精密なものを安定的に量産する技術がまだまだ弱い[43]」

トヨタ北海道の技術指導の下で取引を開始する道内企業もある。もともと地元大手石炭ストーブメーカーに鋳物部品を納入していた佐藤鋳工（空知管内妹背牛町）は，石炭ストーブが廃れる中で，農村地帯の妹背牛町での仕事を失っ

---

42) 北海道新聞 2005 年 12 月 21 日朝刊。
43) 北海道新聞 2007 年 8 月 4 日朝刊。

た[44]。農業用機械部品やマンホールも手掛けたものの，公共工事削減によって伸び悩んだところに，トヨタへの部品納入の話が舞い込んだ[45]。

最先端の技術を要求する自動車産業との取引が生き残る道と一念発起した佐藤鋳工は，トヨタ北海道から約1年間，技術者を派遣してもらいながら[46]，「先入れ先出し」「視（み）える化」といったトヨタ生産方式の極意を吸収した[47]。佐藤鋳工は，トヨタ北海道から，以下の5つの項目を実践するよう指導されたという[48]。

①決められたことを決められた通りにやっているか，誰にでも一目で分かるようにする
②ロット保証の確立。ロットごとに材質確認を行い，製品をいつでも対比できるようにする
③表示による在庫管理と先入れ先出しの徹底。在庫の置き場所を決めて，予定通り物ができているか一目瞭然で分かるようにし，不良品が出たらどの工程を止めたらいいか分かるようにする
④決められた所に決められた物を決められた量だけ置くようにする
⑤品質は工程内で作り込む。検査を厳しくしてもコスト高になるだけ

佐藤鋳工において，2004年の取引開始当初，月産5000個であったAT部品「デフケース」の生産量は，2006年11月には2万5000個に拡大している[49]。

---

44) 北海道新聞2007年8月4日朝刊。
45) 北海道新聞2005年12月21日朝刊。
46) トヨタには，部品メーカーに「カイゼン」の精神を注入するとともに，生産性や品質の向上を促す伝道師たちがいる。調達本部グローバル調達企画部改善サポートグループは，品質向上の観点から取引先が抱える課題の解決にあたる部署である。メンバー10人はそれぞれ，部品メーカーを5〜10社を受け持った上で，各工場を巡回訪問しながら現場の改善を支援している。不良品が生じた場合，製造したのは部品メーカーであっても，評価はトヨタ車に跳ね返る。取引先の改善は，トヨタ自身のためでもある（北海道新聞2007年1月30日朝刊）。
47) 北海道新聞2007年4月4日朝刊。
48) 北海道新聞2007年8月4日朝刊。
49) 北海道新聞2007年4月4日朝刊。

佐藤鋳工専務の佐藤孝造氏は，トヨタ北海道との取引拡大について次のように述べる[50]。

「特に革新的なことはしていません。当たり前のことを地道にやってきただけです。自動車部品は大量生産が大前提です。その点を踏まえて品質の良い製品を作ることが第1。佐藤鋳工に任せれば大丈夫だと，信頼されて初めて受注拡大につながります」

トヨタ北海道は，道内企業からの受注数の増加はもちろん，技術指導を通じて品目の拡大も目指す方針である。やる気のある道内企業が参入しやすい環境づくりも進めている[51]。2代目社長の狩野氏は，道内企業との取引の増加について次のように語る。

「一つの製品でまず自信を付けてもらうことで，増産や他の部品製造などの話につながる。十一社ではまだ少なく，道内調達はもっと増やしたい[52]」

3代目社長の田中氏もまた，以下のように道内企業との取引の増加を望んでいる。

「部品供給の決め手は継続性と安定性だ。道内企業は輸送コストが安い利点があるのだから，もっとしたたかに食い込んできてほしい[53]」

---

50) 北海道新聞 2007年8月4日朝刊。
51) 例えば，トヨタ北海道では，苫小牧商工会議所主催で，「トヨタ生産方式」を学ぶ「中小企業人材育成講座」（北海道新聞 2006年9月7日朝刊）や，トヨタの生産・品質管理をテーマとする「自動車関連産業から学ぶ生産・品質・カイゼン講座」（北海道新聞 2009年11月18日朝刊）が開催されている。他にも，ハイブリッド車「新型プリウス」の中核装置の分解セミナー（北海道新聞 2009年11月7日朝刊）が，同じくトヨタ北海道で実施されている。
52) 北海道新聞 2004年11月12日朝刊。
53) 北海道新聞 2007年4月4日朝刊。

4 おわりに

以上のように，北海道の自動車産業における公的支援と他地域の公的支援の実態，および同業界の中核的な企業として事業を営むトヨタ自動車北海道の現状を考察してきた。これらの検討から，道内自動車産業の今後の成長力と競争力の確保に対するいくらかの指針が導かれる。

まず，北海道の公的支援策に関する指針について九州，東北，中国の3地域は，集積度の差により生じた異なる課題に対応していた。このことは，集積の発展段階に応じた施策の変更が必要であることを示している。

集積の初期段階には，参入企業を支える土台作りが必要であり，一定の集積を確保したなら，競争力強化のための施策を考える必要がある。さらに，集積が進めば業界の技術やシステムの変化に対する施策も考える必要があろう。

現在，北海道では，サプライヤーの誘致と地場企業の参入促進が課題であるが，完成車を持たない状況でどのような施策を打つべきかを考えるべきであろう。つまり，現在の政策にプラスアルファが必要なのである。

一定の集積が確保されてくると，新たな競争の中での方向性が見えてくる。九州地方でアジアとの競争が意識され始めたように，北海道における固有の競争状況に対応できる自動車産業になるための方針を明確化して，個々の施策を考えていく必要がある。

なお，最終的に1次サプライヤーとしての道内企業を生みだすのであれば，先端的な技術の蓄積が必要になってくる。先端技術開発に関わる課題に対し，北海道自動車産業がどのように参加していくことができるかを考えなければならない。中国地方のように長期的展望に基づく「産学官」で取り組む大規模プロジェクトの設定が必要になるかもしれない。

完成車の誘致と，競争力のある多数の1次サプライヤーの地元企業からの輩出には，これらの施策の実施を通じて競争力ある集積地になる必要がある。

次に，トヨタ北海道の事例分析から導かれた指針について示すと，トヨタ北海道と取引を行う上で，道内企業には，継続的かつ安定的に品質・納期を維持・向上しながら，いかにコストを削減していくかが求められることになる。

トヨタの100％子会社であるトヨタ北海道にあっても，トヨタからの受注が

保証されるわけではない。トヨタ北海道もまた，国内外のグループ会社や関連企業と，価格，品質，納期において熾烈な競争を繰り広げている。それゆえ，トヨタ北海道がサプライヤーに対して要求する価格や品質の水準は高くなる。

　トヨタの国内外のグループ会社や関連企業が，激しい競争環境に身を置きながら，すでに高い競争能力を有している状況において，道内企業の自動車産業への新規参入は容易ではない。道外企業に対する労務費や輸送費の有利さを活かせていないのが現状である。

　道内企業が現状を打破するために，まずは道内企業の経営者の意識変革が必要になる。トヨタ北海道は自らのコスト優位性を確保する上で，道内企業との取引を望んでいる。道内企業の経営者が挑戦する姿勢を見せれば，トヨタ北海道も取引に応じる余地は多分に残されている。経営者の意識変革については，MBA教育（「学」）が一定の貢献を果たしうるであろう。

　加えて，新規参入が困難な状況においては，生産技術を地道に改善していかなければならない。生産技術の改善にあたっては，北海道（「官」）と工学系の道内大学（「学」）との連携を通じて，セミナーや研究会を頻繁に開催していく必要があろう。

　さらに，道内企業1社のみでは，規模や技術水準においてトヨタ北海道との取引を開始することが困難になる場合もありうる。前述の岩手県のプラ21のような企業間連携を進める上で，「産学官」のネットワークの形成を促進する仕組みを模索していくことが求められる。

　以上をまとめると，道内にどのような自動車関連産業の集積を築くのかに関する長期的展望をもった方針を明確にするとともに，道内企業の経営者の意識変革を促す上での「産学官」のネットワークを形成することが，道内自動車産業の今後の成長力や競争力の確保するために重要になるといえよう。

【引用・参考文献】
藤本隆宏（2003）．能力構築競争　中公新書
北海道自動車産業集積促進協議会（2006）．本道における自動車産業の集積促進に向けた行動計画
北海道自動車産業集積促進協議会（2007a）．平成18年度事業報告について　事業計画・報告，報告第1号資料1

北海道自動車産業集積促進協議会（2007b）．平成19年度事業計画について　事業計画・報告，報告第1号資料1
北海道自動車産業集積促進協議会（2008）．平成19年度事業報告について　事業計画・報告，報告第1号資料1
北海道自動車産業集積促進協議会（2009）．平成20年度事業報告について　事業計画・報告，報告第1号資料1
北海道自動車産業集積促進協議会（2010）．平成21年度事業報告について　事業計画・報告，報告第1号資料1
北海道自動車産業集積促進協議会（2011）．平成22年度事業報告について　事業計画・報告，報告第1号資料1
北海道自動車産業集積促進協議会（2012）．平成23年度事業報告について　事業計画・報告，報告第1号資料1
伊藤邦宏（2008）．北海道における自動車産業の立地状況と今後の展望　NETT　61号，ほくとう総研（http://www.nett.or.jp/nett/pdf/nett61.pdf）
岩城富士大（2013）．中国地方における自動車産業の課題と取り組み　折橋伸哉・目代武史・村山貴俊　東北地方と自動車産業　第9章，創成社
小林英夫（2008）．日本国内の地域産業振興の課題と自動車部品産業　早稲田大学日本自動車部品産業研究所紀要　第1号，pp.3-10
目代武史（2013a）．自動車産業集積地としての東北，中国，四国　折橋伸哉・目代武史・村山貴俊　東北地方と自動車産業　第10章，創成社
目代武史（2013b）．九州における自動車産業支援の課題と取り組み　折橋伸哉・目代武史・村山貴俊　東北地方と自動車産業　第8章，創成社
村山貴俊（2013）．産学官連携による自動車産業振興　折橋伸哉・目代武史・村山貴俊　東北地方と自動車産業　第4章，創成社
日本政策投資銀行北海道支店（2005）．北海道における自動車産業集積に向けて（http://www.dbj.jp/reportshift/area/hokkaido_s/pdf_all/hokkaido4.pdf）
乙政佐吉（2013）．トヨタ自動車北海道のマネジメント　ディスカッションペーパー　小樽商科大学ビジネス創造センター，No.157
田中幹大（2009）．自動車産業と地域中小企業：北海道の場合　中小企業季報　2009，No.2，pp.11-18

第3部
基盤強化

6 北海道UIターン人材マッチングの実証分析

【要　旨】

　北海道製品の国際競争力を獲得するために，経験豊かで多才な労働者の獲得が，急務である。特に中央の企業で海外業務などを経験したUIターン人材を獲得することは，道内産業の活性化にもつながる。

　だが，実際には，道内企業によるUIターン人材の活用はほとんど進んでいないのが現状である。その原因は第一に道内企業にUIターン労働者にかんする情報がほとんどないことである。そのため，中途採用を比較的多く行っている企業でも，UIターン人材を特に採用しようという計画はないケースが多い。

　しかし，UIターン人材で北海道企業に就職した人々は，おおむね受入企業で好意的な評価を得ており，また希望する給与などの労使間のギャップも実は大きくないし，求職者側では，職場環境や生活環境に対する希望が強い。適切な情報を企業側，求職者側に発信できれば，現在沈滞している北海道のUIターン労働市場が活性化する余地は十分にある。

1　はじめに

　本章では，北海道でのUIターン人材の有効利用のための労働市場における需給マッチングを実証的に検討した。

　現在の北海道の労働市場は，単に景気が悪いだけでなく，1997年の北海道拓

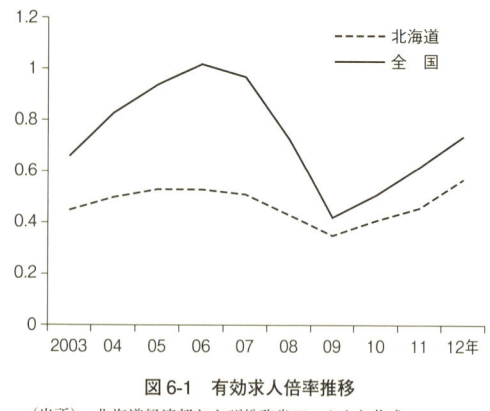

図6-1 有効求人倍率推移
(出所) 北海道経済部および総務省データより作成。

殖銀行の破綻以降,全国の市場動向と平行しないという特徴を見せている。例えば,図6-1 に見るように全国の相関と比べて,北海道では景気の回復に伴う労働需要の増加がはるかに力弱いことがわかる。また,産業および性別常用労働者一人平均月間現金給与額を見ても,北海道の27万8351円(2009年度)にたいして,全国平均は36万2300円であり,30%も低い。

このような状況の中で,高校あるいは大学を卒業した後の就職先に道外を志向するものも少なくない。この傾向は高学歴になるほど顕著で,また札幌圏外の地域の方が札幌圏よりも強い傾向がある(小杉 2009)。これは比較的優秀な労働者を道外市場に奪われ,また道内地方都市では労働者人口の減少に歯止めがかからないことを意味する。

北海道では,道外でのビジネス経験を積んだ優秀な労働力を確保し,また人口の流出を止めるために,UI ターン人材の活用を試みている。さらに,人材育成の時間や資金を節約するために,新卒ではなく中途採用で経験者を獲得しようとする企業も少なくない。

本研究では,そのような北海道の労働市場において UI ターン人材がどの程度受け入れられているか,あるいは受け入れのための課題は何かを検討した。

2 UI ターン人材の経済分析

UI ターン人材を,道外でのビジネス経験を積んだ優秀な労働力のうち,道内企業に転職する人材と定義すると,労働経済学では「労働市場間を移動する労働者」の分析としてとらえることになる。つまり,UI ターン人材が現在働いている道外の労働市場から,道内の労働市場への移動について分析することにな

る。労働市場は地域間である程度分断されている，つまり移動コストがゼロではないと考えられる。よって，実際に移動が行われるには移動によるベネフィットとコストの比較を行い，ベネフィットが上回れば移動が行われると考えることができる。なお，労働市場は地域間だけではなく，業種間や職種間でもある程度分断されており，北海道への移動に伴って業種や職種を変更する必要が出てくる可能性もある。その場合は，移動に伴うコストはさらに高まることになる。

地域間の労働移動に関しては，過去においては農村から都市への人口移動に関する観点からの考察がなされてきた（Todaro 1969）。都市に移住した場合と，現居住地である農村に住み続けた場合のそれぞれの将来にわたる期待所得の割引現在価値を計算し，前者から後者を引いたものが移住費用を上回る場合に，移住が行われるというのが基本的な結果である。松下（1982）は，都市や農村における期待所得だけでなく，アメニティーや人口も厚生水準を決定する変数とした理論モデルを構築した。これをもとにUターン現象や老人扶養問題を考察し，有利な就職や生活条件を求めて親元を離れた労働者が，親の恩（投資）に報いる，親が財産を用いて子供のサービスを購入する，中高年齢者に適した職場や環境が先住地近隣にあるというような点が問題となると指摘した。

先に，移動に関するベネフィットとコストの比較について触れたが，ベネフィットは賃金やその他の雇用条件のほか，アメニティーやUターン就職の場合は親や家族とのかかわりに関するものが考えられる。一方コストは，引越代や仕事探しなど移動に直接かかる費用と，現在の仕事を辞めることによるキャリアの継続性の喪失や，現居住地から得られているさまざまなベネフィットを失うことなどの機会費用であろう。ここで，東京等の大都市圏から北海道へのUIターンを考える際に，移動の際の有力なベネフィット要因のひとつである賃金が高くなるということへはさほど期待できないという点を考慮する必要がある。したがって，賃金が低下しても，他の点でのベネフィットを見出したり，移動にかかわるコストが低かったりすることが重要なポイントとなる。

橘木・浦川（2012）では，日本の大規模なアンケート調査によるデータ分析から，地方から都市への移動の要因が経済的なもので占められていることを指摘し，一方で自然環境や住環境の良さを積極的に評価して地方に住居を求める

人がいることを示している。

UIターンそのものを総合的に分析した研究はまだ少ないのが現状であるが、亀野（2003）はその数少ない例外のひとつである。北海道におけるUIターン者の採用企業、UIターンでの既就職者および希望者に対するアンケートと聞き取り調査の分析を行っており、主な結果は以下のとおりである。①転職前後で同一職種である可能性が高いのは技術職で、事務職や営業職では低い。②大企業勤務者が規模の小さい企業にUIターン就職している。③UIターン就職をした（したい）理由として、仕事面よりも生活面を重視している。④UIターン就職できた既就職者は収入である程度妥協している。⑤既就職者の仕事に対する満足度は必ずしも高くない。⑥採用企業はUIターン者に対して個人の評価は高いが、社内への波及効果は高く評価していない。

本章では、これらの先行研究を踏まえつつ、UIターン希望者とその潜在的な受け入れ先である道内企業に対してアンケート調査を行い、その結果を分析することで、UIターン希望者の移動に対するベネフィットとコストに関する考え方、道内企業にUIターン人材がどの程度受け入れられているか、また受け入れのための課題を検討する。

3 「北海道の求める人材に関するアンケート」の分析結果

本節では、独自に行った道内企業向けのアンケート調査のデータを用いて、企業側から見たUIターン就職の実態について分析を行う。

本節で用いるデータは、小樽商科大学と北海道銀行が共同で実施したアンケート調査「北海道の求める人材に関するアンケート」の個票データである。調査は2013年4月から7月かけて、郵送によって行われた。調査対象は北海道銀行の取引先から無作為抽出により選ばれた250社であった。そのうち89社から回答があり、回収率は35.6％であった。

この調査には、道内企業の業種、所在地、企業規模、業績などといった企業の属性のほか、従業員の男女比や年齢構成、学歴構成などの構成、出勤日数や労働時間、初任給などの待遇条件、従業員の過不足感や採用状況などの採用に関する質問項目が含まれている。これらの項目の多くは、新卒採用、中途採用、

表 6-1　回答企業の特徴

	回答数	平均値	中央値	最小値	最大値
資本金（100万円）	86	616.66	30.00	0.00	15000.00
売上高（100万円）	80	4141.26	1103.00	3.19	57365.00
経常利益（100万円）	77	590.84	33.00	-400.00	39288.00
売上高経常利益率	77	0.83	0.03	-1.64	34.74
従業員数	89	149.90	49.00	7.00	3133.00
企業年齢	87	41.86	44.00	2.00	94.00

UIターン者の採用を区別して聞いており，UIターン者を実際に採用したのか，また，UIターン者に対する独自のニーズがあるかをとらえることができることが特徴である。さらに，UIターン者の採用に関する障害や，採用後のメリット，デメリットについても質問している。

回答企業の特徴は表6-1の通りである。また，従業員の構成を見ると，正社員比率の平均は73%ほどである。女性比率は平均で21%，40歳未満の若年比率は平均で43%ほどである。学歴については，専門・短大卒の比率が21%，大学・大学院卒の比率が21%で，理系[1]の比率は33%である。職種については，専門・技術職の比率が31%，営業職の比率は22%である。なお，これらは平均値であるが，中央値で見るとほとんどの場合低い値となり，一部の企業が平均値を引き上げていると考えられる。転職者の比率は64%と高いが，同業種からの転職は28%で半分に満たない。

続いて，回答企業の採用状況について，ここ5年で正社員数を増やした企業は30社であり，全体の3割強である。一方，減らした企業は31社でほぼ同数である。このうち，UIターン者の採用数は平均では0.45人にとどまり，採用を実施した企業の割合も13%ほどにとどまる。また，今後3年間では75%の企業が採用を予定しており，その平均は9人ほど（中央値では3人）である。うち，UIターン者の採用予定は7%弱にとどまり，平均は1人に満たない。したがって，採用自体は行っており，今後も行うつもりのある企業が多いが，UIターン者の採用にはそれほど積極的ではなかったし，今後もUIターン者に絞

---

[1] 理系の定義は以下の通りである。工業高校，農業高校，高専，大学・大学院（理，工，農，医，薬学部等）を卒業したもの。

表 6-2 採用人数と採用予定人数(全体)

	ここ5年間(2007~12年度)の採用人数				今後3年(2013~16年度)の採用予定人数			
	計		うちUIターン者		計		うちUIターン者	
	平均値	中央値	平均値	中央値	平均値	中央値	平均値	中央値
採用実績・予定の合計	17.79	6.00	0.45	0.00	8.58	3.00	0.56	0.00
採用実績・予定有の割合	88.76%		13.48%		75.28%		6.74%	
回答数	89		89		89		89	

表 6-3 採用人数と採用予定人数(新卒・中途採用)別

	ここ5年間(2007~12年度)の採用人数				今後3年(2013~16年度)の採用予定人数			
	計		うちUIターン者		計		うちUIターン者	
	平均値	中央値	平均値	中央値	平均値	中央値	平均値	中央値
i. 新卒	6.76	2.00	0.11	0.00	5.16	2.00	0.19	0.00
ii. 中途採用(同業他社から)	7.44	1.00	0.11	0.00	2.47	0.00	0.13	0.00
iii. 中途採用(異業種他社から)	5.42	2.00	0.28	0.00	1.60	0.00	0.25	0.00
回答数	89		89		89		89	

表 6-4 採用人数と採用予定人数(学歴別)

	ここ5年間(2007~12年度)の採用人数				今後3年(2013~16年度)の採用予定人数			
	計		うちUIターン者		計		うちUIターン者	
	平均値	中央値	平均値	中央値	平均値	中央値	平均値	中央値
i. 中学校卒業程度	0.10	0.00	0.00	0.00	0.00	0.00	0.00	0.00
ii. 高校卒業程度	9.40	3.00	0.12	0.00	2.76	0.00	0.11	0.00
iii. 専門・専修学校卒業程度	3.08	0.00	0.02	0.00	1.69	0.00	0.12	0.00
iv. 短大・高専卒業程度	1.63	0.00	0.07	0.00	1.01	0.00	0.13	0.00
v. 大学卒業程度	4.83	1.00	0.17	0.00	1.96	0.00	0.21	0.00
vi. 大学院卒業程度	0.43	0.00	0.09	0.00	0.09	0.00	0.03	0.00
vii. その他	0.18	0.00	0.00	0.00	0.00	0.00	0.00	0.00
viii. 学歴にこだわらない	—	—	—	—	2.42	0.00	0.00	0.00
回答数	89		89		89		89	

った採用を考えている企業は少数派であることが分かった。

　採用者,採用予定者の内訳については,表 6-2～表 6-4 の通りである。新卒・中途採用の別については,これまでの全体の採用実績では中途採用のほうが多い。UI ターン者についても同じことがいえる。今後については全体的に

表 6-5　従業員に求める資質

	高校卒の新卒者	大学卒の新卒者	中途採用者	UIターン採用者
①協調性	18.6	17.1	17.1	13.5
②自己管理力	9.5	9.4	10.2	8.6
③理解・応用力	12.6	13.3	10.8	11.1
④一般教養	11.2	11.6	8.5	9.1
⑤業務に関する専門知識	5.5	8.3	15.7	14.5
⑥社会的マナー	14.9	15.5	14.6	14.6
⑦業務への積極性	23.0	21.8	21.6	26.8
⑧その他	4.3	3.1	1.3	2.2
回答数	59	64	73	32

（注）①〜⑧の合計が100点となるように回答。

は新卒者中心の採用を予定しているものの，UIターン者については中途採用が中心で，それも異業種他者からの採用を多く予定している。

　学歴については，全体の採用実績では高校卒業程度が多数派であるが，UIターン者については，大学卒業程度が多い。今後の採用計画でも同様のことがいえる。したがって，UIターン者に対しては高い教育水準を求めているといえる。

　職種については，全体的な採用実績としては，各種専門・技術職が最も多く，次いでサービス職，営業・販売職，現場作業・技能・労務職，運輸・通信職となっている。事務職へのニーズは低い。UIターン者については，各種専門職が多数を占め，次いで営業職である。その他の職種についてはほとんど採用がない。今後の採用計画については，全体的にはサービス職，営業・販売職，各種専門職の順であるが，UIターン者についてはサービス職，各種専門職，営業・販売職の順である。したがって，UIターン者については採用実績からは専門職中心の採用といえるし，今後は全体と同じくサービス職の採用を重視するものの，専門職についても全体と比較すると重視する傾向にあるといえる。

　従業員に求める資質については，表6-5の通りである。いずれの区分においても，最も重視されることは業務への積極性である。UIターン者に対しては，特にその傾向が強い。協調性や社会的マナーも重視される。中途採用やUIターン者に対しては，新卒者よりも業務に関する専門知識が求められているが，経験者を即戦力として採用するのであればこれは当然の結果といえる。

では、企業がここ5年で採用を行ったか、また今後3年で採用を行う予定であるかについて、それぞれの決定要因を分析する。

被説明変数は、2007〜2012年度の採用人数（全体とUIターン者）と2013年度〜2016年度の採用予定人数（全体とUIターン者）の4種類である。したがって、4本の式を推定することになる。説明変数としては、採用人数や採用予定人数に関連する可能性が高いものとして、企業規模や収益を表す資本金の対数値、売上高の対数値、売上高経常利益率、従業員数の対数値、従業員構成を表す正社員比率、専門・短大卒比率、大学・大学院卒比率、理系比率、専門・技術職比率、営業職比率、業種の特性をコントロールするために製造業ダミーを用いる。ただし、これらの説明変数は規模や従業員構成については回答時点のものであり、収益については回答時点からもっとも近い過去の時点における決算期のものである。よって、過去5年の採用の推定式については説明変数と被説明変数の時点が逆転することになる。当該企業の規模や収益、従業員構成がこの5年で不変であるという仮定を置いていることになるので、推定結果の解釈には注意が必要である。

推定方法については、被説明変数である採用人数・採用予定人数が0である企業も多い（特にUIターン者）ことから、OLS（最小二乗法）での推定は適切ではないと考えられる。よって、このような場合に適切な推定方法のひとつであるトービットモデルを用いて推定する。

推定結果は、表6-6の通りである。企業規模や収益に関する変数は、売上高の対数値が採用人数の合計値とUIターン者、また採用予定者の合計値に対して有意に正の影響を与えている。従業員の対数値は、採用人数の合計値に対して有意に正の影響を与えている。したがって、企業規模が大きいほど、過去の採用人数や今後の採用予定数を増やしているといえる。ただし、業績の良し悪しはいずれも非有意であり、業績が好転したとしても必ずしも従業員を増やすとは限らない。

従業員構成については、専門・短大卒の比率が、過去の採用人数の合計値に有意に正の影響を与えているのに対して、大学・大学院卒の比率はUIターン者の過去の採用人数と、今後の採用予定人数に対して有意に正の影響を与えている。また、専門・技術職の比率はUIターン者の過去の採用人数に有意に正

表 6-6 採用人数，採用予定人数の決定要因

	(1)	(2)	(3)	(4)
	ここ 5 年間(2007〜12 年度)の採用人数		今後 3 年(2013〜16 年度)の採用予定人数	
	計	うち UI ターン者	計	うち UI ターン者
資本金の対数値	-1.938	0.388	-1.467	-19.45
	(3.022)	(0.559)	(2.731)	(12.03)
売上高の対数値	2.340*	1.539*	-0.524	19.76*
	(1.249)	(0.871)	(1.310)	(10.50)
売上高経常利益率	0.318	-0.509	-0.0743	-16.37
	(0.267)	(1.832)	(0.285)	(11.83)
従業員数の対数値	24.47**	0.708	18.30	7.290
	(10.30)	(0.992)	(11.53)	(7.966)
正社員比率	30.84	-0.461	18.55	44.56
	(19.37)	(3.100)	(22.88)	(28.24)
専門・短大卒比率	52.20**	-6.286	33.84	19.98
	(24.92)	(4.601)	(26.62)	(20.97)
大学・大学院卒比率	10.55	13.94***	-6.028	106.7**
	(12.14)	(4.680)	(12.08)	(52.62)
理系比率	0.485	2.000	7.537	14.66
	(8.972)	(2.125)	(10.10)	(15.72)
専門・技術職比率	3.309	3.910*	5.186	15.91
	(7.875)	(2.082)	(9.569)	(11.49)
営業職比率	-3.604	-14.84**	5.532	-57.78
	(11.92)	(6.205)	(10.80)	(41.77)
製造業ダミー	-4.611	2.865**	1.849	0.705
	(6.685)	(1.401)	(4.965)	(6.912)
観測数	62	62	62	62
疑似決定係数	0.0466	0.312	0.0292	0.240
対数尤度	-268.3	-33.96	-231.7	-29.48

(注) 上段の数値は限界効果，下段の数値は頑健標準誤差。
$***p<0.01, **p<0.05, *p<0.1$

の影響を与えているのに対し，営業職の比率は逆に UI ターン者の過去の採用人数に負の影響を与えている。製造業ダミーは，UI ターン者の過去の採用人数に有意に正の影響を与えており，比較的製造業において UI ターン者への需要が高かったことが示唆される。

以上のことから，UI ターン者は他の従業員と同様，規模が大きいほど需要されるが，中でも学歴の高い，専門・技術職の従業員の割合が高い企業において多く採用されてきたことがわかる。

では，採用された従業員や UI ターン者はどのように採用され，処遇はどうなっているのだろうか。また UI ターン者への評価はどうなっているのだ

表 6-7 採用経路

		新卒採用				中途採用				UIターン者採用			
		過去5年で最も多い採用経路		今後3年で重視する経路		過去5年で最も多い採用経路		今後3年で重視する経路		過去5年で最も多い採用経路		今後3年で重視する経路	
		回答数	%	回答数	%	回答数	%	回答数	%	回答数	%	回答数	%
1	ハローワーク	6	6.74	4	4.49	43	48.31	43	48.31	10	11.24	10	11.24
2	有料職業紹介事業者	1	1.12	3	3.37	6	6.74	6	6.74	2	2.25	2	2.25
3	新聞紙面・折込チラシ	1	1.12	1	1.12	4	4.49	4	4.49	0	0	0	0
4	学校への求人票	35	39.32	37	41.57	1	1.12	1	1.12	1	1.12	1	1.12
5	行政機関、経済団体等の主催する合同企業説明会への参加	3	3.37	3	3.37	0	0	0	0	1	1.12	1	1.12
6	インターネットの求人サイト	5	5.62	6	6.74	2	2.25	2	2.25	2	2.25	3	3.37
7	自社ホームページ	1	1.12	1	1.12	0	0	0	0	1	1.12	1	1.12
8	北海道人材誘致推進事業制度、UIターンサポートデスク札幌への登録	0	0	0	0	0	0	0	0	1	1.12	1	1.12
9	縁故	2	2.25	1	1.12	9	10.11	9	10.11	3	3.37	2	2.25
10	その他	2	2.25	2	2.25	4	4.49	4	4.49	1	1.12	1	1.12
	なし	33	37.08	31	34.83	20	22.47	20	22.47	67	75.28	67	75.28

ろうか。

　まず，採用経路については表6-7の通りである。新卒採用，中途採用，UIターン者採用のそれぞれについて，過去5年で最も多い採用経路と，今後3年で重視する採用経路をひとつずつ選択してもらった。その結果，新卒採用については過去，今後とも学校への求人票が圧倒的多数を占めていた。一方，中途採用については過去，今後ともハローワークが中心である。UIターン採用では，採用した企業，採用予定のある企業は過去，今後ともハローワークが中心であって，他の中途採用のケースと変わらない。ただ，全体の4分の3が未回答であり，UIターン者向けに特に採用活動を行ってこなかったし，今後も行うつもりがない企業が多数であることが分かる。道の人材誘致推進事業制度等も，回答企業で活用しているところは1社にとどまった。

　次に，処遇については表6-8の通りである。回答企業のうち，UIターン者を採用した企業は非常に少ないので，結果の解釈には注意が必要である。まず，新規採用時の平均的年収については，高校新卒の場合で約230万円，大学新卒で約270万円である。中途採用は採用時平均年齢が35歳で約325万円，UIターン者の場合は採用時平均年齢が33歳で約315万円となっており，年齢を

表 6-8 平均的な従業員の待遇

	N	mean	p50	min	max
新規採用時の平均的年収					
高校卒の新卒者	57	2306029	2300000	1600000	3132800
大学卒の新卒者	53	2735079	2700000	2000000	3560000
中途採用者	58	3256179	3166400	1993600	5200000
採用時平均年齢	55	35.7	35.0	23.0	52.0
UIターン採用者	10	3146704	2980000	2136000	5000000
採用時平均年齢	9	33.0	34.0	23.0	42.0
40歳管理職の平均的年収					
高校卒の新卒採用者	34	4817859	4850000	2200000	7000000
大学卒の新卒採用者	30	5090640	5000000	3000000	7120000
中途採用者	35	4856103	4800000	3000000	7500000
UIターン採用者	4	5250000	5250000	3000000	7500000
週当り出勤日数	84	5.28	5.08	4.62	6.00
週当り労働時間	80	44.43	42.40	35.83	60.00
週当り残業時間	63	6.80	5.54	0.00	40.00
有給取得率	64	38.05	28.50	2.00	100.00

考えれば中途採用者とUIターン者はほぼ変わらない年収である。40歳管理職の平均年収は，新卒で採用された高卒社員で約482万円，大卒社員で509万円，中途採用の場合は486万円，UIターン採用者は525万円である。管理職となれば，おおむね500万円ほどの年収となることが分かる。週当りの出勤日数は5日強，労働時間は44時間強，そのうち残業時間は7時間弱で，有給取得率は40％弱であった。

ここからは，UIターン者の採用理由や評価について分析していく。まず採用理由（表6-9）は，退職や事業拡大に伴う欠員補充といった理由が多く，特にUIターン者特有の理由とは考えられないものも上位になっているが，地元では充足できない技術・技能を持った人材を採用するためという企業も同程度の回答がある。

採用した際の評価（表6-10）としては，おおむねポジティブなものが多く，仕事がよくできる，会社によく適応している，定着率が良い，職場の活性化に役立ったとする4項目は「あてはまる」から「あてはまらない」を引いた場合に20ポイント近くのプラスになる。逆に，他の従業員の教育に熱心である，人脈が豊富である，についてはあてはまらないとする企業が多い。2009年度採用後3年間の離職率（表6-11）は，採用そのものが少ないこともあるが，UIター

表6-9 UIターン就業者を採用した理由

		回答数	%
1	既存の事業を拡大するので，人の量が足りないため	4	5.19
2	必要な人材が社内で補充できないため	1	1.3
3	退職等による欠員の補充のため	5	6.49
4	新技術の導入・開発に対応するため	1	1.3
5	新規事業分野への進出のため	0	0
6	新規学卒者の採用が困難なため	0	0
7	地元では充足できない技術・技能を持った人材を採用するため	4	5.19
8	UIターン就職者のほうが地元で採用する者よりも技術・技能・知識が優れているから	1	1.3
9	UIターン就職者のほうが地元で採用する者よりもリーダーシップが期待できるから	1	1.3
10	UIターン就職者は経験が豊富であるので他の従業員への教育になるから	1	1.3
11	UIターン就職者は人脈が豊富であるから	0	0
12	その他	2	2.6
13	採用していない	57	74.03
	合計	77	100

表6-10 UIターン者への評価

	あてはまる	どちらともいえない	あてはまらない
i. 仕事がよくできる	8	11	3
	36.36%	50.00%	13.64%
ii. 仕事面でリーダーシップを発揮している	5	13	4
	22.73%	59.09%	18.19%
iii. 会社によく適応している	9	8	5
	40.91%	36.36%	22.73%
iv. 定着率が良い	8	10	4
	36.36%	45.45%	18.18%
v. 職場の活性化に役立っている	10	8	4
	45.46%	36.36%	18.18%
vi. 他の従業員の教育に熱心である	3	14	5
	13.64%	63.64%	22.73%
vii. 人脈が豊富である	1	14	7
	4.55%	63.64%	31.82%

＊いずれの項目も22社が回答。

表6-11 2009年採用者の3年以内離職率

	回答数	離職率平均（％）
高校卒の新卒者	31	11.65
大学卒の新卒者	32	7.05
中途採用者	48	19.00
UIターン採用者	17	0.00

表6-12 UIターン者による社内の変化

	あてはまる	どちらともいえない	あてはまらない
i. 職場が活性化した	10	6	4
	50%	30%	20%
ii. 技術・技能が他の従業員に波及した	7	8	5
	35%	40%	25%
iii. UIターン就職者の人脈により取引先が増えた	2	8	10
	10%	40%	50%
iv. 企業イメージが良くなった	2	12	6
	10%	60%	30%
v. さらにUIターン就職者が増加した	1	11	8
	5%	55%	40%
vi. 職場内の人間関係が悪くなった	1	6	13
	5%	30%	65%
vii. 社員の間で賃金等に関して不公平感が広がった	1	9	10
	5%	45%	50%

＊いずれの項目も20社が回答。

ン者の離職率は0であった。社内の変化（表6-12）については，職場の活性化や技術・技能が他の従業員に波及したとの指摘が比較的多くみられた。

　最後に，UIターン就職者を採用するうえで障害となったことについては，表6-13にまとめたとおりである。そもそも採用するつもりがなかった45社を除くと，採用した企業，採用するつもりはあったが採用できなかった企業の多くが求職者の情報が少なすぎることを問題点として挙げている。また，複数の企業が希望する技能・技術を持った人材が少ないというスキル面でのミスマッチ，既存の従業員との賃金・ポストのバランスが取れないという待遇面でのミスマッチを挙げている。

表6-13 UIターン就職者を採用する上で障害となったこと

		回答数	%
1	求職者の情報が少なすぎる	9	12.86
2	当社が希望する技能・技術を持った人材が少ない	3	4.29
3	求職者が希望する賃金が高すぎる	1	1.43
4	求職者が希望する労働条件（賃金以外）が高すぎる	0	0
5	当社の企業情報が求職者に伝わらない	1	1.43
6	募集，面接等にコストがかかり十分な対応ができない	0	0
7	当社の従業員との賃金，ポストのバランスが取れない	3	4.29
8	遠隔地であるので面接等が十分にできない	1	1.43
9	休職者個人の能力がよくわからない	1	1.43
10	当社が採用したいものの，企業との関係上まずい	0	0
11	その他	6	8.57
12	採用するつもりがなかった	45	64.29
	合計	70	100

4 「北海道 UI ターン就職に関するアンケート」の分析結果

　ここでは，UI ターン就職フェアへの来場者に対するアンケート調査の結果から，就職希望者側を分析する。また，企業側のアンケート結果と併せて，労働需要と供給のギャップについても検討する。ただし，企業側アンケートへの回答者は偏りがあり必ずしも北海道全体の企業全体を代表していない可能性があるし，来場者アンケートへの回答者も偏りがあり必ずしも潜在的な UI ターン希望者全体を代表していないので，単純比較の結果については留意が必要である。

　このアンケートは，2012 年 10 月 20 日に東京で実施された北海道庁経済部主催の UI ターン就職フェアに来場した参加者に案内を配布して，ウェブアンケートにて実施されたもので，149 人からの回答を得た。

　この調査では，年齢，学歴，配偶者や子供の有無といった個人や世帯の属性に加え，現在の仕事と北海道で希望する仕事について，業種や職種，年収，労働時間，通勤時間を尋ねている。また，北海道での就職先を選ぶにあたって希望する条件やイメージ，実際に北海道で仕事を探しているのか，その場合どのような手段なのか，なぜ UI ターン就職を望むのか等を質問している。さらに，現在の居住地と北海道のそれぞれについて，地域に対する実感やイメージも聞

いている。

　回答者は，平均年齢は約40歳，既婚者は54％ほどである。回答者の56％は道内出身なので，UIターンのうちUターン希望者が多いといえる。配偶者がいる場合はその57％が道内出身で，54％の回答者の両親が道内に居住している。46％が自身の最終学歴となった出身校が道内と回答しており，道外では東京の学校出身者が多かった。家族に関しては，同居家族数は1人強で，子供数の平均は1を切っている。配偶者の勤務状況については，半数強が働いていないが，残りの半数のうち正社員と非正社員がほぼ同程度の割合になっている。現在の居住地には平均して7年ほど住んでおり，すでに持ち家を取得しているのは30％弱である。

　アンケート回答者の現在の仕事と北海道で希望する仕事について，業種や職種，待遇面に関する質問項目の回答は表6-14～表6-19の通りである。業種については，現在はその他サービス業，情報・通信業，電気機器製造業の割合が高いが，北海道で希望する業種としてはその他サービス業，情報・通信業の次に農林・水産業の人気が高くなる。企業側アンケートへの回答企業では建設業や卸売業が多かったため，これらを単純比較する限りではややミスマッチが生じている。

　職種では，現在各種の専門・技術職（特にコンピュータ・情報処理関係）と事務職に就いている回答者が多く，希望する職種もこれと同じ回答傾向である。現在農林・漁業の職に就いている回答者はいないが，約5％が希望する職種としている。なお企業側アンケートでは，各種の専門・技能職への不足感が強く出ており，採用予定も多かったものの，今回の回答者の中ではコンピュータ・情報処理関係や事務職の不足を訴える企業は少なかったし，採用予定の企業も少なかった。したがって，ここでもミスマッチが生じているといえる。

　会社の規模を見ると，現在の勤務先は大企業から中小企業までほぼ同等の割合になっているが，希望する会社の規模についてはこだわらないとする回答が半数を占めている。それ以外では，299人以下の中小企業への希望が圧倒的多数である。年収については，現在は400万～500万円未満という回答が最も多いが，800万円以上の回答者も15％程度存在する。一方，希望する年収としては400万～500万円未満が多く，800万円以上の年収を望む回答者は2％とほ

表 6-14 現在の会社と希望する業種

		現在		希望				現在		希望	
		回答数	%	回答数	%			回答数	%	回答数	%
1	農林・水産	2	1.34	10	6.71	14	機械	7	4.7	8	5.37
2	鉱業	0	0	0	0	15	電気機器	13	8.72	8	5.37
3	建設	5	3.36	4	2.68	16	造船	0	0	0	0
4	食品	2	1.34	3	2.01	17	自動車	3	2.01	2	1.34
5	繊維	1	0.67	1	0.67	18	自動車部品	8	5.37	3	2.01
6	パルプ・紙	0	0	0	0	19	その他輸送機器	2	1.34	2	1.34
7	化学工業	9	6.04	9	6.04	20	精密機器	9	6.04	6	4.03
8	医薬品	1	0.67	2	1.34	21	その他製造業	7	4.7	9	6.04
9	石油	0	0	0	0	22	卸売	1	0.67	1	0.67
10	ゴム	0	0	0	0	23	小売	2	1.34	3	2.01
11	窯業	0	0	0	0	24	銀行	2	1.34	1	0.67
12	鉄鋼業	1	0.67	0	0	25	証券	1	0.67	0	0
13	非鉄金属・金属製品	2	1.34	1	0.67	26	保険	2	1.34	2	1.34
	合計	149	100	149	100						

表 6-15 現在の職種と希望する職種

		現在		希望	
		回答数	%	回答数	%
1	管理職	16	10.96	11	7.38
2	専門・技術職（コンピュータ・情報処理関係）	24	16.44	25	16.78
3	専門・技術職（電気・電子関係）	10	6.85	11	7.38
4	専門・技術職（機械関係）	12	8.22	12	8.05
5	専門・技術職（土木・建築関係）	5	3.42	5	3.36
6	専門・技術職（その他）	17	11.64	17	11.41
7	営業・販売職	12	8.22	12	8.05
8	事務職	26	17.81	24	16.11
9	サービス職	7	4.79	9	6.04
10	保安職	0	0	0	0
11	現場作業・技能・労務職	2	1.37	3	2.01
12	農林漁業	0	0	7	4.7
13	運輸・通信	5	3.42	3	2.01
14	公務（教員含む）	5	3.42	7	4.7
15	自営もしくは家業	0	0	0	0
16	その他	5	3.42	3	2.01
	Total	146	100	149	100

とんどいない。企業側アンケートの回答者は中小企業が多いので，企業規模については ミスマッチが生じていないが，採用時の年収については平均値が中途採用者で 300 万円強（平均 35.7 歳）である。管理職（40 歳）になれば 500 万円程度に上昇するので，希望する年収にマッチするには昇進が必要である。

ここまで見てきた，現在の仕事と希望する仕事の条件について，これらが一

		現在		希望	
		回答数	%	回答数	%
27	その他金融業	2	1.34	2	1.34
28	不動産	1	0.67	1	0.67
29	電車・バス	2	1.34	1	0.67
30	陸運	1	0.67	0	0
31	海運	0	0	0	0
32	空運	1	0.67	0	0
33	倉庫・運輸関連	2	1.34	3	2.01
34	情報・通信	22	14.77	20	13.42
35	電気・ガス・水供給	2	1.34	3	2.01
36	飲食・宿泊	1	0.67	0	0
37	医療・福祉	4	2.68	4	2.68
38	その他サービス業	24	16.11	27	18.12
39	公務, 公益業	7	4.7	13	8.72

表6-16　現在の会社と希望する会社の規模

		現在		希望	
		回答数	%	回答数	%
1	30人未満	15	10.34	9	6.04
2	30～99人	21	14.48	26	17.45
3	100～299人	23	15.86	20	13.42
4	300～999人	29	20	8	5.37
5	1000～2999人	20	13.79	5	3.36
6	3000～4999人	10	6.9	0	0
7	5000人以上	27	18.62	2	1.34
8	特にこだわらない	0	0	79	53.02
	合計	145	100	149	100

表6-17　現在の年収と希望する年収

		現在		希望	
		回答数	%	回答数	%
1	300万円未満	16	10.74	6	4.03
2	300～400万円未満	26	17.45	35	23.49
3	400～500万円未満	29	19.46	46	30.87
4	500～600万円未満	24	16.11	33	22.15
5	600～700万円未満	18	12.08	15	10.07
6	700～800万円未満	13	8.72	11	7.38
7	800～900万円未満	9	6.04	3	2.01
8	900～1000万円未満	6	4.03		
9	1000万円以上	8	5.37		
	合計	149	100	149	100

表 6-18　現在の仕事と希望する仕事の条件が同一である割合

	回答数	%
同一職種希望	149	59.7
同一業種希望	149	53.0
同一企業規模希望	149	12.8
同一賃金希望	149	34.2

表 6-19　現在の会社と希望する会社の通勤時間と労働時間

	回答数	平均値	中央値	標準偏差	最小値	最大値
通勤時間（分）						
現在	147	48.71	45	27.03	5	150
希望	149	39.77	30	15.40	10	90
週当り労働時間（時間）						
現在	146	49.28	50	13.78	1	108
希望	147	44.08	40	7.95	5	60

致している希望者はどれぐらいいるのだろうか。表6-18によれば，職種や業種は半数以上の希望者が同一のものを求めているのに対して，賃金は3割程度，企業規模は1割程度しか同一水準を求めていない。この結果は，上で見てきた個々の項目への回答傾向と矛盾しないものである。

　通勤時間や週当りの労働時間については，どちらも現在よりも短い時間を希望している。通勤時間はそれぞれ平均で9分，中央値で15分短い時間を希望し，労働時間は平均で週に5時間，中央値で週に10時間，短い時間を希望している。規模にあまりこだわりはないが，現在となるべく同じ業種・職種で，現在よりはやや低い年収ではあるが，通勤時間や労働時間は短くなるような仕事を希望しているとまとめられよう。企業側アンケートでも，週当りの平均労働時間は44時間強，中央値では42時間強であり，平均値ではマッチしているといえるし，中央値で見た場合もそれほど大きなミスマッチは生じていない。

　次に，北海道のどのような企業への就職を希望しているのか，主観的な質問項目に対する回答を見ていくことにする。条件面への期待（表6-20）については，やりたい業種や職種があるが6割強の回答を得ている。次いで，給与・ボーナスがよい，社員の個性や能力が正当に評価される，転勤が少ないが30%前後の回答を得ている。上記で見た職種や業種への回答傾向と合わせて考える

表 6-20　就職を希望する北海道の会社への条件の期待

1	有名な企業である	0.0%
2	給与・ボーナスがよい	35.9%
3	休暇が多い	15.3%
4	残業・休日出勤が少ない	23.7%
5	福利厚生施設が完備されている	19.8%
6	通勤が便利である	21.4%
7	転勤が少ない	29.8%
8	株式を上場している	0.0%
9	財務内容がすぐれている	16.0%
10	オフィスがきれいで快適である	2.3%
11	やりたい業種・職種がある	61.1%
12	昇進の機会がある	4.6%
13	企業年金が充実している	5.3%
14	教育訓練の機会がある	8.4%
15	社員の個性や能力が正当に評価される	32.8%
16	意見やアイディアを活かす機会がある	13.7%
17	その他	4.6%
	回答者数	131

＊複数回答で，回答は3つまで。

表 6-21　就職を希望する北海道の会社へのイメージの期待

1	技術力・研究開発力がある	10.0%
2	信頼性がある	10.0%
3	安定性がある	40.8%
4	経営陣や社員に優秀な人材が多い	7.5%
5	将来性がある	39.2%
6	経営方針が明確である	18.3%
7	親しみやすい	46.7%
8	積極的である	11.7%
9	伝統がある	6.7%
10	社会や文化への貢献度が高い	29.2%
11	ユニークな企業である	21.7%
12	その他	2.5%
	回答者数	130

＊複数回答で，回答は3つまで。

と，自らのここまでのキャリアを活かしたいという希望が確認できる。また，待遇面も重視しているが，上記で見た給与への希望と合わせて考えると，それほど高いものは求めていないことに注意すべきであろう。イメージへの期待（表 6-21）については，親しみやすい，安定性がある，将来性があるが40％前後，社会や文化への貢献度が高いが30％程度と高い割合の回答を得ている。その半面，技術力・研究開発力，信頼性，経営陣・社員の優秀さにはそれほど期

表 6-22　北海道の求人情報の集め方

1	全国版の新聞広告	5.4%
2	北海道の新聞広告	6.7%
3	全国版の求人雑誌	6.0%
4	北海道の求人雑誌	10.1%
5	テレビ・ラジオ	0.0%
6	インターネットの求人サイト	87.9%
7	人材紹介会社	22.1%
8	家族・親戚	4.7%
9	知人・友人	12.1%
10	Uターン・Iターン相談窓口	67.1%
11	北海道企業からの求人案内	14.8%
12	出身学校からの求人案内	1.3%
13	就職説明会	4.7%
14	その他	6.7%
15	UI就職フェア以外はなし	1.3%
回答者数		149

＊複数回答。あてはまるものすべてを選択。

待が高くなかった。

　具体的に，希望する就職先の候補はあるのだろうか。また，就職先をどのように探しているのだろうか。前者については表6-20をみると，就職したい北海道の企業数は平均してわずか1.3社ほどである。また，一番詳しく知っている企業についてどの程度知識があるかを聞いたところ，よくわからないが半数近くを占めている。したがって，まだ十分に北海道の企業について調べていない回答者が多いことが分かる。後者の求人情報の集め方については表6-22をみると，90％近い人がインターネットでの求人広告を見ており，Uターン・Iターン窓口の利用も6割程度と比較的高い。このほか，人材紹介会社の利用は2割強であるが，残りの手段については多くても10％強であり，それほど使われていない。道内で希望する企業の知識に関する質問と合わせて考えると，以上のような求人情報の集め方では，十分に北海道の企業に関する情報が集められていないことが分かる。

　次に，北海道への移住に関する質問項目をみていく。まず，北海道で暮らしたいと思うかという質問（表6-23）に対しては，「すぐにでも暮らしたい」が約43％，「よい仕事があれば暮らしたい」が約53％であった。フェアへの来場者であるだけに，仕事が見つかれば移住したいという回答が多いのは当然といえ

6 北海道UIターン人材マッチングの実証分析

表6-23 北海道で暮らしたいと思うか

	回答数	%
すぐにでも暮らしたい	64	42.95
よい仕事があれば暮らしたい	79	53.02
もう少し歳を取ってからでもよい	5	3.36
できれば暮らしたくない	1	0.67
合計	149	100

表6-24 北海道での就職を希望する理由

	あてはまらない	どちらともいえない	あてはまる	合計		あてはまらない	どちらともいえない	あてはまる	合計
自分または配偶者の親の世話をする	53	15	81	149	北海道のほうが通勤時間が短い	31	55	61	147
	35.6%	10.1%	54.4%	100.0%		21.1%	37.4%	41.5%	100.0%
将来，北海道で家業を継ぐ	141	4	4	149	今の仕事がおもしろくない	59	46	43	148
	94.6%	2.7%	2.7%	100.0%		39.9%	31.1%	29.1%	100.0%
北海道のほうが持ち家を取得しやすい	52	40	57	149	今の仕事がきつい	67	41	40	148
	34.9%	26.9%	38.3%	100.0%		45.3%	27.7%	27.0%	100.0%
北海道でのんびりと生活したい	12	27	109	148	今の会社の労働時間が長い	70	41	36	147
	8.1%	18.2%	73.7%	100.0%		47.6%	27.9%	24.5%	100.0%
北海道のほうが自然環境がよい	6	15	125	146	今の会社の上記以外の労働条件に不満がある	49	35	64	148
	4.1%	10.3%	85.6%	100.0%		33.1%	23.7%	43.3%	100.0%
北海道のほうが子供の教育環境がよい	33	43	73	149	都会での人間関係がわずらわしい	64	32	50	146
	22.2%	28.9%	49.0%	100.0%		43.8%	21.9%	34.2%	100.0%
北海道のほうが物価が安い	32	52	65	149	とにかく仕事を変えたい	65	45	38	148
	21.5%	34.9%	43.6%	100.0%		43.9%	30.4%	25.7%	100.0%
北海道のほうが余暇・趣味を楽しめる	8	27	111	146	とにかく生活環境を変えたい	41	21	85	147
	5.5%	18.5%	76.0%	100.0%		27.9%	14.3%	57.8%	100.0%

るが，なるべく早い時期に移住したいという希望が強いことが分かる。北海道での就職を希望する理由（表6-24）としては，「北海道のほうが自然環境が良い」「北海道のほうが余暇・趣味が楽しめる」「北海道でのんびりと生活したい」「とにかく生活環境を変えたい」など，生活面での理由があてはまるという回答が多数を占めた。今の仕事が「おもしろくない」「きつい」「労働条件に不満がある」など，現在就いている仕事への不満を理由とする回答は2割～4割で多数派ではないものの，無視できない割合である。

では現在の居住地への実感と北海道に対するイメージはどのように異なるのだろうか。表6-25によれば，北海道で「あてはまる」，現在の居住地で「あて

表 6-25 現在の居住性に対する実感と北海道に対するイメージ

	現在の居住地				北海道			
	あてはまらない	どちらともいえない	あてはまる	合計	あてはまらない	どちらともいえない	あてはまる	合計
通勤・通学の便が良い	42 28.2%	33 22.2%	74 49.7%	149 100.0%	30 20.3%	72 48.7%	46 31.1%	148 100.0%
買い物の便が良い	28 18.8%	30 20.1%	91 61.1%	149 100.0%	39 26.4%	71 48.0%	38 25.7%	148 100.0%
治安が良い	48 32.2%	63 42.3%	38 25.5%	149 100.0%	11 7.4%	57 38.3%	81 54.4%	149 100.0%
医療へのアクセスが良い	25 16.8%	42 28.2%	82 55.0%	149 100.0%	43 29.1%	66 44.6%	39 26.4%	148 100.0%
ビジネス・商売の便が良い	22 14.8%	30 20.1%	97 65.1%	149 100.0%	57 38.8%	70 47.6%	20 13.6%	147 100.0%
地域の所得水準が高い	26 17.6%	40 27.0%	82 55.4%	148 100.0%	94 63.5%	48 32.4%	6 4.1%	148 100.0%
さまざまな仕事がある	19 12.8%	14 9.5%	115 77.7%	148 100.0%	101 68.7%	29 19.7%	17 11.6%	147 100.0%
自然環境に恵まれている	71 47.7%	44 29.5%	34 22.8%	149 100.0%	3 2.0%	8 5.4%	138 92.6%	149 100.0%
公害（騒音・大気汚染など）が少ない	85 57.1%	39 26.2%	25 16.8%	149 100.0%	18 12.1%	21 14.1%	110 73.8%	149 100.0%
景観・静けさなどの住環境が良い	63 42.3%	54 36.2%	32 21.5%	149 100.0%	5 3.4%	22 14.9%	121 81.8%	148 100.0%
行政のサービスが良い	27 18.3%	73 49.3%	48 32.4%	148 100.0%	21 14.1%	102 68.5%	26 17.5%	149 100.0%
近くに育児施設（託児所,幼稚園,保育園など）がある	34 22.8%	56 37.6%	59 39.6%	149 100.0%	42 28.2%	87 58.4%	20 13.4%	149 100.0%
近くに家族,親戚がいる（同居も含む）	96 64.4%	11 7.4%	42 28.2%	149 100.0%	47 31.6%	10 6.7%	92 61.7%	149 100.0%
近くに知り合いがいる	54 36.2%	24 16.1%	71 47.7%	149 100.0%	39 26.2%	30 20.1%	80 53.7%	149 100.0%

はまらない」が優勢となる項目として，「治安が良い」「自然環境に恵まれている」「公害が少ない」「景観・静けさなどの住環境が良い」「近くに家族，親戚がいる」が，逆に現在の居住地で「あてはまる」，北海道で「あてはまらない」が

6 北海道UIターン人材マッチングの実証分析　149

表 6-26　現在の仕事への満足度

	不満	どちらでもない	満足	合計		不満	どちらでもない	満足	合計
仕事の楽しさ	51	51	47	149	休暇や労働時間	47	50	51	148
	34.2%	34.2%	31.5%	100.0%		31.8%	33.8%	34.5%	100.0%
上司との関係	56	36	56	148	会社の福利厚生	50	46	49	145
	37.8%	24.3%	37.8%	100.0%		34.5%	31.7%	33.8%	100.0%
同僚・部下との関係	35	55	58	148	職場の雰囲気	58	44	45	147
	23.7%	37.2%	39.2%	100.0%		39.5%	29.9%	30.6%	100.0%
職場の人間関係	38	50	57	145	仕事自体の社会的評価	36	63	48	147
	26.2%	34.5%	39.3%	100.0%		24.5%	42.9%	32.7%	100.0%
職場での地位	44	55	48	147	会社自体の社会的評価	32	62	53	147
	29.9%	37.4%	32.7%	100.0%		21.8%	42.2%	36.1%	100.0%
昇進の可能性	68	47	31	146	職務内容	46	48	52	146
	46.6%	32.2%	21.2%	100.0%		31.5%	32.9%	35.6%	100.0%
給与の水準	48	37	63	148	総合的な仕事満足度	53	54	41	148
	32.4%	25.0%	42.6%	100.0%		35.8%	36.5%	27.7%	100.0%
会社の施設や設備	50	44	52	146					
	34.3%	30.1%	35.6%	100.0%					

優勢となる項目として,「買い物の便が良い」「医療へのアクセスが良い」「ビジネス・商売の便が良い」「地域の所得水準が高い」「さまざまな仕事がある」「近くに育児施設がある」があることがわかった。

　また,仕事への不満を理由とする回答者が無視できない割合であったことを見てきたが,現在の仕事に対してはどのように感じているのだろうか。表 6-26 によれば,現在の仕事に対する不満が,最も大きいのは,「昇進の可能性」で,半数近い回答者が自己のキャリアの将来性に不満をもっていることがわかる。続いて「職場の雰囲気」,「上司との関係」が続くが,職場の人間関係に悩んでいるものが多い。これは,先に示した,UIターン就労者が職場での評判が良いこととも関係があるとも思われる。

　先に,大多数の回答者が北海道への移住を強く希望していることを示したが,それが実現できない理由としては,もちろん北海道での就職を阻害する要因があるからであろう。その障害に関する質問への回答をまとめた表 6-27 によれば,約 95% とほとんどの回答者が「勤め先を見つけることが難しい」を挙げており,「収入のダウン」が 68% で続いている。

表6-27 北海道で就職するうえでの障害

	あてはまらない	どちらともいえない	あてはまる	合計
勤め先を見つけることが難しい	3	5	140	148
	2.0%	3.4%	94.6%	100.0%
住宅の確保が難しい	83	37	29	149
	55.7%	24.8%	19.5%	100.0%
収入のダウン	20	27	100	147
	13.6%	18.4%	68.0%	100.0%
配偶者の説得が難しい	121	13	12	146
	82.9%	8.9%	8.2%	100.0%
子供の説得が難しい	132	10	5	147
	89.8%	6.8%	3.4%	100.0%
前の会社を円満退社することが難しい	106	28	13	147
	72.1%	19.1%	8.8%	100.0%
子供の学校問題，進学問題	120	18	7	145
	82.8%	12.4%	4.8%	100.0%
配偶者の仕事を見つけるのが難しい	108	19	21	148
	73.0%	12.8%	14.2%	100.0%
生活環境がよくわからない	107	27	15	149
	71.8%	18.1%	10.1%	100.0%

　以上，来場者アンケートの記述統計から，来場者は少なくとも仕事が見つかれば北海道に移住したいと考えているが，実際に就職したい企業数がそれほど多くないこと，むしろ0である回答者が多いこと，そして「北海道で就職するうえでの障害」として「勤め先を見つけることが難しい」を挙げている人がほとんどであることから，企業探しが困難であることがUIターン就職を妨げていることがわかる。そこで，就職したい会社数と勤め先を見つけることの困難性を決定する要因が何であるかについて，決定要因に関する推定を行う。

　前者の推定式の被説明変数は実際に就職したい企業数，後者の推定式の被説明変数は「北海道で就職するうえでの障害」の質問項目「勤め先を見つけることが難しい」への回答を用いる。これは5段階の尺度で，5が「あてはまる」，1が「あてはまらない」である。説明変数は，個人の属性として女性ダミー，年齢，配偶者ありダミー，大学・大学院卒ダミー，持ち家ありダミー，配偶者が

いる場合に，正社員・職員として就業しているか，非正規で就業しているかのそれぞれのダミーを用いる。また，現在と希望する仕事の条件の同一性をとらえるため，同一職種希望ダミー，同一企業規模希望ダミー，同一業種希望ダミー，同一賃金水準希望ダミーを用いる。さらに，求人情報の探し方の影響を見るため，14種類の探し方に関するダミー変数を用いた。

　企業数は無視できない割合で0が存在しているため，推定にはトービットモデルを用いた。また，「勤め先を見つけることが難しい」は5段階の順序尺度であるため，順序プロビットモデルを用いた。

　結果は表6-28に示したとおりである。個人属性のうち，年齢は困難性を有意に上昇させており，年齢が上昇するほど困難を感じやすくなる傾向にある。大学・大学院卒ダミーは就職したい企業数を有意に増加させ，困難性は有意に下げている。よって，高学歴者は比較的企業を見つけやすいし，困難性を感じる程度がやや低いと言える。他の個人属性，および条件の同一性については特に有意な結果は得られなかった。求人情報の集め方では，北海道の新聞広告，インターネットの求人サイト，人材紹介会社は企業数を有意に増加させ，全国版・北海道の求人雑誌は逆に企業数を有意に低下させている。全国版の新聞広告，出身学校からの求人案内は困難性を高め，家族・親戚は困難性を低めている。紙媒体の求人では比較的北海道の新聞広告が有益であること，インターネットの求人サイトや人材紹介会社の利用者は比較的希望する企業を見つけやすいことと，家族や親戚が困難性を緩和していることがわかった。これらのほかに，「その他」が困難性を緩和していたが，自由記述欄に「ハローワーク」との記述が多かった。企業アンケート回答者は，中途採用でハローワークを活用したケースが多かったため，UIターンであってもハローワークを通じた紹介が有効になることもあると考えられる。

　もう一つの阻害要因としては，年収のダウンを挙げた回答者が多かった。そこで，希望とする年収や希望する年収と現在年収の差分がどのように決定されるかの推定を行う。前者は対数変換し，後者はそのまま用いる。これら2つの被説明変数はともに連続変数であると考えて，OLS（最小二乗法）で推定する。

　説明変数は，個人の属性として女性ダミー，年齢，配偶者ありダミー，大学・大学院卒ダミー，持ち家ありダミー，配偶者がいる場合に，正社員・職員とし

表 6-28 就職希望先の数と勤め先を見つけることの困難性

	就職したい企業数 トービット (1)	勤め先を見つけることが 難しい＝あてはまる 順序プロビット (2)
女性	0.881 (1.373)	-0.182 (0.132)
年齢	-0.0627 (0.0380)	0.00346* (0.00203)
配偶者あり	0.522 (0.677)	0.0234 (0.0384)
大学・大学院卒	1.298* (0.728)	-0.0594** (0.0263)
持ち家あり	0.297 (0.651)	-0.0372 (0.0461)
配偶者あり×正社員・職員で労働	-0.0986 (1.039)	-0.0655 (0.0864)
配偶者あり×非正規で労働	-0.0963 (0.961)	-0.0391 (0.0466)
同一職種を希望	0.717 (0.630)	-0.0137 (0.0343)
同一企業規模を希望	-0.356 (0.672)	-0.0707 (0.0646)
同一業種を希望	-0.679 (0.653)	0.0279 (0.0431)
同一賃金水準を希望	0.315 (0.577)	0.0359 (0.0299)
北海道の会社の求人情報の集め方		
全国版の新聞広告	0.865 (1.221)	0.122*** (0.0277)
北海道の新聞広告	2.132** (0.852)	-0.0515 (0.0761)
全国版の求人雑誌	-2.068* (1.055)	-0.0496 (0.0984)
北海道の求人雑誌	-1.622* (0.851)	0.0169 (0.0397)
インターネットの求人サイト	1.525* (0.904)	-0.0338 (0.0348)
人材紹介会社	1.584** (0.695)	0.00218 (0.0389)
家族・親戚	0.548 (1.504)	-0.451*** (0.162)
知人・友人	0.940 (0.876)	0.0199 (0.0378)
Uターン・Iターン相談窓口	0.689 (0.601)	-0.0210 (0.0294)
北海道企業からの求人案内	0.543 (0.808)	-0.100 (0.0900)
出身学校からの求人案内	0.714 (3.757)	0.0748*** (0.0195)
就職説明会	-0.895 (1.711)	-0.190 (0.141)
その他	1.329 (1.358)	-0.166* (0.0987)
UI就職フェア以外はなし	3.251 (2.324)	-0.298 (0.351)
観測数	147	148
疑似決定係数	0.0574	0.173
対数尤度	-231.3	-74.56

(注1) 数値は平均値で評価した限界効果を表す。ダミー変数の場合は，0から1に変化した時のものである。

(注2) カッコ内はWhiteの頑健標準誤差。＊＊＊，＊＊，＊はそれぞれ係数の値がそれぞれ有意水準1％，5％，10％で有意であることを示す。

て就業しているか，非正規で就業しているかのそれぞれのダミーを用いる。また，現在と希望する仕事の条件の同一性をとらえるため，同一職種希望ダミー，同一企業規模希望ダミー，同一業種希望ダミーを用いる。通勤，労働時間については希望する年収の推定式では北海道で希望するそれらの対数値を，差分の推定式では希望するそれらの時間から，現在のそれらの時間を引いた差分を用いる。このほか，差分の式では現在の年収の対数値を用いる。これが基本となるモデルである。

基本モデルに加えて，希望する賃金水準や現在のものとの差分を決定するであろう，他の主観的な変数を加えたモデルも推定する。すなわち，(1) 希望する条件，(2) 期待するイメージ，(3) 北海道への就職を希望する理由，(4) 北海道の地域イメージ（差分の式では，北海道のイメージと現居住地の実感の差分），(5) 現在の仕事の満足度の各項目である。説明変数が多すぎると多重共線性が発生するリスクが高まるため，(1)～(5) の項目グループのうち1グループずつを基本モデルに加える。よって，基本モデルとあわせて6つのモデルを推定することになる。このモデルでは，補償賃金仮説を検証していることになる。つまり，仕事や居住地の魅力が高い場合に，賃金が低くてもよいということであり，どのような要因が賃金水準への要求を低くするのかを見る。

結果は表6-29に示したとおりである。個人属性では，年齢や配偶者ありダミー，大学・大学院卒ダミー，持ち家ありが希望する賃金水準を有意に高めている。人的資本が蓄積され，さらに家族を扶養する必要がある場合に，求める賃金水準が高くなるということで，労働経済学の既存研究で得られている結果に合うものである。差分の式ではこれらはほぼ有意にならず，年齢がむしろ負の係数となるが，これは説明変数に現在の年収を入れているからであり，すでにそれらの効果がコントロールされていることによる。企業規模や業種で同一のものを求める際にも求める賃金水準は有意に上昇する。前者は，現在は大企業で働く希望者が多いので，それを変えたくないということは賃金水準も同一のものを希望し，その結果北海道では高い水準となると解釈できる。後者は，同一職種でこれまでのキャリアを生かしたい希望者は，そうでない希望者よりも高い賃金水準を求める結果であろう。以上の結果は，差分の式の一部でも得られており，同様の解釈が可能である。

154　第3部　基盤強化

表6-29　北海道で希望する賃金・希望賃金と現在賃金の差額の決定要因

	(1)	(2)	(3)	(4)	(5)	(6)	(7)	(8)	(9)	(10)	(11)	(12)
	北海道で希望する賃金（対数値）インターバル・リグレッション						北海道で希望する賃金と現在の賃金の差額			北海道で希望する賃金と現在の賃金の差額 OLS		
女性	0.0254 (0.0747)	0.0132 (0.0814)	0.0501 (0.0928)	0.0691 (0.0943)	0.0777 (0.0758)	0.0328 (0.0922)	31.32 (41.97)	30.10 (43.68)	67.85 (51.28)	72.73 (56.58)	15.74 (49.92)	70.56 (50.77)
年齢	0.00788*** (0.00265)	0.00511 (0.00319)	0.00308 (0.00319)	0.00658* (0.00344)	0.00920*** (0.00261)	0.00798*** (0.00281)	-1.637 (1.397)	-1.577 (1.546)	-3.645** (1.821)	-0.917 (1.925)	-0.534 (1.504)	-2.865** (1.430)
配偶者有	0.138** (0.0549)	0.0951 (0.0644)	0.131** (0.0619)	0.109** (0.0488)	0.131*** (0.0500)	0.153*** (0.0646)	13.55 (25.38)	-5.537 (30.43)	32.77 (31.16)	3.896 (23.87)	0.217 (28.16)	50.02* (28.16)
大学・大学院卒	0.120** (0.0473)	0.123** (0.0536)	0.105** (0.0536)	0.170*** (0.0471)	0.137*** (0.0488)	0.0716 (0.0550)	26.51 (23.33)	36.22 (26.59)	34.02 (26.53)	35.67 (24.27)	22.22 (27.68)	-14.44 (25.82)
持ち家あり	0.0405 (0.0511)	0.0880** (0.0517)	0.0490 (0.0660)	0.0852* (0.0472)	0.0405 (0.0517)	0.0283 (0.0535)	17.70 (24.40)	31.53 (29.12)	26.39 (31.87)	26.86 (25.93)	26.40 (26.66)	4.172 (25.02)
配偶者あり×正社員・職員で労働	0.0389 (0.0759)	0.0824 (0.0783)	0.0377 (0.112)	0.0636 (0.0798)	-0.00788 (0.0784)	0.0276 (0.0784)	-8.357 (31.18)	8.640 (34.03)	-28.54 (47.37)	-4.007 (35.37)	6.357 (33.41)	-19.33 (35.95)
配偶者あり×非正規で労働	0.0462 (0.0675)	0.0887 (0.0761)	0.0586 (0.0782)	0.0631 (0.0713)	-0.0247 (0.0661)	0.0320 (0.0687)	18.22 (31.18)	40.82 (34.03)	15.49 (33.64)	18.80 (35.37)	31.86 (33.41)	11.80 (32.05)
同一職種を希望	0.0152 (0.0463)	-0.0451 (0.0491)	0.0404 (0.0491)	-0.0249 (0.0431)	0.0391 (0.0434)	0.0295 (0.0485)	12.64 (29.09)	-2.822 (25.10)	7.623 (22.24)	6.719 (20.16)	28.92 (31.09)	16.65 (24.67)
同一企業規模を希望	0.119** (0.0562)	0.139** (0.0491)	0.126** (0.0707)	0.127** (0.0577)	0.0817** (0.0467)	0.120** (0.0579)	41.19 (29.49)	38.80 (39.64)	69.03** (37.62)	39.95 (36.99)	33.84 (32.33)	20.50 (29.85)
同一業種を希望	0.0926** (0.0443)	0.125** (0.0704)	0.117*** (0.0566)	0.111** (0.0438)	0.0683 (0.0475)	0.0995** (0.0494)	14.48 (21.66)	29.77 (26.15)	47.82* (25.93)	20.21 (20.86)	3.306 (21.79)	24.31 (23.41)
希望する通勤時間・対数値	-0.0869* (0.0501)	-0.0935** (0.0469)	-0.00693 (0.0648)	-0.0438 (0.0566)	-0.114** (0.0537)	-0.0704 (0.0515)						
希望する労働時間・対数値	0.00896 (0.135)	-0.0426 (0.0562)	-0.0315 (0.118)	-0.0270 (0.0544)	0.0162 (0.100)	0.0116 (0.0988)						
北海道で希望する通勤時間							-0.691** (0.354)	-0.825** (0.357)	-0.447 (0.421)	-0.447 (0.398)	-0.898** (0.414)	-0.819* (0.477)
現在の通勤時間							0.806 (0.538)	1.293** (0.707)	1.224** (0.573)	1.008 (0.617)	1.029* (0.578)	1.162 (0.727)
現在の労働時間							-306.2*** (27.81)	-312.6*** (36.76)	-327.2*** (35.31)	-304.8*** (26.65)	-309.4*** (30.15)	-257.1*** (24.70)
希望する条件 オフィスがきれいで快適である		-0.247** (0.105)						-100.2** (48.21)				
意見やアイディアを活かす機会がある		0.134* (0.0781)						4.543 (31.26)				
期待するイメージ 技術力・研究開発力がある			-0.105 (0.0999)						-107.6* (56.16)			
安定性がある			-0.167*** (0.0592)						-82.38*** (29.38)			
経営陣や社員に優秀な人材が多い			0.159* (0.0825)						37.33 (43.55)			
積極的である			-0.0342 (0.0689)						-71.47** (35.26)			
伝統がある			-0.0647 (0.0883)						-81.06** (44.13)			
社会や文化への貢献度が高い			-0.0332 (0.0524)						-54.59* (28.45)			

	(1)	(2)	(3)	(4)	(5)	(6)	(7)	(8)
北海道への就職を希望する理由								
自分または配偶者の親の世話をする					0.0248** (0.0118)			
北海道のほうが自然環境が良い					0.0676*** (0.0264)			32.68** (13.70)
北海道のほうが余暇・趣味を楽しめる					-0.00918 (0.0243)			-21.98* (12.01)
北海道のほうが通勤時間が短い					0.0425** (0.0195)			22.49** (10.44)
今の仕事がおもしろくない					0.0406** (0.0190)			12.98 (9.410)
都会での人間関係がわずらわしい					-0.0513*** (0.0168)			-12.74 (9.383)
とにかく生活環境を変えたい					0.0446** (0.0179)			16.30* (9.422)
北海道の地域イメージ								
通勤・通学の便が良い（差の推定では現住地と出生地の差）						0.0509** (0.0250)	2.699 (6.726)	
環境・静けさなどの住環境が良い（差の推定では現住地と出生地の差）						0.0525** (0.0252)	3.433 (8.906)	
近くに家族、親戚がいる（差の推定では現住地と出生地の差）						0.0366*** (0.0119)	6.580 (4.720)	
現在の仕事の満足度								
上司との関係						0.0385** (0.0188)		12.82 (8.398)
同僚・部下との関係						-0.00494 (0.0224)		-19.21** (10.95)
職場の人間関係						0.0612*** (0.0295)		32.04** (14.51)
職場での地位						-0.0405 (0.0240)		-5.711 (12.31)
給与の水準						0.0576** (0.0225)		-6.604 (9.206)
会社の施設や設備						-0.0417 (0.0233)		-31.52*** (9.808)
職場の雰囲気						-0.0498 (0.0260)		-23.73* (12.54)
職務内容						-0.0668** (0.0332)		-14.73 (13.58)
lnsigma	-1.468*** (0.0634)	-1.546*** (0.0726)	-1.546*** (0.0677)	-1.602*** (0.0723)	-1.558*** (0.0686)	-1.564*** (0.0645)		
定数項	15.05*** (0.522)	15.33*** (0.520)	15.05*** (0.490)	14.44*** (0.498)	14.74*** (0.438)	14.89*** (0.416)	4.667*** (418.1)	4.758*** (555.4)	5.159*** (526.6)	4.390*** (425.8)	4.665*** (439.7)	4.085*** (354.6)
観測数	148	130	137	120	140	134	145	127	118	135	135	132
決定係数							0.603	0.633	0.676	0.704	0.641	0.720
対数尤度	-228.7	-191.7	-176.1	-195.7	-205.8	-194.8						

（注1）インターバルリグレッションの場合、数値は平均値で評価した限界効果を表す。ダミー変数の場合は、0から1に変化した場合のものである。OLSの場合、数値は係数の推定値である。
（注2）カッコ内はWhiteの頑健標準誤差。***は1％、**は5％、*は10％で有意であることを示す。
（注3）どの式でも有意差がなかった結果は表から取り除いている。スペースの節約のため主観的尺度については、結果の一部のみ掲載している。

通勤時間や労働時間については，前者の係数が賃金水準の推定式で有意に負となった。通勤時間は短くなってほしいが，賃金水準は高いものを期待するということであり，ここではトレードオフの関係は成り立っていない。差分の式では通勤時間については同様だが，労働時間については負で有意となったので，回答者は労働時間が短いならば賃金水準が低下してもよいと考える傾向にあることが示された。

希望する条件としては，「オフィスがきれいで快適である」が賃金水準と差分の式でともに負で有意，「意見やアイディアを活かす機会がある」が賃金水準に正で有意であった。オフィスが快適であれば賃金水準の低さを補えるが，意見やアイディアを出すことに対してはその対価を求めると解釈できよう。

イメージについては，賃金水準に対しては「安定性がある」が負で有意，「経営陣や社員に優秀な人材が多い」が正で有意であった。差分に対しては，「技術力・研究開発力がある」「安定性がある」「積極的である」「伝統がある」「社会や文化への貢献度が高い」がすべて負で有意である。経営陣や社員に優秀な人材が多い企業では賃金水準も高いと考えて，自らの要求も高めていることが考えられるが，他の項目についてはいずれもこれらのイメージがある企業は魅力的であり，求める賃金水準を妥協してもよいと考えているという解釈ができる。

希望する理由としては，賃金水準に対しては「自分または配偶者の親の世話をする」「北海道のほうが自然環境が良い」「北海道のほうが通勤時間が短い」「今の仕事がおもしろくない」「とにかく生活環境を変えたい」がいずれも正で有意である。これらの理由は，要求水準をむしろ高める方向に働いている。また，「都会での人間関係がわずらわしい」は負で有意であり，人間関係に悩んでいる場合には，賃金が低下してでも北海道に移住したいということがわかる。差分については，「北海道のほうが自然環境が良い」「北海道のほうが通勤時間が短い」「とにかく生活環境を変えたい」が正で有意となり，水準の式と同じ傾向である。一方，「北海道のほうが余暇・趣味を楽しめる」は負で有意であり，余暇や趣味を楽しむためであれば，今よりも賃金水準が低下することを受け入れると解釈できる。

仕事の満足度に関しては，賃金水準の式については，「上司との関係」「職場の人間関係」「給与の水準」が正で有意，「職場での地位」「会社の施設や設備」

「職場の雰囲気」「職務内容」が負で有意である。現在の仕事に満足しているのなら，転職するインセンティブは低いため，要求する賃金水準が高くなるはずである。正で有意になった項目はその仮説と一致するが，そうでない項目も存在した。一方差分の式については，「職場の人間関係」が有意に正，「同僚・部下との関係」「会社の施設や設備」「職場の雰囲気」がいずれも負で，水準の式とほぼ同じ傾向であった。

5 まとめ

　本章では，北海道における UI ターン人材の受け入れやその活用に関する課題を検討するため，需要側である道内企業，供給側である都市部に居住する UI ターン就職希望者からのデータを用いた実証分析を行った。具体的にはまず，道内企業に UI ターン人材がどの程度受け入れられているか，また受け入れのための課題を検討するため，企業向けのアンケートを行い，得られたデータの分析を行った。次に，UI ターン希望者の移動に対するベネフィットとコストに関する考え方について検討するため，UI ターン希望者にアンケートを行い，得られたデータの分析を行った。

　データ分析の結果から，北海道の UI ターン市場の活性化のためには，まず道内企業にとって人材に関する情報が重要であることがわかる。個々の企業が道外人材を採用する際は，求人や面接などの採用コストも高くなるし，情報の非対称性も大きい。したがって，UI ターンを希望する求職者の情報をワンストップサービスで得られるような工夫が必要であろう。それに加えて，他地域での UI ターン活用にかんする成功事例などの情報を共有し，UI ターン者の採用によるベネフィットについて検討する機会が必要だと考えられる。

　一方で，UI ターンによる求職者の方は，転職によって労働に関する経済的改善を望んでいるわけではないが，社会性や人間関係など，生活の質の改善は求めている傾向があるといえる。ただし，企業アンケートと希望者アンケートの結果を見る限り，給与のギャップは妥協しているとみられる求職者の想像を超えていると考えられる。移動コストを払ってでも UI ターン就職するためには，給与面以外でのさらなる魅力の提示が必要になるだろう。

【引用・参考文献】

亀野　淳（2003）．北海道へのUターン・Iターン就職の現状と課題―企業の対応と労働者の意識　北海道大学大学院教育学研究科紀要　第90号，pp.1-23

小杉礼子（2009）．北海道における若者の職業キャリアの展開と課題　労働政策研究・研修機構　地方の若者の就業行動と移行過程　労働政策研究報告書　No.108，pp.51-87

松下敬一郎（1982）．人口移動の理論的接近の試み　東南アジア研究　第20巻第2号，pp.253-259

橘木俊詔・浦川邦夫（2012）．住民の地域移動の要因　橘木俊詔・浦川邦夫［著］　日本の地域間格差　日本評論社

Todaro, M.（1969）. A Model of Labor Migration and Urban Unemployment in Less Developed Countries. *American Economic Review*, Volume 59, issue 1, pp.138-148.

7 ビジネスモデルから みた北海道の銀行業

【要　旨】

　本章では，今後も銀行業は預貸業務を通して，地域金融の中核的な担い手として存立しうるのかという問題意識から，北海道の銀行業が担う預貸業務の現状を概観する。銀行業のビジネスモデルを概説した後，これを参照軸として，北海道における銀行業の現状をマクロ経営環境，業界構造，そしてこれらを与件とする預貸業務の順で検討する。

　北海道の銀行業を巡るマクロ経営環境は厳しく，金融規制の質的な向上，経済・社会における構造変化，情報通信技術の著しい発展などから，伝統的なビジネスモデルは岐路に立たされている。業界構造の側面においても，同質的競争が繰り返される中で，新規参入の脅威や代替品の脅威が銀行業を揺るがせる。さらに，伝統的なビジネスモデルにおいても，その基軸を成す預貸業務に費用効率の面から翳りがさしている。

　銀行業が金融システムの中核を担う地域経済においては，預貸業務の遂行如何が地域経済の帰趨を握るといっても過言ではない。預貸業務，延いては伝統的なビジネスモデルの変革は，喫緊の課題である。

1　はじめに

　銀行業はこれまで，預金の受け入れとそれを前提とする決済サービスの提供，そして貸出金による資金供給というコア業務を一体的に営むスタイルを核とし

て，ビジネスモデルを構築してきた。もちろん，その時々の技術的な発展を取り込み，顧客ニーズに応えながら新たな金融商品・サービスの提供や新たなシステムの導入を図り，現代的な"装い"をその身にまとってきた。しかし，ビジネスの骨格は，近代銀行制度が確立して以来，その"外見"ほどには変わっていない。

だが，今日，銀行業を巡る経済・社会構造の変化や金融規制の変更，あるいは情報通信技術をはじめとするテクノロジーの発展は，預貸業務を基軸とする伝統的なビジネスモデルの持続を脅かす方向に作用し，銀行業はいまや，時代環境に適応した変革を迫られている。さらに，業界構造の見地から銀行業を俯瞰してみても，同質的競争の激化，異業種からの新規参入の脅威，あるいは他業態による代替的な金融商品・サービスの脅威など，預貸業務を採算面から圧迫する要因があまた存在する。

もちろん，地域金融機関といえども，こうした潮流の埒外ではない。むしろ金融システムにおいて銀行業が中軸を担う「地域」においてこそ，ビジネスモデルの持続に関わる課題はより深刻さを増し，個々の金融機関の経営課題であると同時に，「地域」全体の有り様にも大きく関わるという意味で，公共的な課題であるともいえる。

果たして，銀行業はこれからも預貸業務を通して，「地域」の中核的な担い手として存立しうるのか。これが，本章における問題意識であり，北海道の銀行業が担う預貸業務の現状を概観することが，本章の目的であり課題である。以下では，銀行業のビジネスモデルを理論的に整理し，それを参照軸として北海道における銀行業の現状を，マクロ経営環境，業界構造，そしてこれらを与件とする預貸業務の順にみていく。

2 銀行業のビジネスモデル

イギリスに近代銀行制度が成立した17世紀以降，銀行業のビジネスモデルは，その時々の技術的条件や経済社会におけるニーズに応える形で進化を遂げてきた[1]。しかし，そのコア・ビジネスは今日に至るまで綿々と受け継がれている。

伝統的なビジネスモデルをきわめて単純化して示すならば，銀行業は，経済

社会において蓄蔵されたアイドル・マネー（Idle Money）を預金として受け入れるとともに，決済サービスの提供や融資形態による資金の供給を主たる業務としてきた。実際，わが国の銀行法においても，第10条1項で「預金又は定期積金等の受入れ」「資金の貸付け又は手形の割引」「為替取引」の3つが銀行に固有の業務として規定され，これらを営む機関が，法律上，銀行と定義されてきた。伝統的なビジネスモデルの核心は，まさにこの定義と密接に関わっている。すなわち，預金の受け入れおよびそれを前提とする資金決済サービスの提供と，貸出という2つのコア業務を併営し，それを固有のシステムの下で一体的に営むのが，伝統的なビジネスモデルの基本型である。

いま，銀行業の伝統的なビジネスモデルをバリュー・チェーン（Value Chain）を模して表現するならば，

・預金取引を通してのアイドル・マネー（Idle Money）の糾合
・資金の一元的なプールによる貸出可能資金（Loanable Funds）の析出
・貸出先のスクリーニング（審査）と貸出可能資金を原資とする貸出取引の実行
・貸出先のモニタリング（債権管理）と貸出金の回収

という一連の業務プロセスを一体的に営むものとして描くことができる（図7-1）[2]。預金取引と貸出取引は貸出可能な資金（Loanable Funds）の形成をクランプ（鋏）として結び付き，銀行業と顧客の間に生じる預金循環 D…D' と貸出循環 L…L' は，それぞれに固有の時間属性——取引の始期および期間——を以て，独自に展開する。

その一方で，預金循環 D…D' と貸出循環 L…L' の空間的形態に着目するならば，ふたつの循環は必然的に，それぞれに固有の空間属性——資金流動の拡がりや方向性——を以て展開する。このため，銀行業は，預金循環 D…D' と貸出

---

[1] 近代銀行業の成立論理については，さしあたり浜田（1999）を参照。
[2] 銀行業の業務プロセスをバリュー・チェーン（価値連鎖）の視点から考察したものに，本島（2005）第2章，pp.108-130 がある。

162 第3部 基盤強化

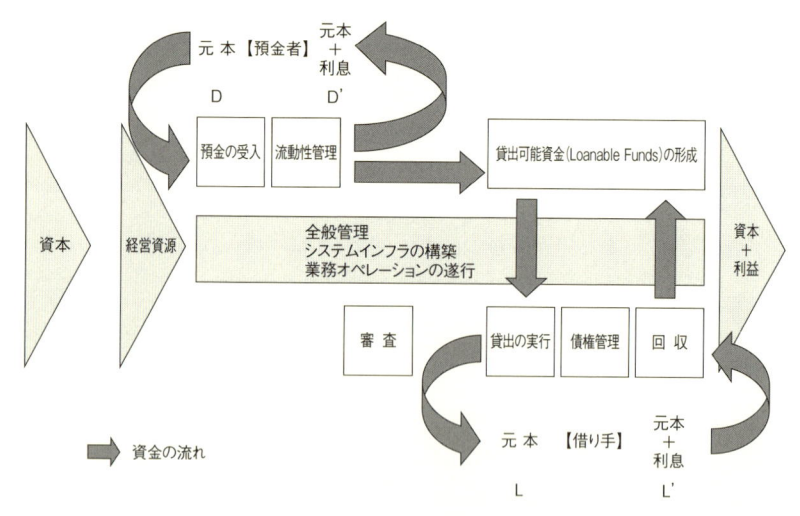

図7-1 伝統的な銀行業のビジネスモデル

循環 L…L' を機能的な側面においてリンクさせるのみならず，これらふたつの循環が展開・完結する空間——預金空間と貸出空間——をそれぞれに編成している。

このビジネスモデルにおいて，粗利益の主要な源泉は預貸業務から得られる資金利益——いわゆる，利ざや——であり，預貸業務に関わる資金利益から人件費や物件費などの営業経費や，貸倒引当金への繰入や貸出金償却などの信用コストを差し引いた残余が純利益となる。もっとも，実際の銀行経営においては，預貸業務に関わる資金利益以外にも，市場運用から得られる資金利益や役務等取引利益（手数料），有価証券等の市場取引から生じる特定取引利益・その他業務利益があり，個別にみれば，これら利益のウエイトが預貸業務に関わる資金利益を上回るケースもみられる。それでもなお，銀行業が中核的な役割を果たしているわが国の資金循環からみれば，銀行業のビジネスモデルは，依然，伝統的な型によって表現されるであろう[3]。

---

3) 銀行業が中核的な役割を担う間接金融においては，相対取引が典型的な取引形態であったが，近年，金融・資本市場を活用しての市場型間接金融の潮流もみられる。市場型間接金融の機能や現状を説いたものに，池尾他編著（2006）がある。

3 預金空間と貸出空間の非対称性

　先に銀行業は自らの事業を継続するために，預貸2つの循環が展開する空間を編成すると述べたが，それは具体的にどのような拡がりをもつものであろうか。まずは，預金空間からみてみよう（図7-2）[4]。

　さしあたり，銀行業の関心が預金の確保にあるものとしよう。銀行業はそこここに散在するアイドル・マネー（Idle Money）を預金として取り込むべく，自らの資本を以て店舗を立地する。これを機に，預金循環は店舗と預金者の間で空間的に展開する。銀行業の意図はより多くの預金の確保にあることから，主体的には預金を求めて自らの関与する空間を漸次拡大するであろう。しかし，預金空間の拡大には自ずと限界が画される。

　では，なぜ預金空間の拡大に限界が画されるのか。そもそも預金者は，予備的な動機や取引動機，あるいは投機的動機など，さまざまな動機から預金を蓄えようとするのだが，そうした行動の多くは預金者の距離抵抗から一定の領域の中で生じると考えられる。すなわち，預金者が各種の預金や決済サービスを利用するためには，基本的に，銀行業の店舗にアクセスしなければならない。その一方で，預金取引に要するコストは店舗までの距離に比例し，店舗が遠ければ遠いほど，預金取引に要する金銭的・非金銭的なコストの増大から，預金者の距離抵抗も大きくなる。こうした距離抵抗の存在は，預金者の行動を空間的に限定する方向に作用するため，預金循環はまず，一定の限られた空間――店周空間――で局地的に展開することとなる。

　他方，貸出空間についてはどうか。いま，店周空間での預金獲得により当該店舗の預貸ギャップが預金超過の状態にあると仮定しよう。このとき，局地的な預金空間に対して，貸出空間の拡がりはそれよりも広域的になる。すなわち，銀行業はより多くの貸出を実行すべく，預金と同様，自らの関与する空間を外へ外へと拡大する。だが，預金空間とは異なり，貸出先側の距離抵抗から貸出空間の外延的な拡大に限界が画されることはない。空間的な拡大に限界を画す

---

4) ちなみに，預金空間と貸出空間はそれぞれ別個の存在として理論上措定することができるが，実際には，2つの空間は部分的に重なり合って現象している。

164　第3部　基盤強化

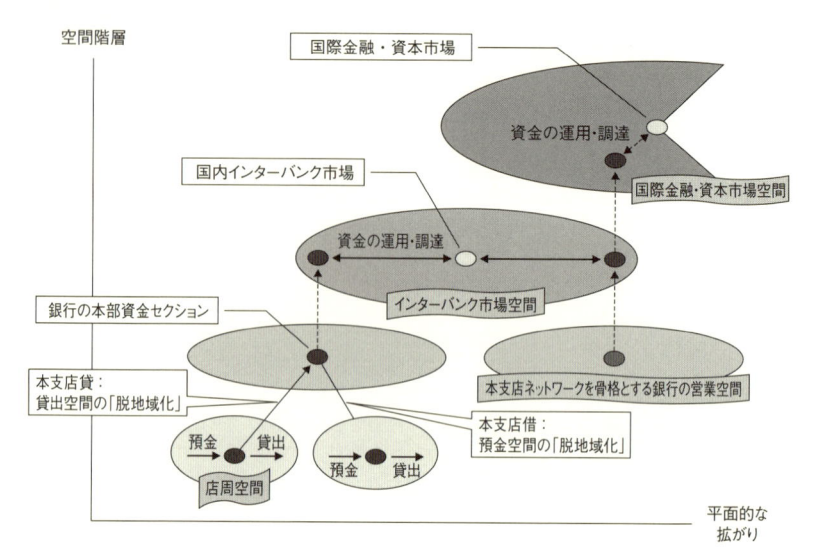

図7-2　預貸空間の拡大と再編

のは貸出先に関する情報の量と信頼性であり，つまりは，銀行業の情報生産において生じる距離抵抗である。それゆえ，貸出循環もまた限定的な空間でひとまず展開し，店周空間を確立する。しかし，預金超過の場合，貸出循環の展開領域は店周空間に限定されない。なぜなら，銀行業は本部資金セクションやインターバンク市場を結節点とする資金移動のネットワークを通じて，国内外の空間を自らの貸出空間として編成しうるからである。これにより，貸出循環はさらなる貸出先を求めて，銀行業の営業エリア全体や国内空間レベル，あるいは国際空間レベルにまで拡大する。

　では，当該店舗の資金ポジションが貸出超過となる場合はどうか。ごく簡単に述べれば，預金超過の場合とは逆に，銀行業は本支店勘定とインターバンク市場を通じて，国内外の空間を自らの預金空間として編成する。このため，預金空間はより広域的に展開し，貸出循環は，専ら店周空間の貸出需要に対応するために局地的な展開に止まるのである。

　このように，銀行業の預貸ギャップがスクエアでない限り，銀行業が編成する預金循環と貸出循環の空間的な拡がりは非対称となる。すなわち，預貸バランスの均衡化を動因として，預金超過の場合には貸出空間が，貸出超過の場合

には預金空間がより広域的に編成されるのである。それゆえ、銀行業の空間編成は狭域的に展開するという意味での「地域性」と、極指向的に循環領域を拡大するという意味での「脱地域性」を併せ持っている[5]。

4 預貸循環の重層的編成と預貸空間

　預金循環と貸出循環は、それぞれに固有の拡がりや方向、境界といった空間特性を持つものであり、それぞれが展開する「場」としての預金空間と貸出空間が非対称的に形成される。しかも、それらは等質的な拡がりを以て形成されるものでもない。なぜなら、それぞれの空間で展開する預貸循環が、店周空間における循環→銀行の営業エリア全体を展開空間とする循環→銀行間の内国的あるいは国際的な循環というように、その展開次元を移行させながら重層的に拡大していくからだ。言い換えるならば、本部資金セクションやインターバンク市場を結節点として、上位の次元で展開する循環が下位の循環を包摂する形で、一個全体としての預貸循環が形づくられているのである。

　重層的に編成される預貸空間において、最も基本的な空間領域は、銀行業が店舗レベルで関与する店周空間である。預貸循環はまず、この店周レベルの狭域的な空間を最小基本単位として、顧客と店舗の間で成立する。だが、この循環が当該領域において完結すること——店舗レベルでの預貸ギャップがスクエアとなること——は極めて稀であり、多くの場合、それは本部資金セクションを結節点とする本支店間の循環に包摂されることとなる。すなわち、本支店勘定を通じる余剰資金の本部資金セクションへの集約と、貸出超過店舗への資金再配分を動因に、銀行業の営業エリア全体を展開領域とするより高次の循環が生じるのである。

　ところで、この本支店勘定を軸に銀行業の本支店間で展開する循環は、次のように捉えることができる（図7-3）。一般に、店舗における資産・負債の大宗

---

5) もっとも、こうした空間拡大的な預貸バランスの均衡化に対して、顧客深耕による空間限定的な均衡化も考えられる。だが、そうした方向に向かうためには、よりローコストな業務システムとより高度な金融仲介技術、あるいはその双方が求められる。

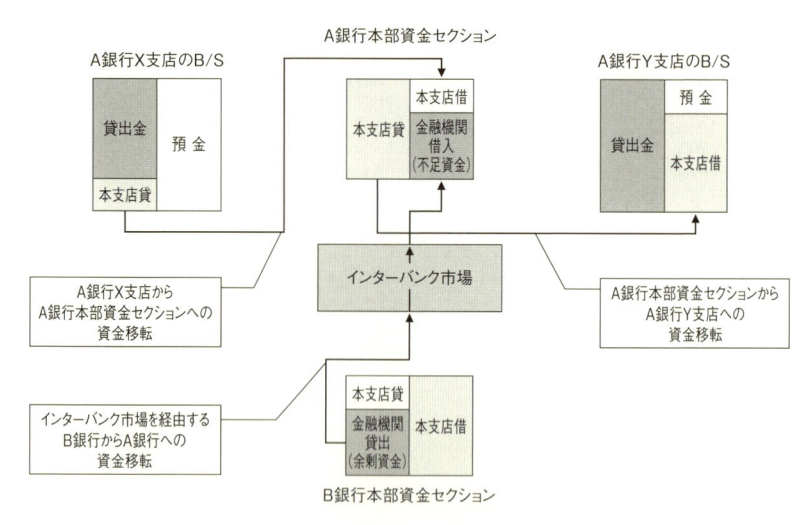

図 7-3 預貸ギャップと資金移転

は貸出金と預金が占め，これら2つの残高は一致しない。例えば，預金残高が貸出金残高を上回り，当該店舗の資金ポジションが預金超過の状態にある場合を考えよう。もし，こうした残高の不一致が調整されなければ，それは預金超過店舗には貸出可能資金の退蔵が，預金不足（貸出超過）店舗においては貸出機会の逸失がもたらされるであろう。

また，預貸業務における損益を店舗ごとに確定させるためには，調達額と運用額を一致させる必要がある。このため，銀行は預金残高と貸出金残高の差額（預貸ギャップ）については，本部資金セクションと店舗との間で資金の貸借（本支店勘定）を立て，本支店レートを以て損益を仕切ることとなる。預金残高が貸出金残高を上回る場合には，当該店舗の預金超過部分について，本部資金セクションへの本支店貸となる。そのうえで，この本支店間の貸借を空間的に捉えるならば，それは当該店舗の所在地から本部資金セクションの所在地への預貸差額相当額の資金移動とみることができるのである。

さらに，こうした本部資金セクションによる資金調整ののち，それでもなお銀行全体として資金の過不足が残存するならば，それはインターバンク市場での貸借を通じて調整される。これにより，インターバンク市場を結節点とするより高次レベルの循環——銀行業間の内国的あるいは国際的な循環——が生じ，

それまで銀行の内部——即ち，店舗周辺や本支店間のレベル——に止まっていた預貸循環の展開領域は行外へと拡大することとなる。

斯くして，店周空間を基本単位に成立する預貸循環は，預貸ギャップの均衡化を動因として，本部資金セクションやインターバンク市場を結節点として拡大し，銀行業が関与する空間もまた重層的に編成されることとなる。

5 銀行業の空間意識と"地域"の析出

これまでみてきたように，預貸それぞれの循環が展開する空間は，その拡がりにおいて非対称であると同時に，空間レベルを異にすることが多い。それゆえ，ある特定の限られた空間——例えば，都道府県や地方ブロックなど——において，銀行業による資金仲介が完結することは極めて稀なケースと考えられる。さらにいえば，銀行業自らが資金仲介を，ある特定の限られた空間で完結しなければならないような強制力が働くわけでもない。

いうまでもなく，銀行業にとっての至上命題は，資本の投下（G）…資本の回収（G'）によって集約的に表現される資本循環を不断に維持することにあり，それは，情報生産や資産変換といった金融仲介技術の如何と業量に依存する。すなわち，ある一定の金利水準を所与として，銀行業は預金と貸出金の量的なバランスを維持しながら，自らの存続に必要な業量を，リスクとのトレードオフのなかで確保する必要がある。

しかしながら，ある特定の限られた空間——銀行業の営業エリア全体——において，預金と貸出金の量的なバランスを保ちながら，必要な業量を確保できる保証はどこにもない。むしろ，資金仲介のプロセスで析出される貸出可能な資金（Loanable Funds）に過不足が生じることが一般的であり，銀行業は往々にして，相対的に過剰な（不足する）貸出可能な資金（Loanable Funds）を如何に運用（調達）するかという課題に直面する。このため，銀行が預貸バランスの不均衡を解決しつつ，Going Concernとして存続するためには，自らが関与する空間を本支店が定在する周辺空間のみに限定することはできないのである。銀行が自ら営む事業を存続させるためにはむしろ，その空間行動を外延的に拡大し，場合によっては，世界経済的なスケールまで射程に入れる必要さえ

ある。この意味において，銀行の空間意識は本来的に"ボーダレス"なものであるといえよう。

●**銀行業の空間意識における"地域"**

その一方で，銀行業の空間行動が外へ向かうためには，自らの空間意識における内と外の峻別，つまり内部空間の措定が必要となる。銀行業が本支店の立地体系によってその骨格が与えられる営業エリアについて，明瞭な境界認識をもつのはこのためである。そして，この内部空間の措定こそが，銀行業の空間意識における"地域"の析出にほかならない。銀行業はこの独自の"地域"概念を前提に，私企業として自らの存続に必要な利益を獲得すべく空間行動を展開する。このとき，銀行業の空間意識にある"地域"と生活圏や行政圏を単位とする"地域"は，その領域において一致する保証はない。言い換えるならば，一方で営業エリアとしての"地域"を意識しつつも，他方では，資金循環の「脱地域化」を図る銀行業にとって，生活圏や行政圏としての"地域"は展開空間の部分でこそあれ，すべてではないのである[6]。

こうして析出された"地域"は，形式的にはより上位のスケールの空間に包摂されうるものであるが，実質的には，銀行業によって組織化された空間として，隣接する空間に対して一定の排他性を持つものである。だが，このことは，銀行業にとっての"地域"が自らの事業を完結させる空間であることを意味するものではない。このため，銀行業は，一方において内部空間としての"地域"を確定しつつも，空間行動の方向性においては外延的な拡大を指向するのである。

6 預貸業務を巡るマクロ経営環境

これまで銀行業のビジネスモデルと預貸のポジション調整を動因とする資金

---

6) なお付言するならば，銀行業による空間編成を動因とする"地域金融"の実態と，生活圏や行政圏としての"地域"における金融システムのあるべき姿との隔たりに，"地域金融"問題の所在がある。

7 ビジネスモデルからみた北海道の銀行業

表7-1 預貸業務を巡るマクロ経営環境

Political Factors (政治的要因)	・プリンシプル・ベースの監督導入 ↓ ベター・レギュレーションの深化 ・「地域密着型金融」の恒久化 ↓ ビジネスモデルの持続可能性	自己責任の経営 収益力の強化
Economic Factors (経済的要因)	・グローバリゼーションの進展 ↓ 経済取引における「市場化」促進 ・「官依存型」経済システムの行き詰まり ↓ 衰退する地域経済とその活性化	→ 伝統的な ビジネスモデルの限界
Sociocultural Factors (社会的要因)	・少子・高齢化の進展と人口減少 ↓ 地域経済・社会の衰退 ・生活設計における「不確実性」の増大 ↓ 「安心・安全」志向の高まり	営業基盤の再構築
Technological Factors (技術的要因)	・情報通信技術の進歩 ↓ ネット取引の普及 モバイル化 取引の24時間化,シームレス化 ・ビッグデータの集積とその活用	システムの対応

　流動——いわば,地域金融の視座——について概説してきた。以下では,北海道を例に,銀行業のビジネスモデル,なかでもその核心ともいえる預貸業務にもっぱら注目して,現状をみてみよう。表7-1は,預貸業務を巡るマクロ経営環境をPEST分析のフレームワークに沿って整理したものである[7]。

● 6-1　政治的要因（Political Factors）

　政治的要因で注目すべき点は,2007年から金融監督の基本的なスタンスが変化したことである。即ち,それまでの「ルール・ベース」の金融監督に加えて,「プリンシプル・ベース」の金融監督が導入された。詳細なルールを設定し,それを個別事例に適用していくという「ルール・ベース」の金融監督と,14項目の主要な原則（プリンシプル）を示し,それに沿った金融機関の自主的な取組みを促す「プリンシプル・ベース」の金融監督とを組み合わせることで,金融規制の実効性を確保しようとするものである。

---

7) PEST分析に関しては,Fleisher and Bensoussan (2002)／菅澤監訳 (2005) 第17章, pp.293-309を参照。

また、地域金融機関に対しては、2007年の監督指針の改正において「金融機関の自由な競争」「自己責任に基づく経営判断の尊重」「地域の利用者の目を通じたガバナンス」が盛り込まれた。2011年の改正ではさらに、地域密着型金融の目指すべき方向として「地域密着型金融をビジネスモデルとして確立」が掲げられた。

● 6-2 経済的要因（Economic Factors）

経済的要因では、「グローバリゼーション」の進展がそのひとつとして挙げられよう。ヒト・モノ・カネと情報が地球規模で流動し、経済活動における効率性は極限まで高められようとしている。ここで注目したいのは、世界経済が融合と連携を深化させるのと同時に、各種ネットワークのインターフェイスとして「市場化」もまた進展しているということである。ことに、金融面における「市場化」の進展は著しく、効率性とともに不安定性をももたらしている。

地域経済に関しては、政府間財政トランスファーとそれを財源とする官公需に依存した、いわゆる「官依存型」経済システムが行き詰まりをみせている。地域経済の疲弊感が次第に強まる中で、地域資源を活用した活性化策が様々に模索されているが、他方では、少子・高齢化、人口減少が進み、地域経済の活性化は時間との闘いとなっている。

● 6-3 社会的要因（Sociocultural Factors）

他の要因にも況して、最も重視すべきは「少子・高齢化の進展と人口減少」である。少子・高齢化の進展と人口減少は、経済活動の担い手不足——生産面における低迷・衰退——や、各種の財・サービスに対する買い手の減少——支出面における低迷・衰退——に直結し、地域の存立を危ういものとしている。金融面に限ってみても、高齢化の進展は金融資産の取り崩しを通して、個人金融資産を減じる方向に作用するとともに、高齢者の都市部への移転や相続に伴って、金融資産が地方から都市部へ流出する可能性を孕んでいる。

他方では、年金、医療、介護に関わる各種制度の先行きや、自治体財政の健全化に伴う住民サービス低下などから、生活設計上の「不確実性」も増大している。こうした状況を映じてか、家計の金融商品・金融機関の選択では、「老後

の生活資金」「病気や不時の災害への備え」を目的とするものが多い。選択に際しては,「元本が保証されているから」「取扱金融機関が信用できて安心だから」が重視され,安全性に対する指向がうかがわれる[8]。

● 6-4　技術的要因（Technological Factors）

近年,情報通信技術は著しい発展をみせている。デバイスの処理能力や通信速度,セキュリティー技術の向上はもとより,それらを基盤とするネット取引の普及,モバイル端末を利用したモバイルバンキングの提供,取引所の世界的な連携や電子取引システムによる取引の24時間化,あるいは夜間取引市場を活用した日中・夜間取引のシームレス化等々,金融サービスの利用環境は時間や空間による制約を克服する形で広がりをみせている。

また,取引を通じて,膨大な情報がアーカイブされるようになってきた。他方で,いわゆるビッグデータの解析技術も高度化し,データベース・マーケティングの精度向上をはじめ,多くの業務分野での応用が進み,業務プロセスの改革に役立てられている[9]。金融機関の視点から構築されてきたこれまでの業務システムも,顧客起点の業務プロセスとその実現をサポートするシステムに取って代わられようとしている。

きわめて概括的ではあるが,このように預貸業務を巡るマクロ経営環境を整理してみると,銀行業に対しては,金融監督行政におけるスタンスの変化を通して,「自己責任による経営」の確立が強く求められている。また,経済的要因からは,伝統的な相対取引に加えて,「市場化」の進展に対する対応,衰退する地域経済への対応という課題が突きつけられており,これらの課題を解決するためには,自らの「収益力の強化」を図り,財務基盤をより強固なものとして

---

[8] 金融広報中央委員会「家計の金融行動に関する世論調査〔二人以上世帯調査〕」（URL：http://www.shiruporuto.jp/finance/chosa/kyoron_futari/　2013年12月9日確認）を参照。

[9] 例えば,北洋銀行ではITサポートによるBusiness Process Reengineeringが進められているほか,北海道銀行では顧客情報データベースを活用したEvent-Based Marketingを実践している。

おく必要がある。だが，社会的要因でみたように，少子・高齢化と人口減少の進展は，銀行業が依って立つ営業基盤を掘崩してしまうかもしれない。その意味では，「収益力の強化」は「営業基盤の再構築」と同時に進める必要がある。さらに，情報通信技術をはじめとして，高度化する技術の取り込み，あるいは技術を体化した各種のシステム機器の導入や，それらと歩調を合わせての業務プロセスの見直しなど，「システム化対応」も避けて通れない。

7 預貸業務を巡る競争要因

このようなマクロ経営環境の変化の中で，銀行業の伝統的なビジネスモデルは，果たして持続することができるのだろうか。ここでは性急な解答を控えて，競争要因という視点から，いま少し銀行業の経営環境を眺めておこう。図7-4は，預貸業務を巡る競争要因を業界構造分析のフレームワークに沿って整理したものである[10]。

● 7-1　業界内の敵対関係

一般に，業界内の敵対関係が強いほど，競争の程度は激しくなり，潜在的な収益性は低くなる。北海道における金融機関店舗ごとの預金・貸出金残高をもとに，修正ウィーバー法によって市・郡部別に金融機関の代表類型をみると，おおよそ札幌が銀行型，それ以外の地域が銀行と信用金庫の混合型に分類することができる。ハーフィンダール指数からみた市場集中度では，総じて札幌が競争型，それ以外の地域が低位寡占型に分類される[11]。また，市場成長率の面では，預金残高が平均3％程度（1998年度末残比），貸出金残高が前年比マイナス1.5％（同）という状況が久しく続いている。言い換えるならば，取り扱う金融商品・サービスの差別化の程度は小さく，市場成長が大きく見込めない中で，同質的な競争（金利・手数料競争）が繰り広げられている。さらに，金融機関

---

[10] 業界構造分析に関しては，Porter (1980) が原典である。実際の分析に適用する際のマニュアル的な解説は，Fleisher and Bensoussan (2002)／菅澤監訳 (2005) 第6章，pp.63-79 で与えられる。

[11] 詳しくは，齋藤 (2003) を参照されたい。

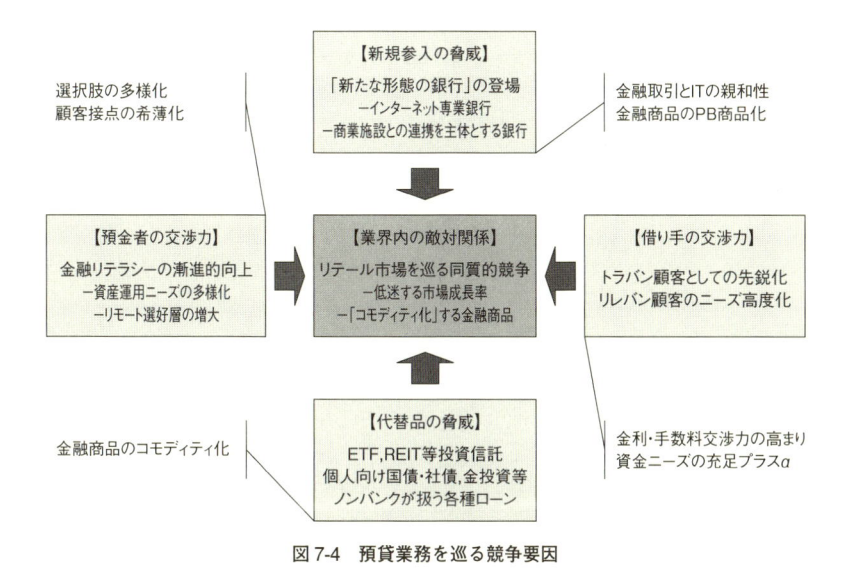

7 ビジネスモデルからみた北海道の銀行業

【新規参入の脅威】
「新たな形態の銀行」の登場
－インターネット専業銀行
－商業施設との連携を主体とする銀行

選択肢の多様化
顧客接点の希薄化

金融取引とITの親和性
金融商品のPB商品化

【預金者の交渉力】
金融リテラシーの漸進的向上
－資産運用ニーズの多様化
－リモート選好層の増大

【業界内の敵対関係】
リテール市場を巡る同質的競争
－低迷する市場成長率
－「コモディティ化」する金融商品

【借り手の交渉力】
トラバン顧客としての先鋭化
リレバン顧客のニーズ高度化

金融商品のコモディティ化

【代替品の脅威】
ETF,REIT等投資信託
個人向け国債・社債,金投資等
ノンバンクが扱う各種ローン

金利・手数料交渉力の高まり
資金ニーズの充足プラスα

図7-4 預貸業務を巡る競争要因

経営の公共性を鑑みれば，北海道拓殖銀行の破綻（1997年）に伴う営業譲渡，北洋銀行と札幌銀行の合併，信用金庫業界における合併が散見されるものの，元来，当該業界の撤退障壁は高く，業界の競争を激化させる一因となっている。

● 7-2 新規参入の脅威

新規参入は，金融商品・サービスの供給能力が増えるので，業界における競争を激化させる方向に作用する。北海道においては，既往金融機関による営業譲渡・譲受，合併がみられたものの，新規の設立・開業は近年行われていない。

しかし，2000年開業のジャパンネット銀行以降，2001年にはアイワイバンク（現在のセブン銀行），ソニー銀行，イーバンク（現在の楽天銀行）が開業，2004年に日本振興銀行（2010年破綻）が，2005年には新東京銀行が開業するなど，「新たな形態の銀行」が新規参入を果たした[12]。これらの銀行はインターネット専業銀行であったり，商業施設との連携を主体にする銀行であったりし，イ

---

12) 「新たな形態の銀行」としては他に，イオン銀行，住信SBIネット銀行，じぶん銀行，大和ネクスト銀行がある。

ンターネットや現金自動預け払い機（ATM）を活用する形で，伝統的な銀行業のビジネスモデルが帯びている空間制約の打開が図られている。その上で，店舗と人員を持たないコスト面での優位性を活かした薄利多売や，一部の業務——例えば，決済業務や資産運用業務，中小企業向け貸出業務など——への特化，保険や証券など金融他業態とのシナジーを追求している。

● 7-3　代替品の脅威

代替的な金融商品・サービスについては，価格・金利以外が規格化された各種の証券や，ノンバンクが取り扱うローン商品が，収益性の面で魅力を失った預金に替わる資金運用手段，あるいは既往の金融機関が設定する貸出金利・手数料の上限を画しているという点で銀行業の預貸業務と代替的な関係にある。例えば，銀行業の窓口では，1998年から投資信託の販売が解禁され，2001年からは保険商品の窓口販売が開始された。これらは低金利の預金に対する代替商品として，銀行業の窓口においても積極的に取り扱われているほか，低迷する資金利益を補完する非金利収益の源泉としても認識されている。また，ノンバンクが取り扱うローン商品，とりわけ住宅ローンに関しては，ローコスト・オペレーションを背景とした低金利・低手数料が，銀行業が取り扱う住宅ローンに対する直接的な脅威となっている。住宅ローンは，基本的な商品設計において差別化の程度が小さく，金利・手数料競争が激化する中で，いまや取扱金融機関のすべてを巻き込んで消耗戦の様相を呈している[13]。

● 7-4　預金者・借り手の交渉力

預金者の交渉力については，少数の大口預金者を除けば，その数は多数に上り，個々の預金者，とりわけ個人の交渉力は総じて低いと判断される。しかし，その一方で，個人顧客の金融リテラシーは，金融教育による啓蒙はもとより，氾濫する金融情報とそうした情報を編集し解説する雑誌特集，ファイナンシャルプランナーなど専門家によるアドバイスを受けて，漸進的に向上している。

---

[13] 北海道のケースを含めて，住宅ローンを巡る近年の競争と銀行業の戦略対応については，齋藤（2013）を参照されたい。

身につけた金融知識は金融商品・サービスの選択や金融機関選択に活かされ,選別を通して銀行業経営にプレッシャーをかけている。また,金融機関によるATMへの利用誘導や,パソコンやモバイル端末によるインターネットバンキングの普及はリモート選好層を増やし,顧客との接点を希薄化させている。

他方で,中小企業や個人が大勢を占める地域金融では,借り手の交渉力は全般に低いと考えられるが,長引く不況を背景に資金需要が低迷する中では,優良な借り手を巡る競争が激化する傾向にある。一般に,借り手に関しては,金利・手数料を重視しスポット的な取引を選好するトランザクションバンキング顧客と,金利・手数料もさることながら,長期継続的な取引関係をより重視するリレーションシップバンキング顧客とに分けることができる。近年では,前者においては低金利・低手数料を選好する姿勢がより先鋭化し,後者においては資金ニーズの充足プラス a が求められている[14]。

このように,預貸業務を巡る競争要因を一覧してみると,銀行業同士が同質的な競争を繰り広げる中で,新規参入の脅威や代替品の脅威が競争のより一層の激化をもたらしており,預貸業務の収益性を圧迫する方向に作用していると考えられる。また,市場成長率が低迷する一方で,預金者,借り手のニーズが多様化・高度化し,伝統的な薄利多売による量的拡大戦略だけでは収益の確保が困難になっている。言い換えるならば,顧客サイドから差別性を催促されている格好だ。差別化を進めるためには,人的にも物的にも新たな投資が不可欠であり,コスト負担はいやが応でも増嵩する環境にある。これらの点を勘案すると,伝統的な預貸業務はいまや変革の岐路に立たされていると言っても過言ではない。

8 道内金融機関が担う預貸業務の現状

これまでみてきたように,伝統的な預貸業務を巡る環境は厳しく,1998年3

---

[14] リレーションシップバンキングとトランザクションバンキングについては,多湖(2007)第3章,pp.69-131が詳しい。

図 7-5　道内金融機関の預貸率

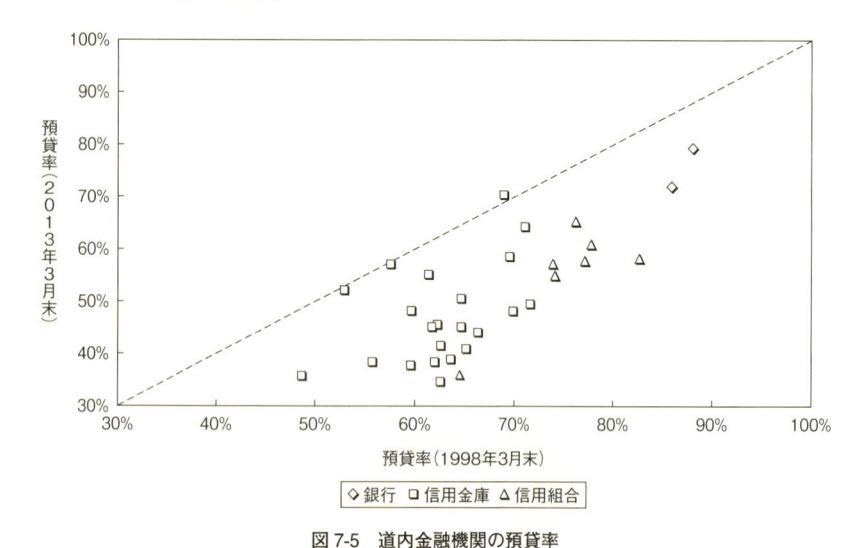

（データ出所）　札幌北洋 H, ほくほく FG 各ディスクロージャー誌,『全国信用金庫財務諸表』,『全国信用組合財務諸表』。

月期以降——言い換えるならば，北海道拓殖銀行の破綻以降——に限ってみても，預貸ギャップが拡大する傾向にある。以下では，北海道における銀行業の預貸業務について，いくつかの指標から，その現状を概観しよう。なお，比較基準年として 1998 年 3 月期決算を用いているが，これは 1997 年 11 月に起きた北海道拓殖銀行の経営破綻以降の動向をみようとする意図からである。

　図 7-5 は，北海道に本拠を構える銀行業——2013 年 3 月末現在，銀行 2，信用金庫 23，信用組合 7 の合計 32 金融機関——を対象に，1998 年度 3 月末の預貸率（末残ベース）と 2013 年 3 月末の預貸率（同）をプロットしたものである。北海道の金融機関全体の平均預貸率は，1998 年 3 月末が 66.42％，2013 年 3 月末が 50.20％と，直近の 15 年間で 16.20％ポイント低下している。預貸差額の平均では，1998 年 3 月末の 739 億円から 2013 年 3 月末には 2025 億円にまで拡大している。預金，貸出金それぞれの残高増減（図 7-6）では，すべての金融機関が例外なく貸出金残高の増加率（1998 年 3 月末比）が預金残高の増加率（同）を下回っており，預貸ギャップの拡大が相対的にも，絶対的にも，預金が増加（1998 年 3 月末比，年平均伸び率 2.99％）する中での貸出金の低迷（同▲1.48％）によっ

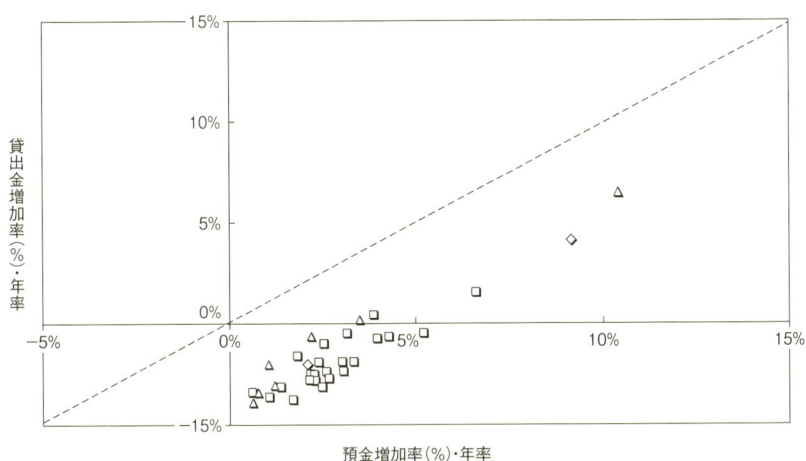

図7-6 道内金融機関の預金・貸出金増加率(1998年3月末との対比)

(データ出所) 札幌北洋 H, ほくほく FG 各ディスクロージャー誌,『全国信用金庫財務諸表』,『全国信用組合財務諸表』。

てもたらされていることがわかる。

業態別では，平均預貸率が，2つの時点いずれにおいても銀行が最も高く（1998年3月末：86.92%，2013年3月末：75.88%），以下，信用組合（1998年3月末：75.12%，2013年3月末：55.84%），信用金庫（1998年3月末：61.99%，2013年3月末：46.26%）の順となっている。ただ，平均的な預貸率の下げ幅は，信用組合，信用金庫，銀行の順となっており，相対的に資産規模の小さな業態ほど預貸率の下げ幅が大きいことがわかる。預貸差額の面では銀行が最も大きく，平均で1998年3月末の3346億円から2013年3月末の1兆3145億円まで，1行あたり9798億円拡大した。信用金庫の預貸差額は平均で，1998年3月末の695億円から2013年3月末の1556億円と，その幅は860億円拡大した。銀行と比べるとその拡大幅の小ささは歴然としているが，他方で北海道の信用金庫全体でみると，預貸差額の拡大幅は23信用金庫の合計で2兆円弱（1兆9790億円）に上り，その拡大規模は銀行を上回る。こうした預貸差額の拡大は，信用組合においてもみられる。信用組合では，1998年3月末の137億円から2013年3月末の388億円に拡大した。

預金残高の増減（1998年3月末比）では，銀行の伸びが頭ひとつ抜けており，信用金庫，信用組合とも年率2.82％の伸びであるのに対して5.62％と，ほぼ倍の伸びをみせている。しかし，貸出金残高の増減（同）をみると，さしもの銀行も年率で1.07％の伸びにとどまっており，預貸ギャップの拡大が貸出金の相対的な低迷によるものと推察される。これに対して，信用金庫，信用組合はそれぞれ▲1.89％，▲0.88％と，貸出金残高が減少する傾向にある。1998年3月期以降，貸出金残高全体が減少する中で，いわば銀行と信用金庫がシェアを食いあい，コスト面で優位に立つ——借り手に対してより低利な条件提示が可能な——銀行に軍配が上がった格好だ。

このように，北海道の金融機関においては，直近15年間で預貸ギャップが率，額ともに拡大してきた。このことが直ちに，北海道における金融システムの機能低下を意味するものではないが，道内金融機関の預貸バランスが常に預金超過の状態にあり，預貸ギャップが経年的に拡大しているという事実には留意しておく必要がある。預貸業務の収益的側面に注目するならば，預貸ギャップの拡大は同質的な競争と相俟って貸出金利息の減少をもたらし，延いては預貸業務における損益の悪化を招来するからである。金融システムの担い手として公共的な性格を帯びつつ，銀行業は生来，私企業として存立しているものであり，業務を維持・継続，あるいは拡充を図るのに十分な利益を必要とする。それゆえ，業務遂行上，必要な利益を安定的に確保することが困難になれば，北海道，あるいは道内各地域の成長・発展に必要な資金の蓄積と円滑な融通もまた阻害されることとなる。

9 道内金融機関のコア業務とその収益性

図7-7は，1998年3月期との対比で，道内金融機関のコア業務粗利益率とコアOHR（Overhead Ratioの略）の変化幅をプロットしたものである。ここでコア業務として取り扱っているのは，預貸業務を含む資金運用・調達業務と役務取引等に関わる業務であり，それぞれに対応する粗利益として，資金利益と役務取引等利益が開示されている。これら2つの粗利益は，いわば銀行業の本業において獲得した粗利益であり，有価証券の売買損益や貸出金償却・貸倒引

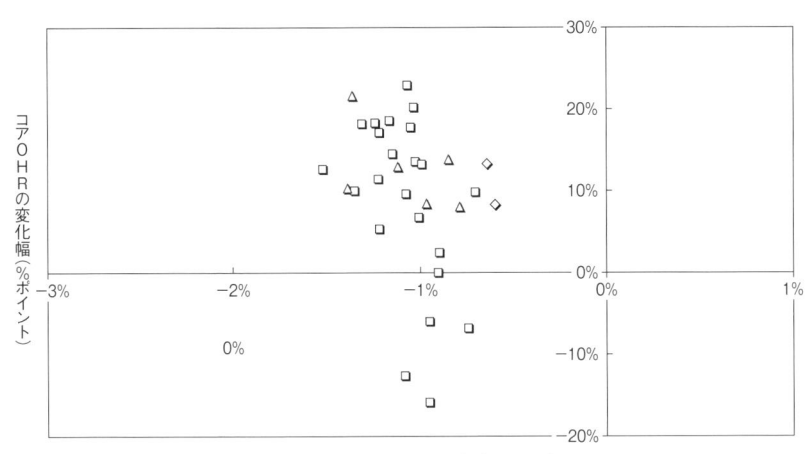

図 7-7　道内金融機関のコア業務粗利益率と費用効率（1998 年 3 月期との対比）

（データ出所）　札幌北洋 H，ほくほく FG 各ディスクロージャー誌，『全国信用金庫財務諸表』，『全国信用組合財務諸表』。

当金の繰入などは含まれていない。このため，コア業務粗利益率とコア OHR は，銀行業本来の収益性・費用効率を測る基礎的な指標といえる。なお，本章での計算式は，以下の通りである[15]。

$$\text{コア業務粗利益率} = (\text{資金利益} + \text{役務取引等利益}) \div \text{有形・無形固定資産，繰延税金資産，支払承諾見返を除く資産}$$

$$\text{コア OHR} = \text{営業経費} \div (\text{資金利益} + \text{役務取引等利益})$$

以上を踏まえて，あらためて図7-7 をみると，個々の道内金融機関を示す点はすべて，グラフの第 2 象限と第 3 象限に分布し，1998 年 3 月期以降，本業の収益性が例外なく悪化していることがわかる。道内金融機関全体の平均で，コ

---

[15] コア業務粗利益率やコア OHR は，業態を跨いでの比較を行うために，銀行，信用金庫，信用組合の貸借対照表，損益計算書から，筆者が本文に記した算式に基づいて算出したものである。このため，算出された数値は金融機関が開示している値とは異なることをあらかじめ断っておく。

ア業務粗利益率は1998年3月期比0.98％ポイント低下した。業態別の平均では，銀行が▲0.62％ポイント，信用金庫が▲1.08％ポイント，信用組合が▲0.74％ポイントとなっており，信用金庫における収益性の悪化が目につく。コア業務粗利益率の動向に関しては，概して役務取引等利益が比較的堅調に推移し，低金利下で資金調達費用も減少していることから，コア業務粗利益率の低下はもっぱら資金運用収益——利息，配当といったインカムゲイン——の減少によるものと推察される。金利の低下や競争による貸出金利回りの低下と，貸出金残高の減少がダブルパンチとなって，貸出金利息の減少，延いては資金運用収益の減少をもたらしているのだろう。

　他方で，コアOHRの面では，4つの信用金庫に費用効率の改善（コアOHRの低下）がみられるものの，残りの大部分は第2象限に分布しており，1998年3月期よりも費用効率が悪化していることがみて取れる。道内金融機関全体の平均で，コアOHRの変化幅は9.94％ポイント上昇し，業態別の平均では，銀行が10.88％上昇，信用金庫が8.76％ポイントの上昇，信用組合が13.56％ポイントの上昇となっている。費用効率が悪化した背景には，営業譲受や合併による行員・職員の増加もさることながら，店舗数の増加と1店舗あたりの物件費の上昇によって物件費全体が膨らんだことによるところが大きい。

　わずかに2つの指標に依拠した見立てではあるが，それでもなお道内金融機関のコア業務に関しては，直近の15年間で「低収益・高コスト」体質が次第に露わになってきたように思われる。一部の金融機関では投資信託や保険商品の窓口販売を通して，役務取引等利益の増強を図っているものの，多くの金融機関では未だ，預貸業務を基軸とした伝統的なビジネスモデルを変革するに至っていない。

10　道内金融機関の預貸業務と費用効率

　では，当の預貸業務の状況はどうか。貸出金利息と預金利息については，資金利益の内訳科目として開示されているが，営業経費に関しては，業務ごとの配賦比率は明らかにされていない。本章では，預貸業務に関わる経費として，さしあたり営業経費全体の98％と措いている[16]。これは，ほとんどの金融機関

では，有価証券運用業務に携わる人員数が全行員・職員数（役員数を含む）の2％に満たないことを反映したものである。なお，預貸業務に関わるOHRの計算式は，以下の通りである。

$$預貸業務OHR＝（営業経費 \times 0.98）÷（貸出金利息－預金利息）$$

図7-8は，上式に基づいて，1998年3月期と2013年3月期の預貸業務OHRを算出し，個々の金融機関の値をプロットしたものである。1998年3月期において，道内金融機関全体の預貸業務OHRは平均で97.25％，このことを裏返していえば，預貸利ざや（＝貸出金利息－預金利息）に対して2.75％の利益が得られたということだ。業態別の平均では，銀行が74.32％，信用金庫が104.62％，信用組合が79.59％となっており，信用金庫における費用効率の低さが際立っている。ちなみに，預貸業務OHRが100％を超過しているということは，預貸業務のみでは銀行業として存立し得ず，他の業務による利益補完——例えば，余資のマネー・マーケットでの運用や有価証券運用によるインカムゲイン，キャピタルゲインなど——が必要な状況にあることを意味する[17]。

さらに，2013年3月期をみると，状況はより悪化する。道内金融機関全体の預貸業務OHRは平均で100％を超え，113.79％と預貸業務それのみでは銀行業経営が成り立たない状況に陥っている。業態別平均でみても，費用効率の悪化がすべての業態においてみられる。すなわち，銀行の預貸業務OHRが80.03％と，1998年3月期比5.71％ポイント上昇したほか，信用金庫が119.83％（1998年3月期比15.21％ポイントの上昇），信用組合が103.60％（同24.01％ポイントの上昇）と，預貸業務における協同組織金融機関の苦境が露わになっている。図7-9は，2013年3月期におけるコアOHRと預貸業務OHRの分布をプロットしたものである。預貸業務OHRが100％超の金融機関も含めて，道内金融

---

16) この仮定は，多湖（1999）第2章，pp.53-104に負う。
17) このことを言い換えるならば，預貸業務の費用効率が（構造的に）低い金融機関ほど，補完的な利益を獲得するのに十分な余資を抱えなければならず，その結果，預貸率は相対的に低位にとどまる蓋然性が高いと考えられる。と同時に，人口減少など社会構造的な変化によって預金基盤が掘り崩され，残高が純減するような事態にひとたび陥ると，余資運用による利益補完を当て込んだ形での預貸業務の遂行は困難になる。

182 第3部 基盤強化

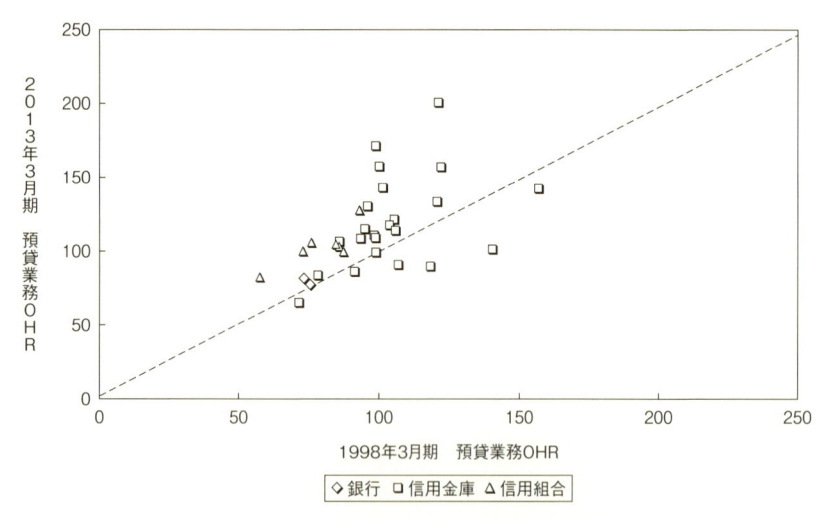

図 7-8 道内金融機関の預貸業務の費用効率

（データ出所）　札幌北洋 H, ほくほく FG 各ディスクロージャー誌,『全国信用金庫財務諸表』,『全国信用組合財務諸表』。

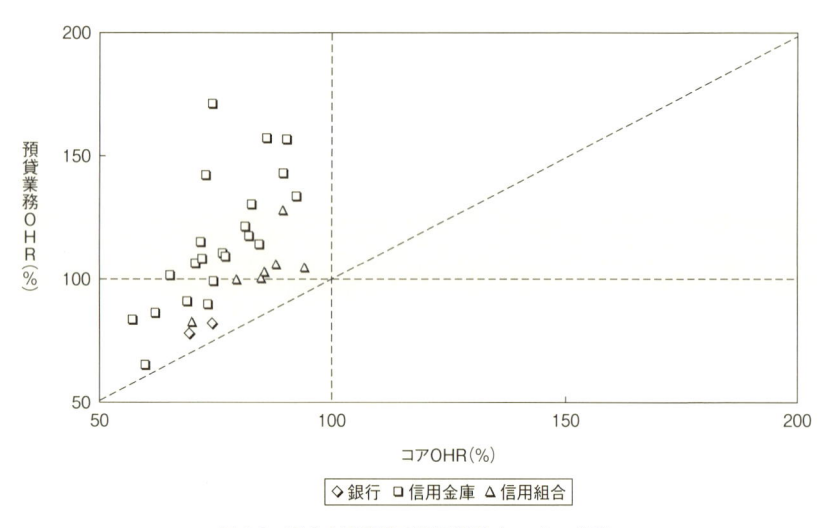

図 7-9 道内金融機関の費用効率（2013 年 3 月期）

（データ出所）　札幌北洋 H, ほくほく FG 各ディスクロージャー誌,『全国信用金庫財務諸表』,『全国信用組合財務諸表』。

表 7-2　預貸業務 OHR の分布（2013 年 3 月期）

	金融機関数	銀行	信用金庫	信用組合
60% ～ 69%	1		1	
70% ～ 79%	1	1		
80% ～ 89%	5	1	3	1
90% ～ 99%	3		2	1
100% ～ 109%	8		4	4
110% ～ 119%	4		4	
120% ～ 129%	2		1	1
130% ～ 139%	2		2	
140% ～ 149%	2		2	
150% ～	4		4	
合　　計	32	2	23	7

（データ出所）　札幌北洋 H，ほくほく FG 各ディスクロージャー誌，『全国信用金庫財務諸表』，『全国信用組合財務諸表』。

機関のすべてが預貸業務 OHR よりも，コア OHR の方が低い水準にあり，余資運用やフィー・ビジネスが預貸業務の遂行を利益面から補完している様がみて取れる。

　表 7-2 は，道内金融機関の預貸業務 OHR の分布を業態別，OHR 水準別にまとめたものである。この表から，2013 年 3 月期現在で，預貸業務の採算性が曲がりなりにも確保されている金融機関は 10 を数えるにすぎず，全体の 2/3 強が採算割れの状態にあることがわかる。さらにいえば，貸出金償却や貸倒引当金の繰入，債権売却損等，あるいは償却債権取立益など，いわゆる信用コストを加味すると，採算割れとなる金融機関はさらに増えるであろうことが予想される。もちろん，このことが直ちに預貸業務の機能不全をもたらすものではないが，先にみた預貸業務を巡る経営環境を勘案するならば，採算性の大幅な改善を見通すことは困難である。その意味で，預貸業務の採算性については，不況下における循環的な要因による悪化というよりは，構造的な課題——「低収益・高コスト」体質の露呈——として捉えておく必要がある。

11 むすびにかえて

　これまでみてきたように，道内金融機関が担う預貸業務の経営環境は厳しく，経済・社会的な構造変化，あるいは同質的な競争——金融商品・サービスの差別化の程度が小さく，限られた優良貸出先を巡っての消耗戦——が繰り返される中で，預貸業務の採算性は著しく悪化し，預貸業務を基軸に据えた伝統的なビジネスモデルはいまや，岐路に立たされている。金融機関が常套手段としてきたマス・リテール戦略の Key Factor of Success は，「如何にしてコストダウンを図り，クリティカルマスを確保するか」に集約されるが，少子・高齢化の進展，人口減少社会の到来は，金融機関が依って立つ営業基盤を根底から揺さぶり，長引く不況とともに，市場成長にとっての大きな制約となっている。

　他方で，道内金融機関には疲弊する地域経済のリード役，あるいは多様化・高度化する顧客ニーズへの対応が期待されており，資金仲介プラスαの機能が求められている。情報通信技術の発展も，金融機関のシステム対応を催促する方向に作用し，新たな投資に対する負担が金融機関の収益を圧迫する要因となっている。

　さらに，金融監督の基本的なスタンスにも変化が生じ，従来の「ルール・ベース」の金融監督に加えて，「プリンシプル・ベース」の金融監督が導入された。金融監督の指針には，「金融機関の自由な競争」「自己責任に基づく経営判断の尊重」「地域の利用者の目を通じたガバナンス」が盛り込まれ，後には，地域密着型金融の目指すべき方向として「地域密着型金融をビジネスモデルとして確立」が付け加えられた。

　こうした経営環境の変化は，もはや一過性のものではなく，不可逆的な構造的変化として捉える必要があり，その意味では，銀行業のビジネスモデル，なかんずく，その基軸を成す預貸業務もまた変革を迫られていると言っても過言ではない。預貸業務における採算性の悪化について，その改善は基本的に，個々の金融機関の裁量に委ねるべきものではあるが，預貸業務の遂行如何は地域金融の有り様に多大な影響を与える。そして，かかる点において，道内金融機関には将来を見据えた戦略的対応が求められるとともに，公共的な見地からも，われわれはその行方に関心を注ぎ続けなければならない。

他方で，地域金融機関と大手銀行業のビジネスモデルを比べてみても，そこには営業エリアの広狭，あるいは顧客企業の大小の差こそあれ，モデルの基本構造において本質的な差異はない。このため，わが国の銀行業では同質的競争に陥りやすく，プライシングを梃子としたシェア競争が繰り返し行われてきた。では，数多ある金融機関の中で，敢えて地域金融機関をひとつのセグメントとして括り出し，自らのアイデンティティを「地域金融機関」であり続けることに求める根拠は何か。「地域金融機関」に固有の強みは何か。その答えをいち早く見いだした「地域金融機関」が，次代の北海道経済を担う金融機関となる。

【引用・参考文献】

千葉立也・藤田直春・矢田俊文・山本健児［編］(1988)．所得・資金の地域構造　大明堂

Fleisher, C. S., and Bensoussan, B. E. (2002). *Strategic and Competitive Analysis: Methods and Techniques for Analyzing Business Competition*, Prentice Hall. ／菅澤喜男［監訳］(2005)．戦略と競争分析―ビジネスの競争分析方法とテクニック　コロナ社

浜田康行（1999）．金融の原理〔増補第2版〕　北海道大学出版会

池尾和人・財務省財務総合研究所［編著］(2006)．市場型間接金融の経済分析　日本評論社

Leichtfuss, R. (eds.) (2002). *Achieving Excellence in Retail Banking*, John Wiley & Sons Inc. ／マッキンゼー金融グループ［訳］(2004)．マッキンゼー・リテール・バンキング戦略　ダイヤモンド社

本島康史（2005）．金融業の収益「力」を鍛える　東洋経済新報社

Porter, M. E. (1980). *Competition Strategy: Techniques for Analyzing Industries and Competitors*, New York, Free Press. ／土岐　坤・服部照夫・中辻萬治［訳］(1995)〔新訂〕競争の戦略　ダイヤモンド社

齋藤一朗（1996）．地域金融構造へのアプローチ（Ⅰ）（Ⅱ）（Ⅲ）　商学討究　小樽商科大学，第46巻第2・3合併号，pp.219-241，第46巻第4号，pp.233-254，第47巻第1号，pp.251-268

齋藤一朗（2003）．北海道におけるマクロ経済循環と金融構造　平成14年度委託研究報告書　日本郵政公社北海道支社，pp.1-161

齋藤一朗　住宅ローンビジネスの現状と戦略再構築　一般財団法人ゆうちょ財団　季刊個人金融　Vol.8, No.2, 2013年8月，pp.52-62

多湖秀人（1999）．実践！　リレーションシップバンキング　社団法人金融財政事情研究会

多湖秀人（2007）．地域金融論　社団法人金融財政事情研究会

高橋伸夫（1983）．金融の地域構造　大明堂

田村　均（1990）．地域循環と地域経済　矢田俊文［編著］　地域構造の理論　ミネルヴァ書房　第13章，pp.142-157

8 北海道経済と FTA

【要　旨】

　日本は FTA 新時代に突入し，今まで保護されてきた品目も貿易自由化に直面して行くとともに，輸出に活路を見出す産業も出てくるだろう。TPP 等の品目別自由化率の高い FTA 締結により，自由化の例外品目が多い農林水産品の主要生産地である北海道経済には悪影響が出ると予想されているが，かつて自由化された産品も，生産が壊滅状態に陥った農産品ばかりではなく，むしろ生産が増大し成功しているものもある。FTA による自由化品目の関税は，引下げに十数年かけることもできるため，国内産業の対応の遅れや国際市場環境の変化に伴う輸入価格下落による国内産業損害に対する対処には，貿易救済措置とりわけアンチダンピング措置を用いる余地がある。また，日本の産業が海外に輸出する際，海外の競合他社との関係悪化から当該国の政府による貿易救済措置のターゲットにされないように注意すべきである。今後は貿易救済措置の啓蒙と普及のために産官学の連携とくに法務部門の連携がますます重要になるだろう。

1 日本を巡る通商政策の展望

● 1-1　FTA 新時代へ

　日本の通商政策は，2013 年の環太平洋経済連携協定（TPP）交渉参加表明を皮切りに，自由貿易協定（FTA）への動きが本格的になってきた。今世紀最初

の10年は日本にとってFTA導入期だったと言って良いであろう。2013年10月現在，13のFTA（経済連携協定（EPA）を含む）を結んだが，米国や中国，欧州連合（EU）などの日本との主要な貿易相手国とは結んでおらず，物品の関税のみについていえば，自由化水準は低いものであった[1]。しかし，米国も参加しているTPP交渉においてはハイレベルの自由化を求められており，日EUEPA交渉でも，これまで日本が有利な条件を引き出すために今まで手を付けなかった保護分野の自由化を検討している。政府は2013年6月14日閣議決定した「日本再興戦略」においてFTA比率（貿易額に占めるFTA相手国の比率）を現在の19%から2018年までに70%にすることを掲げ，日本経済を活性化すること目指している。現時11の交渉中の案件の妥結を早めるため，また新たにFTAを結ぶために踏み込んだ貿易自由化が検討されてゆくだろう。

　このような情勢下，今まで通商政策で対処してきた分野の保護水準を維持し続けることは，今後ますます困難になって来るであろう。かつては農産品を中心に日本が提示する自由化の例外品目が多く，それを守るために，相手国から自由化を強く引き出せないという形で結ばれたFTAが多かった。実際これまで日本が結んできたFTAやEPAの品目ベースの自由化率は84〜88%であり，締約相手国が第三国と結んだ他のFTAの自由化率と比べて低いことが指摘されている。しかし，TPP交渉においては原則として全ての品目について関税障壁の自由化が要求されていることから，日本が自由化の例外としたい品目として掲げている重要5項目（コメ，麦，牛・豚肉，乳製品，甘味資源作物）586品目のうち，国内農業への影響が少ない加工品など約200品目を関税撤廃の対象にすることが検討されるなど，自由化への踏み込んだ動きが出ている[2]。また，日EUEPA交渉においても，農産物輸出地域であるEUはチーズやワイン等の食品の市場開放を強く求めており，見返りに有利な条件を引き出すために，保護してきた分野の切り崩しが必要となって来るだろう[3]。

　今まで通商政策で保護されて来た分野の大半は農業である。日本の関税品目

---

1) 経済産業省（2012）第4章第1節1「世界経済との繋がりを強化する経済連携（EPA），投資協定」参照。
2) 日本経済新聞2013年10月11日「自民，「聖域」縮小へ調整　TPP関税交渉」。
3) 日本経済新聞2013年10月21日「EU，日本にTPPと「同待遇」要求へEPA交渉」。

は，鉱工業製品も含めると 9018 品目ある。そのうち関税率が 20％以下の農産品が約 10％であり，うち無税品が約 4％を占める一方で，100％超が約 1％，200％超が約 1％ある[4]。200％を超える品目は，たとえば，こんにゃくいも（1706％）や精米（778％）をはじめ，雑豆，バター，粗糖，大麦，小麦，100〜200％では豚肉，75〜100％ではとうもろこしなどが挙げられる。日本が今まで結んできた EPA では上記に上げたものを含め，水産品 91 品目，木材 34 品目等も入れ農林水産品 834 品目を「聖域」として関税撤廃の対象から除外してきた。また，工業製品も含めると，除外品目は 940 品目にのぼる[5]。このため，交渉過程で除外品目に挙げようとする日本と自由化を求める相手国との間でもめることがあり，交渉が長引いたり，EPA の質を低めることに繋がっていたのである。しかし，今後 5 年以内に EPA 締結を急増させる政府方針のもとでは，今までのように除外品目を守るために交渉を長引かせる猶予はなくなってくるであろう。

● 1-2　FTA・EPA はなぜ重要か

では，なぜ EPA を締結すること，EPA の質を高めることが重要なのだろうか。FTA や EPA のメリットとは何だろうか。そもそも貿易自由化のメリットは，世界の限られた資源を比較優位に基づいた国際分業により効率良く用いることで生産性を上げ，ひいては各国の所得を増加すること，各国の緊密な連携が必然となる世界で戦争を行うインセンティブをなくすことで世界平和を実現させることである。この目的の実現のために，第 2 次世界大戦後に世界貿易機関（WTO）の前身である関税及び貿易に関する一般協定（GATT）が作られたのである。GATT は 7 回の多角的貿易交渉を経て，関税や非関税障壁の引き下げ・撤廃や貿易ルールの統一などを実現し，国際貿易の拡大に寄与し，1995 年に WTO の設立に至った。しかし，加盟国の増大と交渉内容の多様化に伴う意見調整の困難等により貿易交渉の長期化という問題が生じ，1990 年代

---

[4]　農林水産省ホームページ「参考資料」（http://www.maff.go.jp/j/kokusai/taigai/wto/pdf/ref_data.pdf）。
[5]　日本経済新聞 2013 年 3 月 3 日「きょうのことば　関税品目　コメだけで 58 に分類」。

以降，一部の国の間で先行して自由化することを目指すFTAの締結が盛んに行われるようになった。日本は，その流れに乗り遅れ，21世紀に入ってようやくFTAに積極的になったのである。

FTAとは，2国以上の国の間で実質的に全ての通商について関税その他の貿易障壁を一定期間内に撤廃しあう経済統合の一形態である。日本政府は，投資自由化や競争政策のハーモナイゼーション，協力メカニズムの構築など貿易自由化以外の要素を加えていることを特に強調するため，EPAと呼んでいる。こうした経済統合の目的は，加盟国間の貿易や投資が，一国内で行われる取引のようにスムースに行われるようにすることである。そのために，様々な貿易・投資や国内制度のルールを話し合い，規定するのである。FTAの重要性は，貿易自由化の重要性とほぼ同じだが，WTOの基本原則のひとつである最恵国待遇のようなどの国に対しても無差別に同じ関税率を適用する制度と異なり，FTAを結んでいる国と結んでいない国との間で，相対的に差が生じる。このため，FTAに入らない国が貿易ネットワークから除外されてしまう貿易転換効果を被る問題が生じることがある。その意味で，これまで出遅れてきた感のある日本がEPA締結を進めることは，外国の関税・非関税障壁を撤廃させることで日本企業の国際競争力の足枷を外し，効率的経済への構造改革を促し，日本経済の再興を促進することになると期待する声もある。

● 1-3　「攻めの農林水産業」への転換とそれに伴う通商問題への対処

2013年5月17日，安倍晋三首相は成長戦略の第2弾のひとつに「農産物の生産や輸出を拡大し農家の所得を10年で倍増する」と表明した。その中で，農林水産物・食品の輸出額を2012年の4500億円から2020年までに1兆円へ拡大するとの目標を掲げている[6]。具体的なイメージは図8-1にあるとおりである。

この7年ほどで輸出を倍増させることは，少子高齢化で市場が縮小傾向にある日本の生産者の発展にとって極めて重要なことであり，ぜひとも成功させる

---

6) 首相官邸ホームページ「攻めの農林水産業～成長戦略第2弾スピーチ」（http://www.kantei.go.jp/jp/headline/nourin_suisan2013.html）。

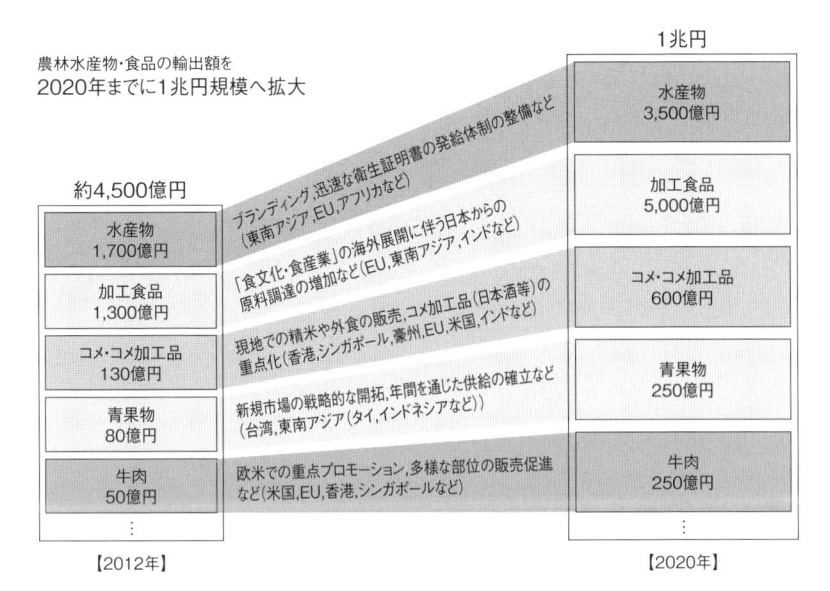

図 8-1 攻めの農林水産業のイメージ

農林水産物・食品の輸出額を2020年までに1兆円規模へ拡大

【2012年】約4,500億円
- 水産物 1,700億円
- 加工食品 1,300億円
- コメ・コメ加工品 130億円
- 青果物 80億円
- 牛肉 50億円

【2020年】1兆円
- 水産物 3,500億円
- 加工食品 5,000億円
- コメ・コメ加工品 600億円
- 青果物 250億円
- 牛肉 250億円

施策:
- ブランディング,迅速な衛生証明書の発給体制の整備など(東南アジア,EU,アフリカなど)
- 「食文化・食産業」の海外展開に伴う日本からの原料調達の増加など(EU,東南アジア,インドなど)
- 現地での精米や外食の販売,コメ加工品(日本酒等)の重点化(香港,シンガポール,豪州,EU,米国,インドなど)
- 新規市場の戦略的な開拓,年間を通じた供給の確立など(台湾,東南アジア(タイ,インドネシアなど))
- 欧米での重点プロモーション,多様な部位の販売促進など(米国,EU,香港,シンガポールなど)

(出所) 首相官邸ホームページ「攻めの農林水産業～成長戦略第2弾スピーチ」(http://www.kantei.go.jp/jp/headline/nourin_suisan2013.html) より引用。

ことが必要である。

　しかし,もしこの戦略が順調に展開した場合,輸出先の国との間で貿易摩擦に発展する可能性もあることを念頭に置かなければならない。短期間での急激な輸出の倍増により,輸出先の国の生産者の反発を招く可能性に配慮することは重要である。特に計画において主要輸出先として候補に挙げているインド,米国,EUなどは貿易救済措置とりわけアンチダンピング措置を頻繁に発動する国である。日本の農林水産品の輸入急増によってこれらの国の国内産業が損害を被ったと政府に訴え,貿易救済措置の発動を受ければ,日本の生産者はかなりの損害を被ることになる。輸出する生産者は貿易救済措置のターゲットにされないように配慮しつつ輸出を行うことが望ましく,もし提訴された場合には,被害を最小限に留めるよう様々な工夫をしなければならない。

　いずれにせよ,輸出を志す生産者は,輸出に際してのリスクの1つとして,事前に貿易救済措置について学習しておくことは重要である。

2 北海道経済の現状と通商政策との関係

● 2-1 第一次産業のプレゼンスが高い北海道の産業構造

第1節で述べたように,日本経済活性化のために今後日本がFTA・EPAに積極的になっていく流れは押しとどめることが難しい。しかし,この流れによる北海道経済のダメージは大きいと言われている。そこでまず,北海道経済の現状を見てみよう。

北海道経済の産業構造は全国平均に比べ第1次産業と第3次産業のウェイトが高い。第1次産業に関しては,2012年度の道内総生産において農業の占める構成比率は2.8%,林業0.1%,水産業0.8%で,全国のそれぞれ1%,0.0%,0.2%に比して高く,全国シェアでの北海道比率はそれぞれ11%,15.3%,19.3%と高い割合を占めている。また,第3次産業で全国構成比より高いのは,サービス業(道内構成比21%),政府サービス生産者(同13.4%),運輸業(同7.3%)である[7]。

また,第2次産業においても,食料関係の製造業は重要である。製造業の道内総生産構成比率は9.4%で全国の19.4%に比して低いが,食品に関しては,業態別販売金額における農産物の加工が全国総販売金額の7%を占め全国1位である[8]。全国の食品工業の出荷額等に占める北海道の割合は,水産食料品20.8%,製穀・製粉17.2%,畜産食料品10.8%を占めている。それゆえ,北海道の全製造業に占める食品工業の割合は大きく,事業所数で37.7%,従業員数で49.5%,付加価値額で37.2%を占めている。

2012年に農林水産省により発表された「農林水産統計」によれば,2011年の都道府県別農業出荷額は,北海道が1位で1兆137億円にのぼり,2位の茨城の2倍以上の額である。主要部門で生産額の都道府県構成比を見ると,北海道が第1位を占めるのが,乳牛(48.2%),野菜(8.9%),第2位を占めるのが,肉用牛(12.4%),コメ(7.0%),豚は第5位の6.4%である。主要農産物で北海道

---

[7] 以下「平成22年度道民経済計算年報【地域編含む】(平成25年6月14日公開)」参照 (http://www.pref.hokkaido.lg.jp/ss/skc/ksk/tgs/keisan2-2.htm)。
[8] 農林水産省(2013)参照。

が第1位を占めるのは,畜産物では生乳(全国シェア46%),乳牛(同62%),畑作物では,てんさい(同100%),小麦(同75%),大豆(同22%),野菜では,ばれいしょ(同52%),たまねぎ(同56%),にんじん(同26%),やまのいも(同32%),スイートコーン(同)27%),かぼちゃ(同34%)である。また,水産業では,漁獲高は2011年実績で,全国の414万7000トンのうち32.1%の133万2000トンを占めている[9]。

以上のように,北海道では食品関連の産業の競争力が高い。これらの産品は多くが今までの通商政策において保護の対象とされてきたものである可能性が高く,それゆえにFTAによる関税引下げ・撤廃によってこれらの生産者ひいては北海道経済全体に深刻な影響が出ると憂慮されているのである。次の節では,具体的に道産品でシェアの高い品目が高関税であるかを確認してみよう。

● 2-2 日本のFTA推進・「攻めの農業」による北海道経済への影響

北海道では,日豪EPAやTPPの影響を限定的なモデルを用い,非常に悲観的に算定している。TPPに関しては,農業生産額で約5600億円,北海道全体として2兆1254億の損害と試算している[10]。また,コメ,小麦,てんさい,でん粉,豚,肉用牛は「生産が壊滅」,酪農は「生産が大幅減少」とされている。道産品が全国の生産額の5割以上のシェアを占めるもので高関税品は小豆(403%),小麦(252%)が上げられる。また,生乳および乳用牛は,関連製品のバターが360%,脱脂粉乳が218%である。ただ,野菜類への関税率は10%を切っている。では,第1節であげた生産額の都道府県比で北海道のシェアが高い産品の実行関税率はどうなっているだろうか。

表の項目にある基本税率(国定税率)は,国会により決められた税率である。この税率が基本的に輸入品に課せられるべき税率だが,条約で別に定めがある場合はそれを適用すると定める関税法3条但書きに基づき,WTO協定の一部である条件表に記載された税率(協定税率)の方が低い場合は,WTO加盟国(2013年現在159か国)からの輸入に対しては協定税率が適用される。また,

---

9) 北海道経済産業局(2013)p.1参照。
10) 北海道農政局参照。

表 8-1　平成 23 年度実行関税率

	基本税率	WTO 協定	FTA
ミルク及びクリーム	25％＋63 円/kg	25％	
重量 300kg 以下の家畜牛	45,000 円/頭	38,250 円/頭	
その他の家畜牛	75,000 円/頭	63,750 円/頭	
てんさい糖	0	71.80 円/kg（328％）	
小麦	65 円/kg（252％）		
大豆	0		
ばれいしょ	5％	4.3％	メキシコ以外 0
たまねぎ	10％	8.5％	3.5〜6.6％
にんじん	5％	3％	8 協定 0
かぼちゃ	5％	3％	0
スイートコーン	10％	6％	0〜4.4％

（出所）財務省貿易統計　実行関税率表より筆者作成。

　日本と FTA を結んだ国とは，その協定に基づいた関税率（FTA 税率）があり，いずれか低い方を適用することができる[11]。

　税率の適用の仕方は複雑であるものの，上記表 8-1 においては，さしあたり FTA の欄に特に記載がなければ，WTO 協定税率もしくは基本税率が課され，WTO 協定の欄に記載がなければ，基本税率が課されると見てほしい。例えば野菜関連について見ると，もともと協定税率がそれほど高くない上に，FTA 税率においてさらに引き下げや無税になっている。

　では，これらは WTO 協定や FTA が発効したことによって，すべて安価な輸入品に置き換わり，「生産が壊滅」したのだろうか。2012 年の輸入数量シェアは，かぼちゃやスイートコーンは約 30％，たまねぎ 24％，ばれいしょ，にんじんは 15％を切るなど，国産品の比率が高い[12]。一方，小麦や乳製品，牛は高い関税が課され，あまり引き下げられていないことがわかる。つまり，全国の生産額で北海道シェアの極めて高い野菜類はすでに貿易自由化に晒されても危惧されるように外国産に全て置き換わるなどということなく，国内に大きなプレゼンスを持って生きのびているのである。それどころか，貿易自由化により発展する例すらある。

11）この他，発展途上国に対する優遇税率である特恵関税もあるが，割愛する。
12）財務省「貿易統計」，農林水産省「野菜生産出荷統計」より作成。

例えば，1977年以降，米国やニュージーランドからの輸入が解禁され自由化が進展して行ったサクランボは，解禁前の1976年の国内出荷量は1.6万トンだったが，2011年には1.8万トンに増加している。そして，2011年の輸入量は1万トンであり，輸入シェアは半分に満たない。これは，国内生産者が輸入競争に負けないように品質向上を行い，輸入品より2割以上高い高級な国産品により廉価な輸入品に対抗することに成功したからである[13]。

　第1節で検討したように，品目ベースでの自由化率が100％近いFTAを結ぶ先進国とのEPA締結や貿易におけるFTA比率を上げることを急ぐ今日の日本の方針を貫くのであれば，今まで保護の対象とされてきた834品目全てを従来通り例外品目として維持し続けることは不可能になるであろう。このため，徐々に関税引き下げや撤廃の対象として切り崩されて行く品目が出てくることになる。関税の引き下げは直ちに行われるのではなく，10年ほどの猶予期間のうちに引き下げられていくような協定になるだろう。その間に，国内の政府や生産者は国際競争に耐えうる態勢を整えなければならない。農業の生産性向上のための方策がとられ，高付加価値化・高収量化，販路の拡大によって体力をつけてゆくことになり，輸出に活路を見出す生産者も出てくることになるだろう。

　FTAを締結すると，ある程度の期間をかけて関税を引き下げ・撤廃してゆくことになるが，それに対する国内産業の対処が間に合わない場合にはどうすれば良いのだろうか。また，国際的な豊作や円高により輸入が急増して国内価格が暴落し，生産者が大きな損害を受けた場合あるいは受ける恐れがある場合にはどうすれば良いのだろうか。一方，海外へ販路を求めて輸出した際に起こりうる通商政策上の困難は何なのだろうか。次節以降，これらについて言及し，なすべき対処法を示して行く。

13）戸堂（2012）p.170参照。

3 FTAに伴う輸入急増にどう対処するか

3-1 貿易救済措置の活用

　国際的な貿易ルールであるWTO協定は，自由貿易を目指し，関税・非関税障壁の引き下げや撤廃を進めている。しかし一方で，要件を満たせば関税引き上げを容認する貿易救済措置という規定がある。貿易救済措置による関税率は，国会で決める基本税率やWTOやEPAで約束した税率などの普通関税とは別に，条件さえ満たせばどんな高関税であっても，該当する輸入品に対して課すことができる特殊関税の範疇に入る。

　貿易救済措置とは，セーフガード，アンチダンピング，補助金相殺関税措置を総称して言う。貿易救済措置が3つに別れているのは，関税引き上げ要件が異なるからである。これらはどれも，輸入により損害をうけるか，その恐れのある輸入国産業が，自国政府に申請することから始まる。それを受けて政府は調査をし，要件が満たされれば関税等によりその産業を一時的に（セーフガードは4年，最長8年，アンチダンピング・補助金相殺関税は5年までだが延長可能）保護することができる。セーフガードにおいては輸入の急増，アンチダンピングにおいてはダンピングの存在，補助金相殺関税においては相手国政府が補助金の賦与の事実が認定され，それらによって輸入国の国内産業が損害を受けたかその恐れがあるという因果関係が認定できれば，輸入国政府は課税等を行うことができる。

　これらの措置を日本は今までほとんど用いたことがなかった。その理由は，第1に，日本は輸入競争により損害を被った産業に対して国内政策で対処してきたからである。手厚い構造調整政策がなされ，貿易救済措置を必要としなかった。第2に，1980年代以降に日本の貿易黒字が膨張し，それと同時に欧米と貿易摩擦を起こして来たことに関連する。日本は，失業輸出国，不公正貿易国として欧米から糾弾されていた。このため，日本政府が輸入を減らし，貿易黒字を増やす政策をとることは困難であった。したがって，政府はGATTに従い法律だけは設けたものの，行使しやすい制度整備を積極的に行うインセンティブがなかった。

　では，世界ではどれくらい貿易救済措置が使われているのだろうか（図8-2）。

8 北海道経済とFTA   197

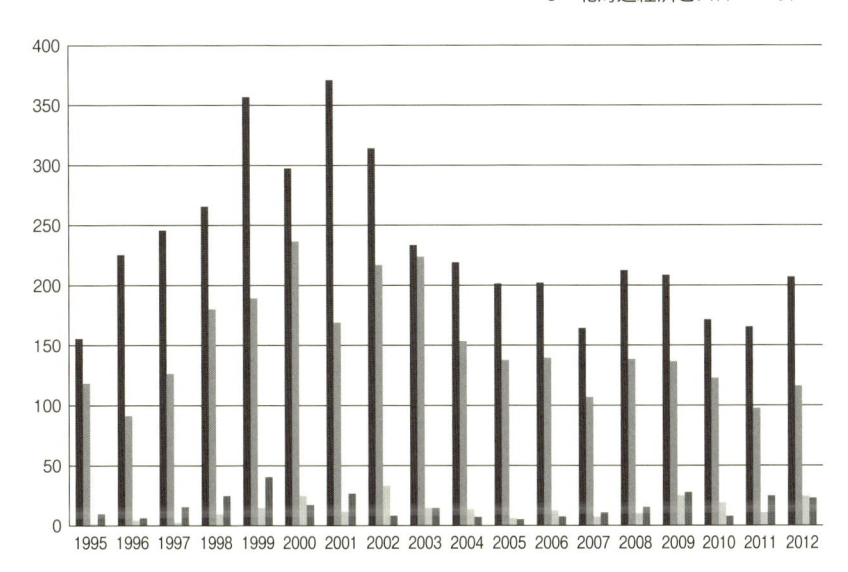

図8-2 貿易救済措置調査開始件数とアンチダンピング措置件数
(出所) WTO Anti-dumpingホームページデータに基づき筆者作成。

凡例: ■アンチダンピング調査開始 ■アンチダンピング措置件数 ■セーフガード調査開始 ■補助金調査開始

　グラフは，アンチダンピング調査開始件数，アンチダンピング措置件数，セーフガード調査開始件数，補助金相殺関税調査開始件数をWTO発足の1995年から2012年まで示したものである。アンチダンピングの調査開始件数は，セーフガードや補助金相殺関税に比べると格段に多い。アンチダンピングの調査開始件数は，1999年と2001年が350件を上回るのを最高として，毎年150件を上回り推移しているのに対し，セーフガードの調査開始は2002年の34件が最多で期間全体で254件，補助金相殺関税は1999年の41件が最多で期間全体で302件である。

　なぜ，アンチダンピングばかりが用いられるだろうか。その理由の第1は，セーフガードは輸入国の都合で課税をするため，輸出国の許可や損害を受けた輸出国への補償をするなど発動に面倒がかかり，発動後も，輸出国からの対抗措置がなされる可能性があるリスクがあるからである。第2は，補助金相殺関税はなかなか認定が困難だからである。補助金相殺関税は，輸出国の政府が提訴の相手であるため，認定に必要なデータを輸出国政府に求めることになる。

表 8-2　アンチダンピング措置ランキング（1995〜2012 年）

順位	発動国（件数）	被発動国（件数）
1 位	インド（508）	中国（664）
2 位	米国（312）	韓国（181）
3 位	EU（285）	台湾（149）
4 位	アルゼンチン（215）	米国（145）
5 位	中国（156）	日本（122）

（出所）　WTO ホームページ。

しかし，相手がおいそれと不利な証拠を提出してくれるはずがない。また，どのような補助金が補助金に相当し，相殺関税の対象になるのか，判断が難しい。例えば，日本で唯一発動された補助金相殺関税事件である韓国製 DRAM 事件では，韓国の半導体企業に民間金融機関が金融支援措置を行ったことが韓国政府の指示であったとして日本は課税に踏み切ったが，韓国はそれを WTO 協定違反として WTO に訴えた。結果は韓国の勝訴となり，日本が関税率を見直し，最終的には 5 年満期を待たず関税を撤回した。

一方，第 1 の点に関しては，アンチダンピングや補助金相殺関税では外国政府が対抗措置を直ちに取ることを認める規定は WTO に存在しない。第 2 の点に関しては，アンチダンピングは政府ではなく外国の企業を相手取っての措置であり，輸入国政府にとって認定や措置の発動がしやすい。また，アンチダンピング調査は，開始されると半分以上はクロ認定や何らかの措置を受けているだけでなく，調査を開始しただけで対象企業との取引を萎縮させる効果がある。以上のような理由で，貿易救済措置の中では，アンチダンピングが最も利用価値が高いのである。

このようなことから，国内産業を保護しようとする傾向の強い国は，ダンピングの算定に手心を加え，認定しやすい手続きを整える傾向がある。これが問題視され，GATT/WTO では，多角的貿易交渉の場において，算定方法や基準を厳格に決める交渉が行われアンチダンピング協定が作られるようになっている。

では，どの国が行使し，どの国が措置を受けているのだろうか（表 8-2）。

伝統的に，米国，EU，カナダ，オーストラリアが多く行使する国だったが，1990 年代以降，経済改革と市場開放をはじめた発展途上国の行使が目立ってきた。とくにインドの行使が飛び抜けているが，インド政府は経済改革と市場開放と引きかえに国内産業にセーフガードやアンチダンピングを用いることを奨励しているためである。インドは 1990 年から 92 年の最高関税率は 335％であ

ったものが，2002～03年には30.8%にまで下げた。その間，化学，鉄鋼，電子・電気機器を中心にセーフガードやアンチダンピング措置が行使された。2000～02年にアンチダンピング税が課された製品の平均関税率は32%で，全体的に関税率の高い産品に行使されているのがわかる。そして，その上に，アンチダンピング税が51～61%上乗せされたのである。このように，急速な経済改革と貿易自由化を行い，高い経済成長を達成したインドだが，対処が遅れている産業を貿易救済措置特にアンチダンピングで保護することを行っていたのである[14]。

　アンチダンピング措置の対象とされた国では，環太平洋国・地域が並ぶ。日本は5位であり，中国，韓国，EU，米国からターゲットにされやすい。米国や中国がやられたらやり返す国であるのに対して，日本はやられっぱなしの国なのである。

　ところで，被発動国の1位の中国は，2位以下に比べ3倍を大きく上回り課税等の措置を受けている。その理由は，中国がベトナムと並んで，非市場経済国とされているからと言われている。非市場経済国とは，両国がWTOに加入するときに受け入れた規定である。両国はWTO加入以降一定期間市場経済国ではないとみなされ，もしアンチダンピング調査の対象になった場合，調査にあたる輸入国は，ダンピングの算定において当該企業本国の市場価格を用いず，類似した市場経済国の国内販売価格を採用するというものである。中国の主張では類似国の価格が恣意的に選ばれたために，中国企業に不利な決定が行われているとのことだが，実証分析では一概にそうとも言えないという結果も出ている。しかし，中国が頻繁にアンチダンピング課税をされ，その税率が高いことは明らかである。ちなみに，中国は2016年末，ベトナムは2018年末に非市場経済国を失効することになっている。

　高率の関税というが，それはどれくらいなのだろうか。日本では，今世紀に入り2つの案件にアンチダンピング税を課したので，それを例に見てみよう。

　ひとつめは，韓国と台湾製のポリエステル短繊維の一部に対する課税である。2001年2月に帝人，東レ，クラレ，ユニチカファイバーにより申請され，4月

---

14) 以上は，Bown and Tover（2011）参照。

に調査開始された。翌年7月に韓国の4社は対象外とされたが，1社に対して6%，その他の韓国からの輸入には13.5%，台湾からの輸入は10.3%の確定税が普通関税に上乗せされた。2006年に日本企業の延長申請によりサンセットレビューが行われ，さらに5年間課税が延長された。つまり，10年間にわたり課したことになる。

ふたつめは，南アフリカ，オーストラリア，中国，スペイン製電解二酸化マンガンに関するものであり，課税率がかなり高い。2007年に東ソー日向と東ソーにより申請され，2008年からオーストラリアには29.3%，スペインには14%，中国は1社に34.3%，その他の中国からの輸入には46.5%，南アフリカ14.5%が課税されている。2013年8月で最初の5年間が経過したが，一部の国については現在課税延長のためのレビュー中で，さらに5年延長されるかも知れない。

日本の単純平均した平均関税率が5.2%であることを想起すると，アンチダンピング税は，非常に高い関税率を一般関税に上乗せする形で課していることがわかる。一般関税を大きく上回る高関税を，特殊関税として基本的には5年以上上乗せできるのである。

以上のように，日本は今まで貿易救済措置を有効に活用してこなかったが，今後は重要になってくるだろう。まず，産業政策の方向転換によりかつてのような構造調整政策が存在しなくなった。しかも，国は膨大な財政赤字を抱え，手厚い産業政策は困難である。自由化に伴う助成金が提供される産業もあるが，供与を受けても輸入競争と戦うには十分に体力があるとは言えない状況に陥るかも知れない。なにより，今後は生産者が自力で輸入競争と戦わなければならない傾向は強くなってゆくだろう。また，日本が欧米と貿易摩擦を頻繁に起こしていた時代は過去の出来事となり，日本も普通の先進国並に貿易救済措置を取っても問題とされない状況になっている。それを証拠に，今日では政府は貿易救済措置の制度を完備し，2011年には国際ルールよりも厳格な規定や手続き上のガイドラインを見直し，経済産業省は貿易救済措置の理解促進キャンペーンを行っているのである。

ところで，貿易救済措置はFTAでもWTOにおけるのと同様に使えるのだろうか？　日本の締結済FTAでは，アンチダンピングに関わるものとしては，

インドと手続き的な規定（調査開始 10 執務日前に通報）があるのみである。TPP では，貿易救済措置の項目があるが，セーフガードに関わるものに今のところ限られているようである。もしそうであれば，アンチダンピングや補助金相殺関税は，WTO の規定通り行使されうるということである。

● 3-2 アンチダンピング手続の流れと活用のメリットとデメリット

アンチダンピング措置を勝ち取るためにはどうしたらいいのだろうか。まず，財務大臣にあてた書面を財務省関税局課税課特殊関税調査室に提出しなければならない。調査を開始してもらうには満たされるべき要件がある。

第 1 に，申請適格者でならなければならない。申請適格者は，ダンピングされた産品と同種の産品の国内生産者の全体または国内生産の相当額を占めている生産者で，具体的には国内生産の 25% 以上を占めていなければならない。したがって，提訴する場合は 1 社でなく何社かの企業が共同で申請することが広く行われている。また，業界内である程度の合意が必要である。具体的には，国内の総生産の 50% を超える国内生産者の支持である。このような点から，農産品や食品加工で高いシェアを持つ北海道では，生産者団体がまとまりやすく，申請適格者の要件を容易にクリアできることがわかるだろう。

アンチダンピング手続きの第 2 は，調査を開始するための十分な証拠を提出することである。まず，ダンピングの存在とそれによる産業の損害を証明する資料を提出しなければならない。ダンピングを証明するためには，国内産業に損害を与えている企業のダンピングを証明しなければならない。WTO で定められたダンピングとは，当該企業が工場出荷段階で本国国内の第三者に売り渡した価格が日本への輸出価格より高いことである。この国内販売価格を，国内の第三者機関である業界誌が公表したマーケットの情報から得たり，調査機関に依頼して集めたりしなければならない。工場出荷段階に計算し直すために，物品税や運賃・保険料，卸売，小売り会社への手数料なども控除する必要がある。社内では経理部門，社外では弁護士の関与が必要となるだろう。特に，企業が共同で申請する場合，競合他社の秘密の経理情報が目に触れることがあったり，カルテルの恐れがあったりするため，弁護士を介して申請することが適切である。できる限り有利な資料を収集して提出することが，クロ認定や高い

関税率を獲得することに繋がる。
　有利な算定基準や注意すべきことは例えば以下のようなものである。
　①同種の産品の損害認定と因果関係
　提訴先の企業の輸入によって被害を受けた産業が同種の産品を生産していると主張しなければならない。例えば，かつてEC（EUの前身）が日本製の小型複写機とEC製のオフィス用の大型複写機を同種の産品として認定して，日本企業は高率の関税を課された。もし，小型複写機と大型複写機が「同種でない」と見なされれば，日本は課税されなかった。また，日本の産業の損害が，明らかにダンピング輸入によってなされたものだと主張しなければならない。
　②相手の本国市場での販売品と日本への輸出品が同種の産品とする調整計算
　時として本国市場で販売する製品と日本への輸出製品と幾分デザインや部品が異なっていることがある。その場合，それぞれに関して同種の産品と言えるレベルまで部品等のコストの差し引きをし，算定価格を出す必要がある。この場合でも，有利な合理的算定基準を見つけて算定結果を見いだせる可能性がある。
　③構成価格の可能性
　正常価格は，「通常の商取引」のときに本国の市場価格を用いるが，通常の商取引でない場合，例えば本国市場で原価割れ販売をしているとか，本国市場では日本に輸出している産品と同種のものの販売が極めて少ないなどの場合は，製造原価，販売一般管理費，適正利潤を足し合わせた算定価格である構成価格を用いる。この場合，有利なデータと合理的な根拠に基づく算定基準を用いる。
　④非市場経済国を利用する
　中国は2016年末，ベトナムは2018年末までの期限だが，ダンピングの認定に関して，本国市場の市場価格を用いず，同等の発展段階にある市場経済国の同種の産品の市場価格を正常価格に用いることができる[15]。合理的な理由に基づいて提訴企業にとって有利な国のデータを得るように務めるべきである。

---

15) 小林（2011）参照。

調査当局は申請書類を見て，必要と認めた場合，これらの事実の有無について調査開始をする。提訴された企業や関連する企業等に資料提出を求め，インタビューも行う。資料提出は，提訴された企業にとっては非常に厳しいものである。問題とされた期間の膨大なデータを調査当局の求めるフォーマットに基づいて期限内に提出しなければならない。通常業務に加えてこの作業をしなければならないわけであるから，人手に余裕のない小零細企業などは提出不可能である。すると，調査当局は利用可能な情報をもとに算定をするのだが，それは申請した企業が提出した資料である場合が多いので，ダンピング・マージン（当該企業の正常価格と輸出価格の差額）が高めに算定される傾向がある。それゆえに申請段階で提出するデータは重要なのである。

結果が確定するためには約1年，最長で18か月かかるが，その前に仮決定を行う場合が良くある。仮決定でクロ認定がなされた場合，さらに詳しく調べるという流れである。半年くらいで仮に課税されるために，保護を求める国内産業にとっては有利である。また，調査の途中で，当該輸出企業が価格を引き上げる見返りに提訴取下げを要求する価格約束を行い，申請企業がそれを受け入れて終了する場合も良くある。

調査の結果，課税要件を満たしている場合，対象国の対象産品の供給者にダンピング・マージン以下の関税が一般関税の上に基本的に5年間にわたり上乗せして課される。

課税後，国内の市場が変化に対して，国内産業または外国企業が申請し，調査が行われる中間レビューもある。そこで課税が終了したり，課税率が低くなったり，逆に上乗せされることもある。5年後に，ダンピングや損害が存続したり再発しそうな場合に課税を継続するサンセットレビューがある。日本でもポリエステル短繊維への課税は10年続いた。

このように，アンチダンピング税は，獲得できれば5年またはそれ以上にわたり安定的な国内市場を獲得することができる。また，日本の場合は件数が少ないので例がないが，鉄鋼や自動車に関して頻繁に提訴や課税が行われている米国では，鉄鋼メーカーや自動車業界のCEOが提訴すると発言しただけで，日本企業が販売促進活動を自粛し，輸出攻勢を弱めることが起こった。アンチダンピングが存在することで，国同士での激しい価格競争が弱められるので

ある。

このようなメリットの一方，リスクもあることは念頭に置かなければならない。

まず，申請の甲斐なく，シロになるリスクである。2012 年に申請されたインドネシア産カットシートは，2013 年 6 月にシロ認定された。これは，申請した日本企業が有利な算定基準とデータを提出できなかった戦略ミスだと言われている[16]。申請の際には，提訴する産業にとって有利な情報を可能な限り収集し，ダンピング認定に好都合な算定基準を主張しなければならない。

また，申請にあたり，注意すべきことが 2 つある。第 1 に，複数国への提訴を考慮すべきである。アンチダンピング措置は，対象とされる国や企業のみに課されるため，せっかく特定の国や企業に対してアンチダンピング措置を発動しても，それ以外の第三国からの輸入が急増する可能性がある。損害認定は「損害のおそれ」も入っているため，今現在は損害がなくても，提訴対象企業や国に加えることができる。第 2 に，中間財や部品産業などの生産者が提訴者である場合，国内での大事な顧客が逃げないかどうか考慮すべきである。課税後ユーザー企業が国内での高い価格を忌避して，工場を海外に移転させ，安い外国製品を購入する道を選ぶ恐れが大きい場合には，申請見送りも視野に入れる必要があるかも知れない。

申請後のリスクは，発展途上国の中小零細企業が相手の場合に大きくなる場合がある。調査開始後，対象とされた輸出企業が，資料提出が不可能なため課税後の輸出が不可能になる高関税を課されると判断して，前もって在庫を売り切ろうと投げ売り的な輸出攻勢をかけてくる場合がある。そういう企業を相手にする時は，暫定措置を迅速に求めるなどして気をつけなければならない。

● 3-3 貿易救済措置を避ける工夫，提訴されたときの対処

貿易救済措置は，日本国内で活用することができる一方，海外の生産者も同様に提訴に踏み切ることがある。したがって，輸出の際は，ターゲットにされ

---

[16] 『週刊ダイヤモンド』「コピー用紙の不当廉売　シロ判定濃厚の裏に戦略ミス」2013 年 6 月 20 号。

ないよう，提訴されてもシロになるように注意をする必要がある。貿易救済措置は，輸入国の産業が実質的に損害を受けるか受ける恐れがあるときであるから，輸出がそれなりのボリュームがないか，急激に増えない限りはターゲットにされる恐れは大きくない。しかし，かなりの量の輸出を行ったり，ある国やある国の地域に輸出が急増する場合には，輸出先の生産者に反発を受ける可能性があるので注意する必要がある。以下では，いくつかの注意点を挙げておこう。

ダンピング認定については，以下の3点に注意すべきである。

①発展途上国への輸出価格に注意

ダンピングの認定は，出荷段階での国内価格が輸出価格より高いことである。したがって，相手国の物価水準が低いからといって，国内より安い値段で輸出すれば，ダンピングと認定されてしまうことを強く認識しておくべきである。

②円高に注意

円高局面で外貨建ての輸出価格を据え置きしていると，外貨表示での日本国内の価格が高くなってしまうためにダンピングと算定されやすくなるので，円高になったときは，その程度に合わせて輸出価格も上げる方が無難である。

③大量販売の時の割引に注意

大量購入者に対して値引き販売を行うことは国内販売では良くある商慣習だが，輸出の際は，ダンピングとして認定されてしまうことがあるので，国内で同様に大量購入がなされた場合と差異が生じないよう注意すべきである。

補助金相殺関税については，輸出の際に，国内で政府関連の補助金，税制上の優遇措置，政府が関連した優遇的な金融措置を取られている場合には，補助金相殺関税の対象になるのかどうか，十分吟味することが必要である。

では，輸出先の国でその国の競合他社に提訴されたときはどうすればよいのか。提訴されると，WTO協定に従い，まず相手国の官報に公示が出て，3-2で示されたような手順を踏むことが予想できる。まず，相手国政府当局から質問状が届く。極めて短期間に，調査対象期間内の大量のデータを相手国の指定したフォーマットに基づいて記述し提出しなければならない。データを提出しない，もしくは不備のあるデータを提出した場合，相手国政府は，利用できる情

報（たいていは提訴した相手国の提訴者に有利なデータ）に基づき算定されてしまうので注意を要する。提出が終わると，相手国の政府から担当官が訪れインタビューが行われる。そこでは，正直に情報を開示する姿勢を見せ，悪い印象を与えないことが重要である。状況が不利だと思われる場合，課税をさける方法として，価格を引き上げるという申し出を調査当局に行い，それが受け入れられれば調査を終了してもらう「価格約束」をするという方法がある。しかし，近年，価格約束がなされる件数は減少している。

仮決定の段階でクロ認定をされた場合はどうするのか。提訴側と和解ができるものであれば行うことも手である。また，最終決定としてクロ認定がなされた場合でも，いったんは課税されるとしても，相手国の市場状況が改善しているような場合には，既に損害が消滅したので今後の課税の必要がない旨の認定を相手国当局に求める中間レビューを行うことによって，早期に終結を目指すという方法もある。

一方，クロ認定が明らかに不当であると思われる場合はどうすれば良いのか。まずは，WTO協定に基づいて保障されるはずの司法審査の機会を利用するのがひとつの手である。それに加えて，日本政府を通じて，WTOの常設委員会や紛争処理委員会に訴えることによって，相手国に撤回を迫ることもできる。また，中長期的には，現在進行中のドーハ開発アジェンダ等の多角的貿易交渉における交渉を通じて，不当な算定ができないようにする規定をアンチダンピング協定に盛り込むようにする必要がある。アンチダンピング協定の改正が合意されWTO協定10条の手続きに従って発効すれば，全ての加盟国を拘束するため，長期的に日本の生産者にとって有利な状況を作り出すのである。

アンチダンピングは情報戦である。自分にとって有利な情報を集め，自国または他国の当局に効果的に提示しなければならない。そのためには，社内の関係部門との連携，弁護士を通じた産業内での連携，調査機関への依頼や日本貿易振興機構などの政府機関との連携が重要になってくる。

4 いざというときの貿易救済措置を武器に，自由貿易に乗り出す北海道へ

第1節で述べたように，今後日本はFTAに邁進し，そのためにかつて保護

の牙城となって来た品目も自由化を迫られることになるだろう。北海道の産業は，生産性の向上，北海道ブランドの強化による製品の差別化などにより，輸入競争に勝ち抜いて行くだろう。さらに，貿易救済措置を知り，今から準備しておくことで，円高による輸入急増，産業調整への猶予期間の獲得に適切に対処することができる。また，「攻める農林水産業」やFTA推進により，あらゆる産業がグローバルなマーケットに進出してゆくだろう。この際，海外の市場で貿易救済措置のターゲットにされるリスクも念頭におき，注意しなければならない。

貿易救済措置の啓蒙とそれを巡る産官学の連携，とりわけ法務部門における連携が今後ますます重要になって来るだろう。

【引用・参考文献】

Bown, Chad P. and Tover, Patricia, 2011. Trade liberalization, antidumping, and safeguards: Evidence from India's tariff reform. *Journal of Development Economics*, 96, pp.115-125.

北海道経済産業局　目で見る北海道経済（平成23年度版）(http://www.hkd.meti.go.jp/hokss/medemiru11/, 2013年10月26日アクセス)

北海道農政部　TPP（環太平洋パートナーシップ協定）による北海道への影響試算 (http://www.pref.hokkaido.lg.jp/ns/nsi/seisakug/koushou/tppsisan.htm, 2013年10月26日アクセス)

経済産業省 (2012)．通商白書2012 (http://www.meti.go.jp/report/tsuhaku2012/index.html, 2013年10月26日アクセス)

小林友彦 (2010)．農業のグローバル化に対応するJAの役割の研究：農産品へのアンチダンピング措置に注目して　協同組合奨励研究報告　第三十六輯，pp.95-108

小林友彦 (2012)．EU・中国製鉄鋼ファスナーに対する確定アンチダンピング措置事件　経済産業省WTOパネル・上級委員会報告書に対する調査研究書（2011年度）(http://www.meti.go.jp/policy/trade_policy/wto/ds/panel/panelreport.files/11-3.pdf, 2013年10月31日アクセス)

農林水産省 (2013)．6次産業化総合調査の結果（平成23年度）(http://www.maff.go.jp/j/tokei/kouhyou/rokujika/pdf/rokuji_11.pdf, 2013年10月26日アクセス)

柴山千里 (2012)．アンチダンピングと保護主義　馬田啓一・木村福成 [編著]　日本経済の論点　文眞堂，pp.137-152

柴山千里　日本企業が忘れている切り札，「アンチダンピング」　貿易自由化と保護貿易は両立できる　日経ビジネスオンライン，2013年7月17日．(http://business.nikkeibp.co.jp/article/topics/20130711/250980/?n_cid=nbpnbo_bv_ru, 2013年10月26日アクセス)

戸堂康之（2013）．TPPは経済成長を促進する　石川幸一・馬田啓一・木村福成・渡邊頼純［編著］　TPPと日本の決断「決められない政治」からの脱却　文眞堂, pp.166-178

9 情報・ITの活用による地域活性化

【要　旨】

　本章では,「情報」をキーワードとして, 2つの事例分析を報告する。第1節では, 情報技術を用いて, 北海道の代表的な観光都市である小樽市を訪れた観光者の行動データを取得し, その動的なデータに対して, 地理情報システムを用いて分析する手法を紹介する。また, 観光者と観光地を結びつける情報発信の重要性, さらに, 観光分野においてグローバルな視点を持ってITを利活用できる人材育成の必要性などを述べる。

　第2節では, IT企業家のビジネス交流の場として設立された「札幌ビズカフェ」を事例として, ITビジネスにおいて, 企業家の連携を形成するダイナミックな場としての主導型組織の役割を分析する。また, 地域の支援型組織として根付いてきた札幌ビズカフェの役割の変化について, 合わせて確認する。

1 情報技術を用いた観光行動分析の可能性
―小樽運河周辺エリアを事例として―

　近年, 観光旅行は, インターネット網の普及に伴うWebサービスの進展や高速交通機関の発展などを背景として, 従来主流だった団体旅行から家族・友人同士・個人などといった少人数旅行へと形態の変化がみられる（溝尾 2003, 岡本 2001）。そのため, 観光分野における動態調査では, 従来の観光都市間の回遊といった広域的な行動調査に加えて, 観光都市内などの一定地域内におけ

る詳細な個人観光行動の調査や分析が必要となってきている。その理由は，これらの観光行動調査によって得られた詳細なデータが，国や地方自治体における観光施策の立案や観光を中心とした街づくりなどに対して，重要な基礎的情報になるためである。

また，観光者の行動に関するデータ取得は，これまで主にアンケート調査といった静的な行動調査によって行われることが多く，時間的に連続した行動ルートなどに関するデータを取得することが難しかった。しかし，地球を周回する人工衛星を用いた位置情報取得技術の発展により動的な観光行動データを取得することが可能になり，地理情報システム（Geographic Information System，以下，GIS）といった情報システムや可視化技術を用いた観光行動分析が注目されるようになってきた。

本節では，時間変化を伴う動的な観光行動データの分析を目的として，GISを用いたカーネル密度推定による観光歩行行動の可視化に関する分析手法を述べる。また，この手法を用いて，小樽を訪れた観光者の歩行行動の分析を試み，その概要をまとめる。

◉ 1-1　GISを用いた観光歩行行動の分析手法

1）観光行動プロセス

観光者の旅行行動は，(a) 予期，(b) 往路旅行，(c) 目的地内の行動，(d) 復路旅行，(e) 回想の5段階があるとされている（Fridgen 1984，佐々木 2007）。この5段階を観光者の観光行動プロセスとして図9-1に示す。観光者は，それぞれの段階で観光や移動に関わる情報を必要とする。本節では「往路旅行」と「復路旅行」の間である「目的地内の行動」段階，すなわち「着地」における観光行動に着目する。

2）観光歩行行動の位置情報取得

観光行動における人間の位置情報を取得する手法のひとつとして，地球を周回する人口衛星を用いた方法がある。衛星を使った測位システムは，全世界的航法衛星システム（Global Navigation Satellite Systems，以下，GNSS）と呼ばれ，衛星からの時刻情報を受信して，地球上における移動体の位置を計算す

ることができる。

　GNSSのうち，米国が打ち上げた衛星を用いて測位するシステムを全地球測位システム（Global Positioning System，以下，GPS）と呼ぶ。他のGNSSとしては，欧州のGalileoやロシアのGLONASSなどがある。現在，衛星からの電波をキャッチできる多くの種類のGPS受信機が販売されており，高精度なものでは，10m～20mの精度で位置情報の取得が可能である（白井 2009）。

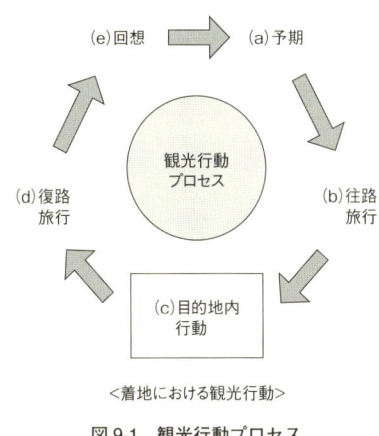

図9-1　観光行動プロセス

3）カーネル密度推定

　観光行動におけるGPSログデータの可視化手法として，カーネル密度推定が用いられることが多い（有馬 2010）。カーネル密度推定は，観測点がない地点の値を推定する技法のひとつであり，平面的に広がりのあるポイントデータがあれば，そのデータの密度を連続的な曲面で表現できるとされている（Silverman 1986，中谷他 2004）。

　ここで，2011年9月に小型のGPS受信機を用いて，北海道小樽市を訪れた観光者の許可を得て収集したGPSログデータの可視化結果の一例を示す（深田他 2012）。図9-2は，単一の観光歩行行動データをGISにより可視化したものである。また，この単一データに対するカーネル密度推定の結果を図9-3に示す。図9-2では，観光者の行動範囲や行動軌跡が読み取れる。図9-3では，大まかではあるが観光者が長時間滞留していた場所を把握できることがわかる。

4）GISを用いた観光行動の時間変化可視化分析手法

　観光者の動的な観光行動情報抽出を目的として，一定時間経過毎のカーネル密度推定を試みる（奥野他 2012）。以下，図9-4に本手法の手順を示し，この図の手順に従って，データ処理内容を述べる。

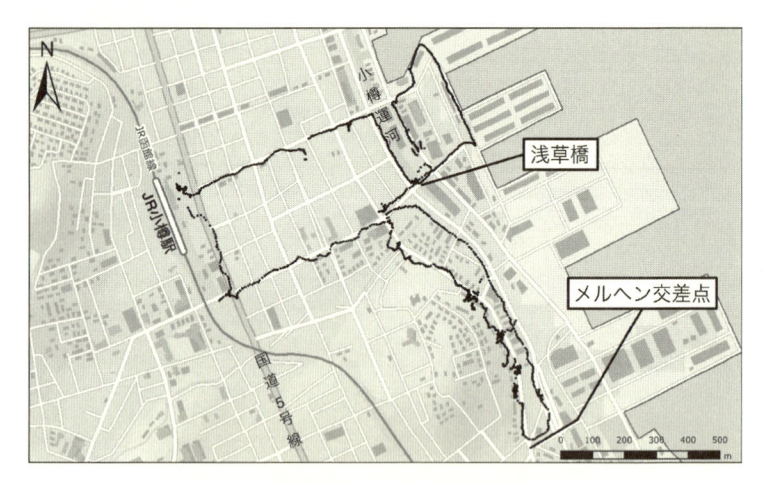

図 9-2 GIS で可視化した GPS ログ（単一データ）
（出所）　深田他（2012）の図 8 より引用。

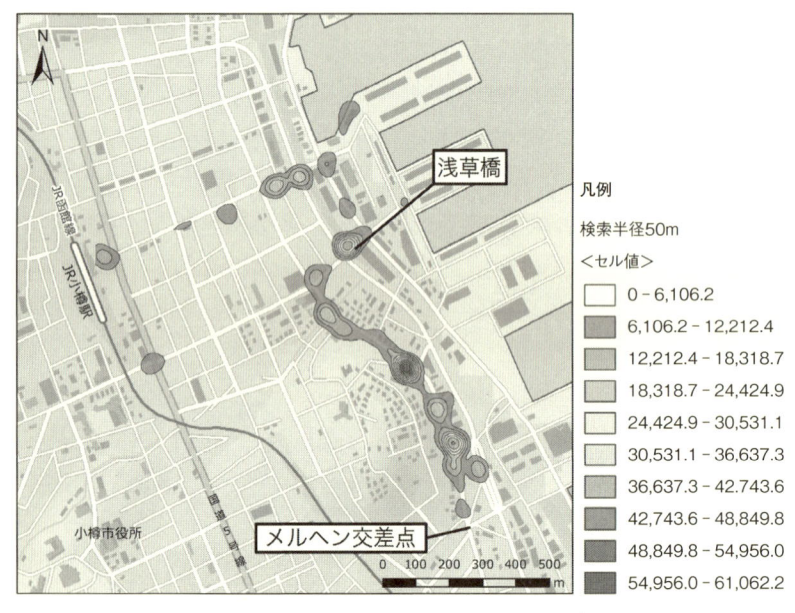

図 9-3 GIS によるカーネル密度推定の例（単一データ）
（出所）　深田他（2012）の図 9 より引用。

9 情報・ITの活用による地域活性化 213

```
┌─────────────────────────────┐
│  GPSログデータ              │
│  (経緯度, 標高, 日付, 時刻) │
└─────────────┬───────────────┘
              ▼
┌─────────────────────────────┐
│  GPSログをPCへインポート    │
└─────────────┬───────────────┘
              ▼
┌─────────────────────────────┐
│  座標系変更および基礎データ算出 │
│  (歩行距離, 測地間隔, 歩行速度) │
└─────────────┬───────────────┘
              ▼
┌─────────────────────────────┐
│  データクリーニング         │
└─────────────┬───────────────┘
              ▼
┌─────────────────────────────┐
│  GPSログを一定時間間隔に分割 │
└─────────────┬───────────────┘
              ▼
┌─────────────────────────────┐
│  GIS(ArcGIS)へインポート   │
└─────────────┬───────────────┘
              ▼
┌─────────────────────────────┐
│  カーネル密度推定           │
└─────────────────────────────┘
```

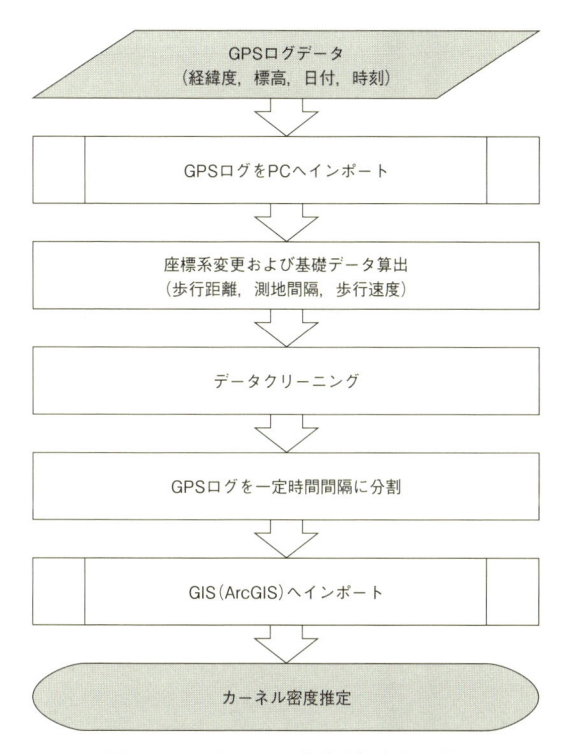

図9-4　GISを用いた可視化分析手法の手順
(出所)　奥野他(2012)の図2より引用。

① GPSログデータの取り込みと基礎データの算出

観光者の了解を得て，小型のGPS受信機を携帯してもらい，GPSログデータを取得する。取得出来た観光者のGPSログデータは，まず，パーソナルコンピュータに取り込み，移動距離や測地間隔，歩行速度といった基礎データを算出する。この基礎データの計算例を図9-5に示す。なお，図9-5は野村・岸本(2006)の図2を参考に作成したものである。

② データクリーニング

次に，算出した歩行速度をもとに，GPSの測位誤差によるエラーデータ(人間では現実的にありえない移動速度を示すポイントデータなど)を除去する。そして，データクリーニングを行ったGPSログをGISに取り込み，分析する。

ここで，データクリーニングの詳細を説明する。GPSのような衛星測位では，

214　第3部　基盤強化

	A	B	C	D	E	F
	ポイント番号	緯度	経度	標高	日付	時刻(UTC)
	1	43.19776	140.99406	38.6	2011/09/17	3:47:00
	2	43.19776	140.99406	38.6	2011/09/17	3:47:05
	3	43.19777	140.99400	38.1	2011/09/17	3:47:10
	4	43.19778	140.99401	37.6	2011/09/17	3:47:16
	5	43.19778	140.99401	37.1	2011/09/17	3:47:21

B列 → 平面直角座標 Y 座標へ変換
C列 → 平面直角座標 X 座標へ変換

説明：1. 経度・緯度を平面直角座標 X 座標・Y 座標に変換
　　　2. F列から測地間隔を計算し，J列に代入
　　　3. 歩行距離を H 列，I 列から計算し，K 列に代入
　　　4. 測地間隔と歩行距離から歩行速度を算出し，L 列に代入

図9-5　基礎デ

（出所）　奥野他（2012）の図4より引用。

電離層誤差，マルチパス誤差と呼ばれる誤差が発生する。ハンディ GPS ロガーを用いる単独測位では，この誤差の発生は避けることはできない。

　そこで，エラーデータを除去する基準を設定して，データクリーニングを行なった。今回設定したエラーデータの除去基準を以下に示す。歩行速度の基準は，人間の平均歩行速度（1.3m/s≒4.5km/h）をもとに設定した（Perry and Burnfield 1992）。

　　・基準1：歩行速度が 10km/h 以上の点
　　・基準2：対象エリア（小樽運河周辺エリア）外の点
　　・基準3：物理的に極短時間で移動不可能な点

③ GPS ログの一定時間分割とカーネル密度推定

　前述した基準によりエラーデータを除去した GPS ログを，観測開始時刻から一定時間毎に分割をする。今回は，1時間毎に分割することを基本とする。一定時間毎に分割した GPS ログを GIS ソフトウェアへ取り込み，GIS を用いてカーネル密度推定を行なう。

G	H	I	J	K	L
測地系	X	Y	測地間隔	歩行距離(km)	歩行速度(km/h)
WGS84	60470.329	-88854.380	0:00:00	0.0000	0.000
WGS84	60470.329	-88854.380	0:00:05	0.0000	0.000
WGS84	60465.281	-88853.425	0:00:05	0.0051	3.699
WGS84	60466.170	-88852.862	0:00:06	0.0011	0.632
WGS84	60466.416	-88853.082	0:00:05	0.0003	0.238

測地間隔：J3=F3-F2

歩行距離(km)：K3=SQRT((H3-H2)^2+(I3-I2)^2)/1000

歩行速度(km/h)：L3=K3/(J3*24)

ータ算出の例

5）実データへの適用

　前述したGISによる可視化分析手法を実際の観光者から取得したGPSログデータに適用した結果を以下に示す。対象とする観光都市は，北海道を代表する観光地である小樽市とした。小樽市は，北海道の日本海側に位置し，運河（図9-6）や歴史的建造物，ガラス製品，スイーツなどといった観光資源が豊富な地方の小規模港湾都市で，北海道内における代表的な観光地のひとつである。

　①小樽市におけるGPSログ取得調査

　小樽市観光振興室は，小樽市を訪れる観光者を対象として，アンケート調査手法により観光客動態調査を行っている（小樽市産業港湾部観光振興室 2010）。この調査結果によると，「来樽観光者全体の約45％が徒歩で観光している」とされている。しかし，その歩行観光者が小樽運河を中心とした観光エリアで，どのような回遊ルートを取り，また，どの観光スポットで，どの程度の滞留をしているか，などといった動的な観光行動データはほとんど得られていない。

　そこで，筆者らは，来樽観光者に協力を依頼し，ハンディGPSロガーを携帯してもらい，小樽運河周辺における観光行動データ（GPSログデータ）を取得する調査を行った。調査対象は，JR小樽駅を起終点として，図9-7に示す小樽

図 9-6　小樽運河（南運河）の様子

運河周辺エリアを中心に観光を予定している来樽観光者とした。その理由は，前述の観光客動態調査で，来樽観光者が利用する交通機関は，「列車」の利用が 34.8％と最も多いためである。

②調査方法

本調査では，JR 小樽駅の玄関横に，調査の説明や調査用端末の貸出，および返却などを行なう基点ブースを設置した。この基点ブースにおいて，小樽を訪れた観光者グループまたは個人観光者にハンディ GPS ロガーを貸与した。そのグループなどには，JR 小樽駅に戻った時点で，基点ブースに GPS ロガーを返却するよう依頼した。図 9-8 に基点ブースの様子を示す。

本調査で用いたハンディ GPS ロガーは，GARMIN 社の eTrex Venture HC（図 9-9）である。この GPS ロガーは，1 回の使用で約 1 万個のポイントデータを蓄積可能である。今回は，全部で 7 台使用し，測位による位置情報の取得は，5 秒間隔で行うよう設定した。この設定により，約 6 時間稼働した場合で，1 台あたり約 4300 個のポイントデータを蓄積することが可能となる。

調査期間は，2011 年 9 月 17 〜 19 日，および 23 〜 25 日の計 6 日間で，各日，原則として 10 時から 17 時までを調査時間とした。その結果，32 データを取得することができた。そのうち，長時間にわたるデータの欠如が見られない良好

9 情報・ITの活用による地域活性化　　*217*

図 9-7　位置図（小樽運河周辺エリア）
（出所）　深田他（2012）の図1より引用。

図 9-8　基点ブースの様子（JR小樽駅）

な23データを有効データとした。

③GISを用いたカーネル密度推定による分析

前節で述べたGPSログ処理手順に従って，小樽市で実際に取得したGPSログを用いた一定経過時間毎のカーネル密度推定を行ない，観光歩行者の行動分析を試みた（奥野他 2012）。

図9-10は，前述した分析手法を用いて，調査により取得したGPSログを可視化したものである。今回の調査で取得した有効データ（23データ）の平均滞在時間は，3時間27分であった。

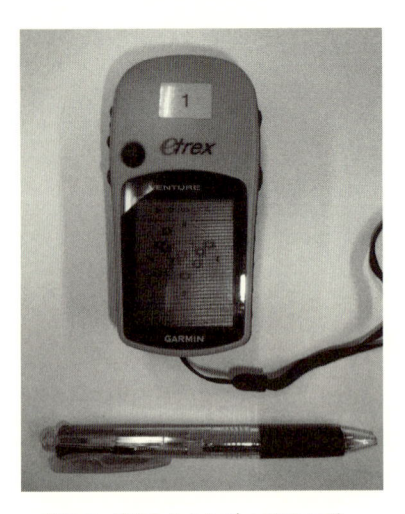

図9-9 使用したハンディGPSロガー

そこで，今回の分析では，滞在時間が平均滞在時間と同程度となっている5データを用いて，一定経過時間毎にカーネル密度推定を行った。

6）分析結果

最初に，観光開始からその1時間後までのGPSログデータを用いたカーネル密度推定の結果をみると（図9-10 (a)），JR小樽駅から小樽運河に向かう「中央橋付近」と「堺町本通りの北側」に密度の高い箇所が認められる。特に，堺町本通りの北部周辺は最も高密度が高い箇所となっている。このことから，歩行観光者は，小樽運河付近を経由して堺町本通りに移動しており，到着後，すぐには本通りの南側へ移動していないことが確認できる。また，都通り商店街周辺や中央橋周辺にも滞留していることが可視化できている。

歩行経路としては，多くの観光者がJR小樽駅を出発した後，中央橋へと続く中央通りを下って小樽運河へ向かっている。しかし，一部，JR小樽駅から都通り商店街経由で堺町本通り方面へ向かった観光者もいたこともわかった。

次に，観光開始から1時間〜2時間の間（図9-10 (b)）では，堺町本通りの南側周辺に密度が高い箇所がみられる。特に，通称メルヘン交差点付近に高密度な箇所がみられる。この周辺には，ガラス工芸品店や有名な菓子店などが多

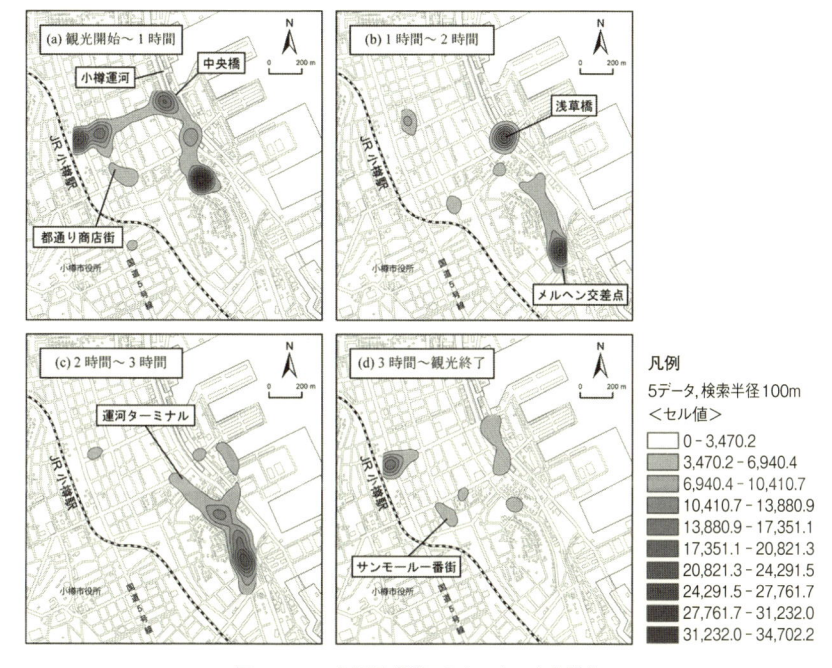

図9-10　一定経過時間毎のカーネル密度推定
(出所)　奥野他（2012）の図9より引用。

く立地しており，観光者がゆっくりと散策をするエリアになっていると考えられる。その他，浅草橋周辺にも高密度な箇所があることがわかる。

観光開始から2時間〜3時間の間のカーネル密度推定である図9-10（c）をみると，図9-10（b）に比較して，高密度なエリアが北側へと移動していることがわかる。このことから，観光者は，堺町本通りからJR小樽駅に向かって移動し始めたこともものと推察される。個別のGPSログをみると，観光開始から3時間ほどで，運河ターミナル周辺まで戻ってきている観光者を確認できた。

最後に，観光開始後の3時間から観光終了までとなる図9-10（d）をみると，JR小樽駅周辺が最も高密度な箇所として可視化されている。この結果は，堺町本通りからJR小樽駅に向かう復路では，止まる施設や場所があまり無く，JR小樽駅へと向かう行動となっているものと考えられる。

復路の歩行経路としては，小樽運河周辺やサンモール一番街周辺に密度曲線

が表れていることからもわかるとおり，小樽運河を経由して中央通りを通り JR 小樽駅へ向かうルートと，寿司屋通りからサンモール一番街・都通り商店街を経由し，JR 小樽駅へ向かうルートの2つのルートを通ったことが確認できた。

7) まとめ

　GPS を用いて動的な観光者の行動データを記録し，そのデータに対して GIS を用いることにより，時間変化を伴う動的な観光行動情報の可視化を試みた。その結果，前述のように，GIS により経過時間毎にカーネル密度推定を行うことで，概略的な観光行動を可視化でき，この可視化結果と個別の歩行ルートを対比することで，観光行動情報の抽出を行う可能性を示すことができた。すなわち，今回分析に使用したデータは5データと少ないが，本分析方法を実際の観光者 GPS ログデータに適用することで，観光施設が集中するエリア内において，一定時間を消費しながら観光歩行行動をとる傾向を読み取ることができた。

　今後，観光地を訪れる観光行動データとして，携帯電話やスマートフォンといった携帯端末の GPS データを取得することができれば，GIS を用いた観光行動の時空間分析により，観光者のニーズが高い箇所への案内板の設置などといった観光を中心とした街づくりのための基礎的なデータを提示することが可能と考えられる。

　一方，本分析手法には，以下に述べる課題もある。1点目は，カーネル密度推定による高密度部分の密度の高さによっては，短時間の滞留箇所の可視化がなされない可能性がある点である。この課題には，滞留箇所に対して，経過時間毎に密度基準を設定した可視化を実施することで，滞留箇所の可視化も見込めるものと考えられる。

　2点目は，屋内滞在時の GPS ログが取得できないという点である。特に大規模な施設内では，GPS 端末が GPS の電波をキャッチすることができず，位置情報の取得のための測位が困難になる。現在，屋内における GPS ログを取得するための技術開発や実証実験が行われている段階で，今後のさらなる技術開発を期待したい。

● 1-2 観光情報の発信と人材育成の重要性

冒頭で述べたとおり，従来の観光は，旅行会社に依頼して宿泊などの手配をしていたが，今ではインターネット上の情報を自分で探して交通機関を手配し，また，自らホテルの宿泊予約を行うことが可能な情報環境が整った。この観光分野における状況の変化は，結果として，旅行会社の窓口に出向いて，対面で係員から情報を得ながら旅行計画を立てる機会を減少させている。その結果，Web サイトなどを用いて，観光地の情報を発信することの重要性が大きくなった。

また，高速インターネット網の発展と携帯情報端末の普及により，旅行先でスマートフォンなどのモバイル端末を用いて，移動しながらでも，観光に必要な情報を得ることが出来るようになった。そのため観光サービスを提供する側でも，IT を活用した新たなサービスを考案するなど，より魅力的な観光の実現を模索している。

しかし，日本国内の大学における観光分野の教育をみると，観光分野における情報の重要性が増しているにもかかわらず，従来どおりの座学による講義が多く，例えば，情報技術に関する知識習得を行いながら，IT を活用した観光サービスを考えるといった実践的な講義を行っている大学は，それほど多くないと言えよう。

このような現状からは，IT を観光者と観光地を結びつける道具として利活用し，新たな観光サービスを提案できるような人材を育成していくことは難しいであろう。今後は，観光に関する専門的な知識を持ち，かつ，観光に関する情報を効果的に発信できる人材の育成がますます重要になってくると考えられる。その際に留意すべきは，観光の国際化と地域の観光資源の両方に関する視点を持つことである。世界経済の発展などによって，いまや観光はグローバルな国際情勢に関する視点を常に持つことが必須となってきている。一方，観光地というローカルなエリアにおける地域資源をいかに世界に向けて魅力的に情報発信していくかという意識も重要である。観光情報の発信こそ，まさに「グローカル」な視点が求められている。

● 1-3 位置情報の重要性と新たな観光情報サービスの可能性

現在,位置情報を利用した観光情報ゲームとして,「コロニーな生活☆PLUS」（略称：コロプラ）が注目されている。コロプラは,現実世界での移動距離に応じて仮想通貨が入手でき,それによってコロニー（自分の街）を繁栄させていくモバイル型のゲームである[1]。近年,このモバイル型位置情報ゲーム（位置ゲー）をプラットフォームとして,観光と連携したツアーなどが企画され,観光地の工芸品の売上げにプラスの貢献をするなどといった効果がみられる（佐野 2011）。このように観光分野においても,位置情報の重要性が認識されてきている。

本節では,ハンディGPSロガーを用いた観光行動の位置情報取得とその分析方法について,実データへの適用事例を交えながら紹介した。今回は,十分な量の有効なGPSログデータがなく,主要な観光歩行ルートを明確に特定するまでには至っていない。しかし,数多くのGPSログデータを得ることが出来れば,特定の観光スポットなどにおける観光者の滞留時間や行動ルートといった動的な観光行動分析が可能になるであろう。

また,前述したとおり,これらの動的な位置情報データは,従来行われてきた観光アンケート調査では正確に把握することが難しいデータであり,今後,GPSログなどの位置情報を用いた観光行動分析が,新たな観光ルートの開発や観光施設の整備,観光案内標識の設置などといった観光者の視点での街づくりに対して,有用な分析方法のひとつとして確立されることが強く望まれる。

さらに,携帯電話などのGPS機能で取得できるマイクロジオデータと呼ばれる個人を特定しないミクロスケールの非集計データを用いることができるようになれば,将来的には観光地における外国人を含めた観光者の大量な行動データを分析できるようになり,従来では解明が難しかった観光行動の特性を明らかにできる可能性がある。観光分野におけるマイクロジオデータの活用により,新たな観光情報サービスの出現を期待したい。

---

1)「株式会社コロプラ：コロニーな生活☆PLUS」Webサイトを参照（http://colop.co.jp/products/colopl/colopl_01.php）（2013年11月25日現在）。

2 ITビジネスにおける企業家ネットワーキング
―札幌ビズカフェの事例[2]―

　札幌は，ITビジネスの集積地として栄えてきた。その歴史は古く，北海道大学工学部の青木由直助教授（当時）が1976年に主宰していた北海道マイコン研究会がルーツといわれる（高橋 2001）。1976年は，ビル・ゲイツがマイクロソフトを設立した年にあたることからも，札幌におけるITベンチャーが如何に早くから創出し始めたかがわかる。

　1990年代に入ると多様なITベンチャー企業がスピンオフを繰り返しながら産業クラスターを形成していく（図9-11）。このITベンチャーの産業クラスターは「サッポロバレー」と呼ばれ，札幌における基幹産業のひとつとして成長していく（北海道情報産業史編集委員会 2000；サッポロバレースピリット編集委員会編 2002）[3]。

　本節で取り上げる「札幌ビズカフェ」は，このサッポロバレーの成長を背景として当初IT企業家のビジネス交流の場として2000年6月に設立された組織である。設立から10年以上経った現在，札幌だけでなく北海道の地域活性化に向けた企業家ネットワーキングの創造へと活動の幅も拡がっている。

　札幌ビズカフェの最大の特徴は，創設以来，新たな「場」の創造を通じて企業家らの連携を促進し続けていることである。つまり，札幌ビズカフェは，札幌・北海道地域における企業家ネットワーキングのエンジンとしての役割を担ってきた。本節では，札幌ビズカフェを単なる地域の支援型組織として位置付けるのではなく，企業家の連携の場のダイナミックな創造という主導型組織としての役割を分析する。また，地域社会の状況変化は速く，札幌ビズカフェに対する地域からの役割期待もそれに応じて変化してきた。地域に根付く札幌ビズカフェの役割の変化についても確認していく。

---

[2] 本ケースは，札幌ビズカフェの内部資料，雑誌や新聞，論稿などの二次資料，インタビュー調査等の複数のデータに基づき記述している。特に参照した箇所は，その都度，注で示す。

[3] サッポロバレーにおける産業クラスター形成と企業家活動に関する経営学的分析は，金井（2005）が詳しい。

224　第3部　基盤強化

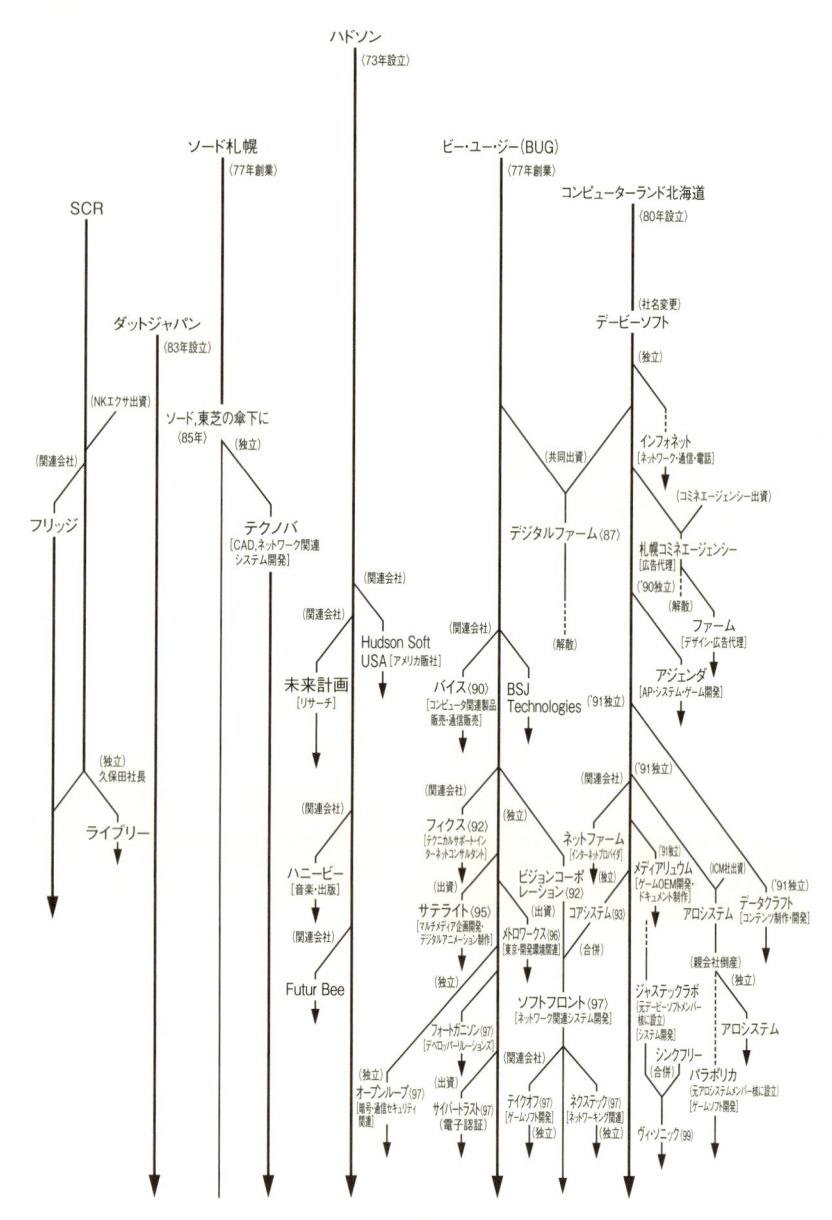

図 9-11　サッポロバレーの系譜

（出所）　北海道情報産業史編集委員会編（2000）p.109。

● 2-1 札幌ビズカフェ設立の背景

　札幌ビズカフェは，2000年6月「ベンチャー企業の溜り場，情報交流の場を作ることを目的に，ベンチャー経営者や従業員，ベンチャー活動のサポーターや学生等の有志」によって設立された[4]。札幌ビズカフェ設立の約2年後自らがまとめた報告書に札幌ビズカフェ創出の定義が示されているので引用しよう（札幌ビズカフェ 2002, pp.4-5）。

①サッポロバレーから生まれた。
②札幌のIT産業のなかで地域振興と産業振興を強く意識し，ネットワークを創り出してきた「企業家」の任意の動的なグループ。
③その「企業家」とは，IT企業の経営者だけでなく，地域ネットワーカー，ベンチャー・キャピタリスト，ベンチャー企業家など多様な〈個人〉である。
④その企業家は，パーソナルコンピュータとパソコン通信・インターネットというネットワーク文化のなかから生まれた。そしてシリコンバレーと共通する，オープンでフラットな関係，カジュアルなスタイル，コミュニケーションの共有という文化に影響されている。
⑤すなわち新しいビジネス文化が札幌ビズカフェを生んだ。（中略）「New Business from New Style」という札幌ビズカフェの標語は，まさにそれを表している。
⑥そのような意識的集合＝自己組織化が「サッポロバレー」というアイデンティティを生み，札幌ビズカフェを創出する背景となった。

　すなわち，札幌ビズカフェは「New Business from New Style」というドメイン（存在領域）のもと，サッポロバレーというITベンチャークラスターの中で，多様な企業家の連携による新ビジネス創出・発信の場を創造するために設立されたといえる。
　その背景には，「新しモノ好き」「開放的」「オープン」といったそもそもの北

---

4) 札幌ビズカフェホームページ（http://www.bizcafe.jp）（2010年5月17日現在）。

表9-1 サッポロバレーの優位点・欠けていたもの・解決策

優位点	欠けているもの
・技術力には定評。継続性の高い企業が多数 ・優れた技術者へのアクセスが可能 ・研究機関(北海道大学,札幌エレクトロニクスセンター等)が産業育成にコミット ・国内通信・家電大手を顧客に持つ ・域内コミュニケーションが活発で,情報の共有が行われている。 ・共同マーケティングが可能 ・札幌に行けばいろいろなIT企業に出会える。 ・ネットワークが形成されており,リテラシーが高い	・札幌ビズカフェの開設以前に1社も公開企業がなかった ・クラスターの未深化 ・域内競争の欠如 ・Professional Management/Incubation機能の欠如 ・リスクキャピタル供給システムの欠如 ・マーケティング志向の人材の薄さ ・ビジネスを目的とした産学官の交流の場の不足

解決策
(1) IT企業の溜まり場,情報交流の場,起業家との交流の場を作る 　⇒札幌ビズカフェの創出 (2) リスクキャピタルの供給,Professional Managementの提供 　⇒北海道ベンチャーキャピタルの創出と札幌ビズカフェへの入居

(出所) 札幌ビズカフェ(2002)pp.8-9から作成。

海道風土があり,またITベンチャーブームの流れの中で,札幌における早くからのITベンチャークラスター・サッポロバレーという企業家コミュニティの中から創発的に生まれてきたといえる[5]。

また,設立当初のボードメンバーは,サッポロバレーの優位点と弱点を表9-1のように認識し,優位点を生かし弱点を克服するために,札幌ビズカフェという新たなビジネスの交流の場を作り上げていった。

札幌ビズカフェは,設立以来,現在までその象徴ともいえる標語「New Business from New Style」というドメインが一貫しており,それは札幌-北海道で何が必要なのかを常に意識してきたものといえる[6]。すなわち,札幌というコミュニティの中にいる企業家たち,または,将来企業家になる学生や若者たちを繋ぐいわば溜り場を創造することによって,札幌または北海道のコミュニティにとって有益な新ビジネスの創出を実現していったのである。

---

5) 副代表・吉村匠氏インタビュー,2010年9月13日。
6) 理事・事務局長・石井宏和氏インタビュー,2010年9月22日。

また，札幌ビズカフェという多様な企業家を繋ぐ場の存在は，新たなビジネスを創造する際に，本州や海外とのネットワーク，または，金融機関との連携といった[7]，札幌というコミュニティの外との交流の促進も図っていった[8]。つまり，札幌ビズカフェという場が，札幌というコミュニティと外との構造的な穴埋めをコーディネートし，新たなビジネス創造の実現化を主導していったのである。まさに，札幌ビズカフェは，ヒューマンネットワーク[9]の場として機能することで，企業家たちの，「柔軟で同的な連携による『ネットワーク組織』の創出」(札幌ビズカフェ 2002, p.49) を実現していったのである。

札幌ビズカフェは，当初より設立から2年の期限付で設立された。後述するように立地した場所の借地の関係もあったが，設立時のボードメンバーで㈱データクラフト代表取締役社長の高橋明憲氏は「IT 分野は2年で答えが出なければ，そもそも可能性が無かったものという判断となる」(高橋 2001, p.39) と指摘し，まさにサッポロバレーという IT ベンチャークラスターの中から生まれてきたのが札幌ビズカフェであった。設立から2年の間に，札幌ビズカフェはサッポロバレーの象徴的存在として，あらゆる方面から注目されていく。2001年10月には，経産大臣表彰[10]を受けるなど着実に成果をあげていった。

● 2-2 札幌ビズカフェ設立の状況とB1の展開

それでは，札幌ビズカフェ設立当時の具体的な状況を見ていこう。アメリカのシリコンバレーにあった「ビズカフェ」をモチーフに，札幌ビズカフェの設立に向けたコア・メンバーが集まったのが1998年〜1999年であった (札幌ビズカフェ 2002)。当初，ビズカフェのコンセプトは，レストランであった (図9-12)。

つまり，レストランをコンセプトにすることは，人々がオープンに集まる場

---

7) 1997年11月，北海道唯一の都市銀行・北海道拓殖銀行の破たんの影響により，札幌のベンチャーキャピタルの供給が問題となっていた。
8) 石井氏インタビュー，2010年9月22日。
9) 理事・齊藤拓男氏インタビュー，2010年9月13日。
10) 『北海道新聞』「ビズカフェに経産大臣表彰—起業家交流を評価—」2001年9月5日付朝刊。

> シリコンバレーには 「ビジネスカフェ」がある。
> 明るい 活気のある おいしいレストラン。
>
> お客が ちょっと変わっている。
> ハイテク産業のビジネスマン。
>
> この店で 数億ドルの商談が 決まったこともあるそうだ。
> 伝説のカフェ。
>
> ここでは不思議と シッカリとした話しができそうだ。
> 活気のある議論。 野心的なアイデア。 新しいプロジェクト。 大きな商談。
>
> 聞けば この辺のキーマンは 皆ここの常連だという。
> チャンスを求めて 人々はカフェを訪れる。
>
> ビジネスカフェでは 人々が出会い
> 「夢」を育む。

図9-12 コンセプトイメージ
(出所) BizCafe 運営委員会事務局(2000) p.1.

を提供することに他ならない。そのとき，札幌で飲食店運営を行っていた T's ネットワークが，札幌ビズカフェへ参加することになり，札幌ビズカフェと一体となったラーメン店，博多ラーメン「ばりきや」を運営することになった。

札幌ビズカフェの立地に関しては，地元ゼネコンの伊藤組土建㈱が地元産業振興支援の一環として，札幌駅北口に保有する自社社屋建設予定地の提供を申し出たことによって，プレハブによる建設に至った[11]。この札幌駅北口は，サッポロバレーというITベンチャーが集積する地域であるだけではなく，北海道の交通の拠点JR札幌駅からすぐの場所，また，公官庁にも近く，さらには，北海道大学からもすぐ傍にあるという好立地に位置する（図9-13）。

また，札幌ビズカフェの設立と並行して，地元のベンチャーキャピタルとして「北海道ベンチャーキャピタル」の設立が進められていった（札幌ビズカフェ 2002）。1999年8月に設立され，札幌ビズカフェのオープンと同時に，札幌

---

[11] このプレハブ建築に際して，札幌市は，仮設興行場としてスピーディーな建築許可を出した（札幌ビズカフェ 2002）。

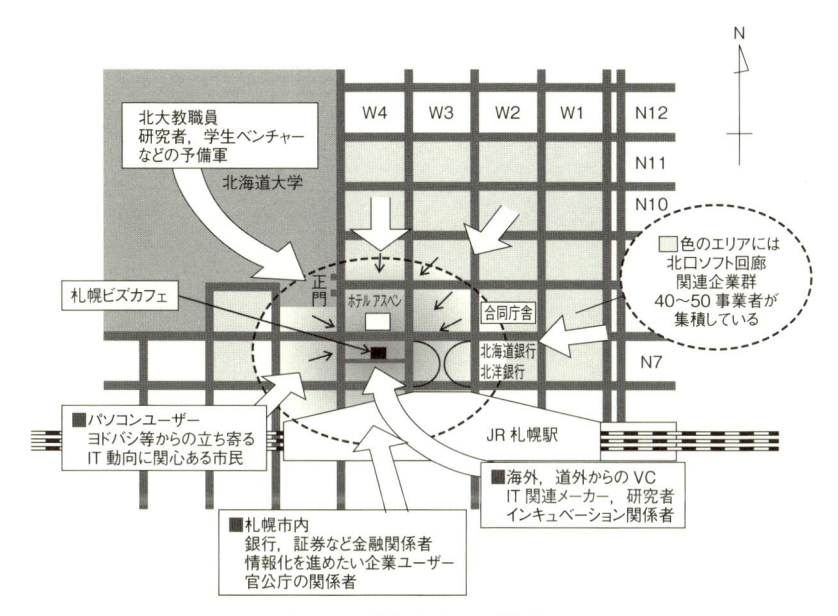

9 情報・ITの活用による地域活性化　229

図9-13　札幌ビズカフェ位置図
（出所）　札幌ビズカフェ（2010b），一部改訂。

ビズカフェに入居してオフィスを構えた。北海道ベンチャーキャピタルが札幌ビズカフェに入居した意義は大きく，札幌ビズカフェという場にプロフェッショナルとしてのビジネスコーディネーターを結合させたのである（札幌ビズカフェ　2002）。

　札幌ビズカフェがスタートしてから，その果たしてきた機能を現副代表理事で設立時のボードメンバーであった吉村匠氏は，当時，次のように語っている（遠藤他　2001）。1つは，デジタルジプシーを救う接続機能である。これは，札幌駅北口すぐという好立地にある札幌ビズカフェで，ネット接続がいつでもできるカフェを運営する形で実現された。2つ目は，コミュニティとしての機能である。みんなで集まってミーティングをしたり，ビジネスインキュベーションを行ったり，投資家と起業家を仲介したり，勉強会を開催したりという機能である。最後は，電子上のビズカフェという機能である。電子メールでのコミュニティ（メーリングリスト）や，北海道の自然食品などの素材を使った弁当をインターネット上で販売する「弁当Web」の運営などである。札幌ビズカフ

230 第3部 基盤強化

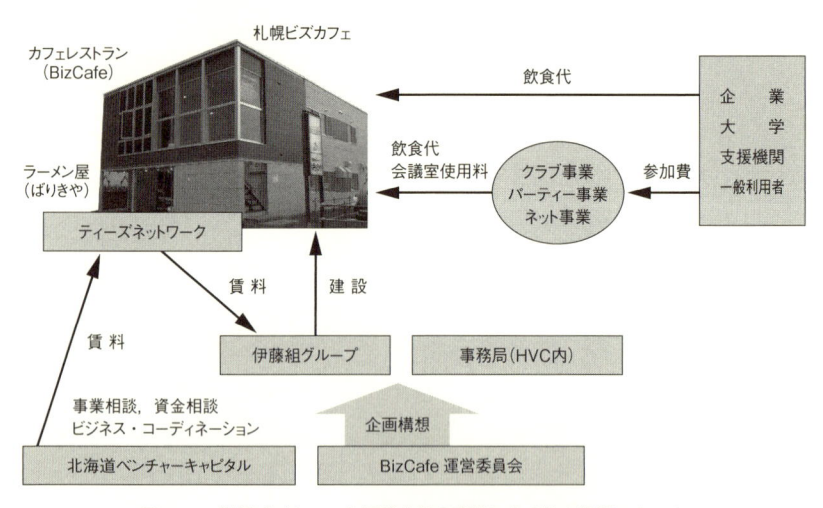

図9-14 札幌ビズカフェと民間企業の連携による独立採算スキーム
(出所) 札幌ビズカフェ (2002) p.26, 一部改訂。

ェは，このような機能を果たしながら，まったくの民間による独立採算運営を行っていった（図9-14）。

その後，札幌ビズカフェは，オープンから約2年の期限付での運営であったが，着実に成果を上げていく。具体的には，札幌の企業家や学生を集めた各種セミナー・イベントの開催による情報交流や人的ネットワークの構築，北海道ベンチャーキャピタルとの連携によるベンチャー企業の創出，メーリングリストの発信，機関誌「bizPress」の発行，視察[12]の受け入れなどである。

このような札幌ビズカフェの活動は，サッポロバレーの象徴的存在として注目を集め，全国各地にビズカフェの活動は伝播・普及していく。2002年3月，札幌ビズカフェ（B1）の第一幕は，所在地の伊藤組のビル建設に伴い，成功のうちに予定通りクローズすることとなった。

---

[12] 町村信孝文部科学大臣（当時），竹中平蔵経済財政政策担当大臣（当時），尾身孝次科学技術政策担当大臣（当時）という3名の現職大臣，北川正恭三重県知事（当時）などが視察に訪れた（札幌ビズカフェ 2002）。

● 2-3　NPO法人として再スタート＝B2の展開

　2003年10月23日，札幌ビズカフェの第二幕がスタートした。新生・札幌ビズカフェ＝B2として，再スタートを切ったのである。開設場所は，B1と同じ場所に，伊藤組が建設した伊藤110ビルの2階にテナントとして入居することになった。道路側から直接，札幌ビズカフェに入店できる階段も取り付けられた。また，これを機に，NPO法人化されている。

　新生・札幌ビズカフェは，B1時代からひとつ大きな違いがある。それは，IT業界だけにこだわらず，北海道における地域経済の中で，多様な業界のヒューマンネットワークを築いていった点である[13]。B1の成果としてまとめられた札幌ビズカフェ（2002）の中にも，2003年以降の展開として，IT業界に留まらず多業種に交流拡大という方針が打ち出されており，また，B2スタート後，札幌ビズカフェ設立時から中心的存在としてリーダーシップを発揮してきた代表理事の宮田昌和氏も，2004年1月，地元誌に，北海道の再生のためにどういう役割があるのかという原点に立ち返りながら，食産業，農業，建設，観光，医療，福祉などの各分野のITブリッジの必要性を打ち出している（宮田2004）。

　その背景のひとつとして考えられるのが，札幌におけるIT業界の変化である。札幌のIT業界は，先に指摘したように，世界的に見ても最先端を行くものであった。また，札幌のIT業界は，主に，ニーズよりもシーズを重視する技術志向で，受託研究型のビジネス構造があり，先端IT技術で勝負するシステム・プロダクツ系の企業によって発展してきた[14]。そのため，ITバブルが崩壊したのち，大手企業からの受託研究の激減と，そもそもの営業力の低さ，マーケティングに強い人材不足が露呈してしまった。

　そのような中で，サッポロバレーは，受託研究型の企業から，第2世代として，業務系の情報処理システムを作ったり処理システムそのものを請け負ったりする受託開発系の企業へと世代交代が進んでいった[15]。また，近年では，音

---

13) 吉村氏・齊藤氏インタビュー，2010年9月13日。
14) 『週刊ダイヤモンド』「サッポロバレー——"期待の星"の挫折が相次ぎ一気に進んだIT産業の世代交代—」2003年7月26日号，pp.126-128。
15) ただし，受託開発系の企業は，中国との戦いに苦戦している。

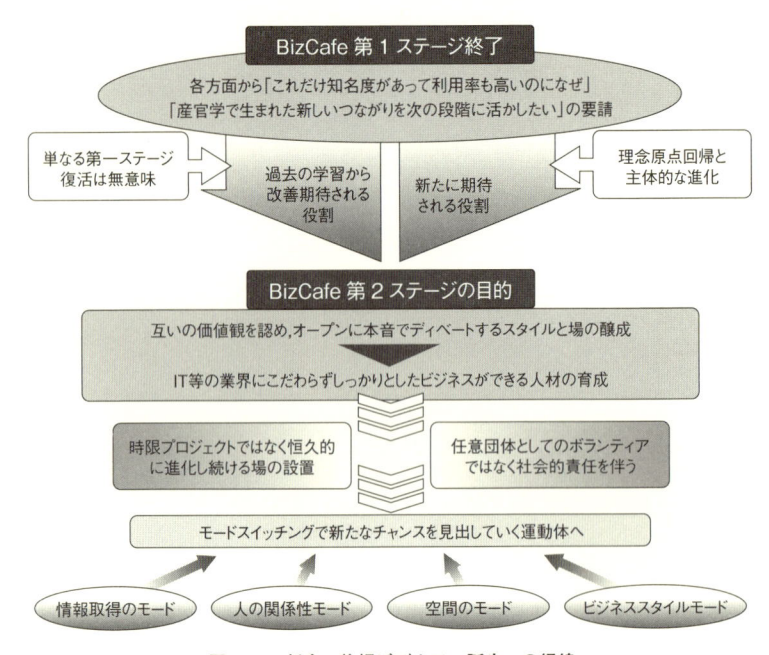

図9-15 新生・札幌ビズカフェ誕生への経緯

BizCafe 第1ステージ終了
各方面から「これだけ知名度があって利用率も高いのになぜ」「産官学で生まれた新しいつながりを次の段階に活かしたい」の要請

- 単なる第一ステージ復活は無意味 → 過去の学習から改善期待される役割
- 新たに期待される役割 ← 理念原点回帰と主体的な進化

BizCafe 第2ステージの目的
互いの価値観を認め、オープンに本音でディベートするスタイルと場の醸成
IT等の業界にこだわらずしっかりとしたビジネスができる人材の育成

- 時限プロジェクトではなく恒久的に進化し続ける場の設置
- 任意団体としてのボランティアではなく社会的責任を伴う

モードスイッチングで新たなチャンスを見出していく運動体へ
- 情報取得のモード
- 人の関係性モード
- 空間のモード
- ビジネススタイルモード

(出所) 宮田 (2004) p.63。

楽やモバイルコンテンツ，ゲームなどのいわゆるPOPカルチャー系のITベンチャーの躍進により，サッポロバレーは元気を取り戻しつつある[16]。

　もうひとつの背景は，IT利活用の時代への突入である。インターネット・インフラの普及に伴って，それまでのIT技術の開発から，ITインフラ，インターネット・インフラを活用した新たなビジネスへの期待の高まりである[17]。21世紀となった今日，IT技術のさらなる開発も重要だが，すでにITは生活インフラとして当然のものとして発達したため，いかに活用・運用するのかに大きなビジネスチャンスがあるといえる。

　B2に入った札幌ビズカフェは，先の宮田氏が言うように，時代の変化に応じ

---

[16] 吉村氏インタビュー，2010年9月13日；『日本経済新聞』「北海道経済特集」2010年11月4日付朝刊。

[17] 吉村氏・齊藤氏インタビュー，2010年9月13日；石井氏インタビュー，2010年9月22日。

ながらITベンチャーだけには留まらず，新たな展開として，IT利活用をベースに道内各地に点在する地域の企業家たちのネットワーク作りや地域経済の活性化などの新たな取り組みを始めていった。つまり，北海道という地域全体において，各地の地域企業家たちに対して，地域活性化につながる新たな場を創造していったのである。

具体的には，全道各地のコミュニティカフェ設立支援やコミュニティビジネスの創業支援，札幌におけるビジネスセミナーの開催やインターンシップ等の活動に拡がっていった（加藤 2011）。ITバブルやサッポロバレーといったITビジネス中心の時代から，新たにIT利活用の時代へと移り変わる中，札幌ビズカフェの取り組みは，設立以来のドメイン「New Business from New Style」を貫きながら，地域活性化のエンジン役としての機能を果たしているのである。

● 2-4　コミュニティビジネス・ソーシャルビジネスへの取り組みとB3のスタート

近年の札幌ビズカフェの取り組みは，昨今，注目を浴びつつあるコミュニティビジネスやソーシャルビジネスといわれる，これまでにはなかった新たなビジネススタイルへの場の提供である。利益至上型のビジネスではなく，地域に埋もれた問題を，ビジネスを通じて最適な利潤を上げながら解決したり地域活性化を目指すコミュニティビジネスやソーシャルビジネスに注目が集まっているのである。

北海道は，札幌という大都市だけではなく，多様な地方都市がある。これらの地方都市にまつわる地域独自の課題や問題を札幌に所在する札幌ビズカフェが主導することによって，道内地方都市－札幌－本州－海外といった拡がりの中で，札幌ビズカフェの持つコネクションを活用しながら多様な企業家やアクターをつなぐ場を創造し，さらに，ITインフラを利活用した新ビジネスの創造を行っている。

このように札幌ビズカフェの活動範囲が大きく変化する中，活動の拠点をITベンチャーが集積する札幌駅北口から，より多くの地域企業家の交流を求めて2012年6月に札幌大通り地区にある「ドリノキ」に移転した。ドリノキとは，札幌大通まちづくり㈱が運営する札幌の繁華街・大通りの日の出ビルのワンフロワーにあるコワーキングスペースのことである。地域に根差したビジネ

スのスモールオフィス，各種セミナー開催，ビジネス交流の場所を提供する施設となっている。札幌ビズカフェは，ドリノキのオープンに合わせて入居し，新たな活動をスタートした。

このような札幌ビズカフェの活動領域の拡大に導いた背景には，地域活性化を目指した企業家が新たな理事として加入したことが指摘できる。環境の変化を先取りし，時代に合った地域活性化に導く企業家ネットワーキングの場の提供をリードする企業家の存在である。そのコア・メンバーである現在の理事の石井宏和氏は，2013年2月，これまで12年の活動の総括と今後の展開に向けて，札幌ビズカフェの事業コンセプトを4つに整理し打ち出した[18]。

①ソーシャルキャピタルの醸成・スケールアウト
②地域リーダー（起業家）の輩出・育成
③地域産業の創出，ベンチャー支援
④ローカル to ローカルのネットワーキング

第1は，道内の各地域でチャレンジが生まれるようなソーシャルキャピタルを構築しながら，多様な地域企業家がスケールアウトするような連鎖に導くこと。第2は，地域のリーダー的企業家を育成し，活動支援を継続すること。第3は，ITビジネスだけでなく，バイオビジネスやコンテンツビジネス，さらには草の根のコミュニティビジネス・ソーシャルビジネスの起業を支援し新たな地域産業を創り出すこと。最後は，札幌ビズカフェを基点として，これらの多様な活動をネットワーキングし，道外および世界の国々とのマッチング支援を行うことである。

この4つの事業コンセプトは，設立時に打ち出された「New Business from New Style」というドメインのもと，これらの札幌ビズカフェの在り方を具現化したものである。また，石井氏は，「New Business from New Style」という言葉は札幌ビズカフェの設立から続き守るべき理念と捉え直し，今後は時代に

---

18) 石井氏インタビュー，2013年10月1日および内部資料「札幌ビズカフェ 私たちの12年とこれからの12年」。

合わせた新たに明確なドメインの再構築も行わなわなければならないと考えているという[19]。

活動拠点をドリノキに移転して以来，現在，新たな活動が軌道に乗り始めている。具体的には，大きく3つの領域での活動となる。ひとつは，起業支援セミナーの継続的な開催である。札幌の経済支援団体や米国領事館，大手監査法人等と連携をとりながら，IT企業に対するセミナーや女性起業家へのセミナーなどの場づくりを行っている。2つ目は，起業支援プロジェクトの推進である。学生へのインターンシップ事業から地域プロジェクトへの実践的参加を促し現実に起業を支援する活動や，コミュニティビジネスやソーシャルビジネスの起業を目指すコアワーカーへのスタートアップ支援，さらには既存の中小企業を連携し新たなビジネス創出を支援する活動を行っている。3つ目は，道内企業の道内ネットワーキングおよび道外さらには世界へのネットワークの創りである。道内の魅力的な地域資源である「食」[20]や「コンテンツ」[21]に係るビジネスのアジアへの橋渡しを札幌ビズカフェ主導で行っている。

このように，札幌ビズカフェは活動拠点をドリノキに移転し，新たな事業コンセプトを創造し地域の多様な企業家ネットワーキングの場を創出し続けている。また2013年は，新たな活動が本格化し軌道に乗ったことで「B3元年」と銘打ち，札幌ビズカフェの第三幕は順調にスタートを切っている[22]。

● 2-5 まとめ

札幌ビズカフェのこれまでの活動を簡潔にまとめれば，サッポロバレーの象徴となったB1からNPO法人化し活動範囲を拡大したB2を経て，さらに時代変化に合わせて活動拠点を地域企業家が集まる場に移しB3として次のステージへと進んできたといえる。このようなこれまでの活動を振り返ると試行錯誤しながらここまで歩んできたかに見える。

---

19) 石井氏インタビュー，2013年10月1日。
20) 北海道は，2011年「北海道フード・コンプレックス国際戦略総合特区」の認定を受けている。
21) 札幌市は，2011年「札幌コンテンツ特区」の認定を受けている。
22) 石井氏インタビュー，2013年10月1日。

しかし，札幌ビズカフェの活動は，地域に根差した企業家らをネットワーキングしながら新たなビジネスを創造するいわばエンジンとしての役割は一貫している。たしかに B1 時代はやや IT 企業家らの交流の場に限定されてはいたが，時代背景を踏まえれば，札幌において急成長する産業分野の企業家支援を行っていたといえ，札幌ビズカフェはその後の環境変化にうまく対応しながら，現在では地域企業家らのネットワーキングの場としての役割を担っている。

札幌ビズカフェの歴代の理事や顧問は，地域の企業家らであり一民間人である。このような民間主導の地域支援型の組織にも関わらず，時代の変化を先取りしつつ 12 年もの間存続できたことは，札幌－北海道という地域にとって存在意義があり続けていることに他ならない。この 12 年間の活動の中で，札幌ビズカフェに直接および間接的に係わった企業家たちは広義的に捉えれば 500 くらいに上るという[23]。つまり，札幌ビズカフェは，IT，食，コンテンツといった北海道において可能性のある地域資源を発信する企業家たちにとって欠かせないネットワーキングの場となり続けている。

【引用・参考文献】

青木由直（2005）．魚眼で覗いたサッポロバレー　共同文化社
有馬貴之（2010）．動物園来園者の空間利用とその属性―上野動物園と多摩動物公園の比較　地理学評論　Vol.83，No.4，pp.353-374
BizCafe 運営委員会事務局（2000）．sapporo BizCafe　創設趣意書
遠藤　薫・宮野　勝・吉村　匠・Linturi Risto（2001）．サイバーデモクラシーと市民社会―オンライン・コミュニティのデザインと可能性　情報通信学会誌　第 18 巻第 3 号，pp.62-78
Fridgen, J. D. (1984). Environmental psychology and tourism. *Annals of Tourism Research*, Volume.11, No.1, pp.19-39.
深田秀実・奥野祐介・大津　晶・橋本雄一（2012）．観光歩行行動データに対する GIS を用いた 3 次元可視化手法の提案　観光情報学会誌「観光と情報」　Vol.8，No.1，pp.51-66
グループ 21 工房（2001）．北緯 43 度の IT 革命最前線基地「BizCafe」をたずねて「サッポロバレー」物語　マネジメントレポート　第 400 号，pp.12-25
林　聖子（2002）．産学官連携のヒューマンネットワークによるサッポロバレーの底力―地域インキュベーション機能が果してきた役割　サッポロバレースピリット編集委員会［編］　サッポロバレースピリット　さっぽろ産業振興財団，pp.160-161

---

23) 齊藤氏・石井氏インタビュー，2012 年 9 月 29 日．

林　聖子・田辺孝二（2010）．サッポロバレーのIT産業集積発展プロセスとヒューマンネットワークの果たした役割　日本地域政策研究　第8号，pp.121-128

北海道情報産業史編集委員会（2000）．サッポロバレーの誕生―情報ベンチャーの20年　イエローページ

石井宏和（2013）．私たちの12年間とこれからの12年間　札幌ビズカフェ内部資料

金井一頼（2005）．産業クラスターの創造・展開と企業家活動―サッポロITクラスター形成プロセスにおける企業家活動のダイナミクス　組織科学　第38巻第3号，pp.15-24

加藤敬太（2011）．札幌ビズカフェ―地域企業家ネットワークにおける中間主導型組織の役割　ディスカッションペーパー，小樽商科大学ビジネス創造センター　No.134

桝谷　稔（2002）．札幌ビズカフェモデル―モードスイッチングの冒険　サッポロバレースピリット編集委員会［編］　サッポロバレースピリット　さっぽろ産業振興財団，pp.148-150

宮田昌和（2004）．新生BizCafe（B2）の再開　開発こうほう　第486号，pp.62-64

溝尾良隆（2003）．観光学―基本と実践　古今書院

中谷友樹・谷村　晋・二瓶直子・堀越洋一（2004）．保健医療のためのGIS　古今書院

野村幸子・岸本達也（2006）．GPS・GISを用いた鎌倉市における観光客の歩行行動調査とアクティビティの分析　日本建築学会総合論文誌　第4号，pp.72-77

岡本伸之（2001）．観光学入門―ポスト・マスツーリズムの観光学　有斐閣

奥野祐介・深田秀実・大津　晶（2012）．GISを用いたカーネル密度推定による観光歩行行動分析手法の提案と実践からの知見　情報処理学会デジタルプラクティス　Vol.3, No.4, pp.297-304

小樽市産業港湾部観光振興室（2010）．平成20年度観光客動態調査報告書

Perry, J., and Burnfield, J. M. (1992). GAIT Analysis: Normal and Pathological Function Thorofare New Jersey SLACK Incorporated／武田　功［監訳］（2007）．ペリー歩行分析―正常歩行と異常歩行　医歯薬出版

佐野正弘（2011）．位置情報ビジネス　毎日コミュニケーション

札幌ビズカフェ（2002）．札幌BizCafeの活動・成果について―連携の場としての役割と意味　北海道経済産業局販路拡大支援セミナー資料

札幌ビズカフェ（2009）．Sapporo BizCafe　パワーポイント資料

札幌ビズカフェ（2010a）．NPO法人札幌ビズカフェの紹介　レジメ資料

札幌ビズカフェ（2010b）．NPO法人札幌ビズカフェ組織と活動　パワーポイント資料

札幌ビズカフェ（2010c）．札幌ビズカフェ10年の軌跡　10周年記念式典　パワーポイント資料

サッポロバレースピリット編集委員会［編］　サッポロバレースピリット　さっぽろ産業振興財団

佐々木土師二（2007）．観光旅行の心理学　北大路書房

Silverman, B. W. (1986). *Density Estimation for Statistics and Data Analysis*. New York, Chapman and Hall

白井澄夫（2009）．高精度衛星測位技術の動向と応用　電子情報通信学会誌　Vol.92,

No.9，pp.768-774

高橋明憲 (2001)．サッポロバレーの挑戦—BizCafe の果たす役割　技術と経済　第 416 号，pp.32-39

吉村　匠 (2001)．「札幌ビズカフェ雪まつり：全国 iT バトルカンファレンス」開催！　産業立地　第 40 巻第 6 号，pp.10-15

10 北海道における新エネルギーの成長可能性

【要　旨】

　本研究は新エネルギー導入にかんする北海道民の意識を調査したものである。東日本大震災以降の状況は，新エネルギーに対する再評価を加速させている。北海道は広大な土地と農業生産力を保持するため，メガソーラ発電所や風力発電所，あるいはバイオマスエネルギーなどの開発に適している。

　他方で，これらの環境商品と呼ばれるものに対しては，道民はどのぐらい意識しているのだろうか。調査の結果，道民は新エネルギーの存在をよく理解しており，かつ新エネルギーの導入のためなら，かなりの程度，費用を負担してもよいと考えていることがわかった。他方で，新エネルギーの生産者側は，新たな市場に対する不透明感から補助金は使っても，金融機関からの融資は受けないという保守的な態度が見られた。

　今後は道内の環境意識の向上とそれを実際の購買力につなげ，環境対応製品や活動を利益に結び付けられる市場の育成が必須である。環境の維持は，農業，観光を今後の中軸にすえる道内産業において生命線であり，市場としても成長を望める分野である。

1　背　景

　日本はエネルギー資源の大部分を海外からの輸入に依存しており，昨今のエネルギー需給の動向は国内の広い分野に直接的な影響を及ぼしている。電力供

給問題もその一要因であるために,化石燃料に依存した電力エネルギーの供給からの脱却を望む動きもみられる。このような背景において新エネルギー法の施行後は新エネルギーの利用促進が進められているが,コストや技術面の問題から新エネルギー供給率は2.8%（2005）に留まっている。

近年,東日本大震災の原発事故の影響から火力発電への依存度が高まり,原油高や環境への負荷の上昇などの問題が再び大きくなり始めた。そのため,これまではコストの問題などで敬遠されていた新エネルギーが,安全性と環境負荷の小ささから改めて脚光を浴びており,政府を中心に新エネルギー導入に向けた動きが活発である。

北海道ではスケールメリットを活かした風力発電などの新エネルギー供給施設が多く点在しているために今後の発展が期待されているが,他府県と同様にコストや技術面の問題から新エネルギー供給率は低いのが現状である。また,不況にあえぐ建設業界などが,経営の多角化の観点から補助金を使って,ウェットバイオマス事業に乗り出すが,製品の需要がまったくないといった状況も見られる。

そこで,本稿では新エネルギー供給の現状を踏まえて北海道における新エネルギー普及の問題点を捉えつつ,市場での新エネルギーの潜在的な需給動向を把握することを課題とする。本稿によって北海道の新エネルギーに対する潜在的な需給動向が明らかになれば,新エネルギー普及の一指標となることから,北海道における新エネルギー市場の先鞭となる研究課題と考える。そこで潜在的な需給動向を明らかにするために,本稿では北海道の住民による新エネルギーの意識とそのための許容負担額についてアンケートをもって明らかにしていく。

2 北海道における新エネルギーを取り巻く現状

北海道の年間エネルギー消費量は全国の4.3%を占めている。内訳を2008年度から見ると,産業部門が31%,民生家庭部門が20%,民生業務部門が17%,運輸部門が32%となっており,他府県と比較すると民生家庭部門,運輸部門での比率が大きいという特徴を持つ。

10 北海道における新エネルギーの成長可能性　241

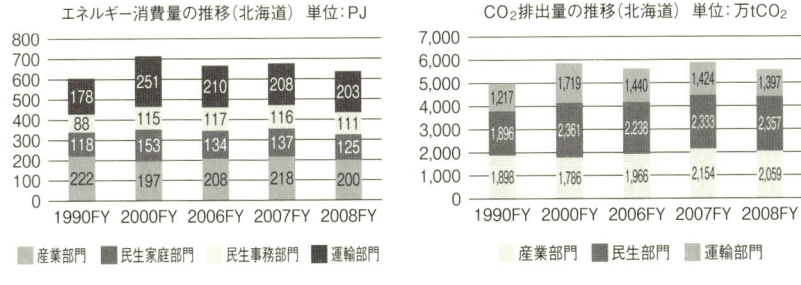

図10-1　北海道のエネルギー消費量，CO_2排出量の推移
(出所)　北海道経済産業局「北海道のエネルギー消費動向について（2008年度版）」2011年より筆者作成。

　近年の北海道のエネルギー消費量，CO_2排出量を時系列でみると，図10-1のようにエネルギー消費量およびCO_2排出量は前年（2007）に比べると若干の減少がみられるものの，1990年比では増加傾向を示している。増加分の内訳は産業部門，民生部門が緩やかに増加傾向にあり，運輸部門も2000年を境に減少に転じてはいるが1990年比からみると増加がみられる。これは，北海道経済が2000年以降停滞していることを考えれば，ほとんど削減努力が効果を出していないとも言える。

　それでも世界規模でCO_2削減が迫られるなか，北海道では豊かな自然資源と広大な面積を活かして，旧来の火力・石油エネルギーに依存した産業構造から環境負荷の少ない新エネルギーへの転換を目指した様々な取組みが官民を通して行われている。だが，北海道のエネルギー消費量は寒冷地であることから他府県に比べ，暖房用途に消費量が多く，世界情勢の影響を受けやすい石油エネルギーの変動は一般家庭のみならず，北海道経済の基盤たる産業全域に大きな影響を及ぼす。そのため，官民一体で行われている新エネルギー普及の実現に向けた動きは，将来の北海道経済に影響する重要な試みであろう。

3　北海道における新エネルギー取組みへの現状

　旧来の火力・石油エネルギーから，CO_2排出量の少ない代替エネルギーへの転換は地球温暖化を防ぐために先進国を中心に各国で推進されている。これら代替エネルギーには実用化されている原子力発電も含まれているが，2011年3

月の東日本大地震による福島の原発事故を受けて、そのリスクの高さが改めて認識された。政府は2013年度の方針として、原発を重点エネルギーとして位置づけているが、国民感情や核廃棄物の廃棄場の問題などもあり、今後も拡大可能かどうかは定かではない。

以上のような背景から、近年では代替エネルギーの中でも環境負荷の少ない自然エネルギーを主体とする新エネルギーの実用化が注目されており、豊かな環境資源と広大な面積を有する北海道ではこれら新エネルギーの実用化に向けた様々な取組みが、他県に先駆けて官民で行われている。

本節では北海道で行われている新エネルギーの事例を整理することで北海道内の新エネルギーによる環境市場の可能性を模索する。本節では、新エネルギーのなかでも北海道で実際に導入されて実現性の高く、普及が推進されている氷雪エネルギー、太陽エネルギー、風力エネルギー、バイオマスエネルギーを中心に北海道内の取り組みを考察する。

● 3-1 氷雪エネルギーの利用

自然エネルギー（未利用エネルギー）のひとつであり、積雪地帯の自然産物である氷雪を冷熱源として利用するもので、低コストかつ都市部の雪の集積所不足への緩和といった都市部の除雪問題を解決する一助として積雪地帯を中心に氷雪エネルギーの利用促進が試みられている。氷雪エネルギーの貯蔵には一定のコストがかかるものの、低温かつ高湿度の熱環境を低コストで容易に実現できる特徴を持つ。

もともと、昔から寒冷地で冬期に行われていた雪室・氷室と同じ仕組みであるが、近年では送風機や熱交換システムを組み合わせて通年の利用も可能となっている。これは、石油エネルギーの代替効果、CO_2削減効果ばかりでなく、その冷房効果から除塵効果、農作物の糖度増加による高付加価値化といったメリットが指摘されている。

全国での氷雪エネルギーの導入施設数は表10-1のように140で、その内の半数近くが北海道に集中している。使用例としては、比較的簡易に氷雪エネルギーを使用できる貯蔵型施設への導入が多く、美唄市の農業協同組合のアスパラガスの低温貯蔵施設や貞広農業の玄米貯蔵施設、平取町のトマトの保冷庫、

表10-1 全国の氷雪エネルギー導入施設

	施設数	雪利用	氷利用	雪・氷併用利用	その他
北海道	65	43	14	5	3
青森県	3	3	0	0	0
岩手県	5	5	0	0	0
秋田県	5	5	0	0	0
山形県	16	16	0	0	0
福島県	6	6	0	0	0
新潟県	34	34	0	0	0
長野県	1	0	0	0	1
岐阜県	4	4	0	0	0
鳥取県	1	1	0	0	0
合計	140	117	14	5	4

（出所）北海道経済産業局「雪氷熱エネルギー活用事例集4（増補版）」2010年より筆者作成。

倶知安町のじゃがいも貯蔵施設などが例として挙げられる。

また，除雪剤による水質汚染防止を目的とした千歳空港への導入や，夏季の冷房として使用するための札幌市の施設といった大型の氷雪エネルギーの利用もみられる。

氷雪エネルギーの普及に向けた問題点としては，電力を使った既存のランニングコストよりも約4割程安価になるものの，設備導入に掛かるイニシャルコストが既存の設備導入費用よりも2倍程高価になる。また，雪を圧雪して保存し，タンカーで東京などの都市部に運んで冷却用として利用する実験も始まっているが，こちらもコストの問題が解決していない。

● 3-2 太陽エネルギー

太陽エネルギーを利用したエネルギー変換方法は，エネルギー変換効率が他の自然エネルギーに比べ比較的高く，設備費用も安価であることから，1950年代から注目を集める自然エネルギーである。太陽エネルギーは1954年に太陽電池が発明されてから人工衛星などの特殊な環境で使用されていたが，石油危機を契機として石油エネルギーに代わる実用可能な新エネルギーとして開発・普及が促進されてきたという経緯から，最も身近な新エネルギーとして知られる[1]。

太陽エネルギーを用いた利用システムは大別して太陽エネルギーを電力に変

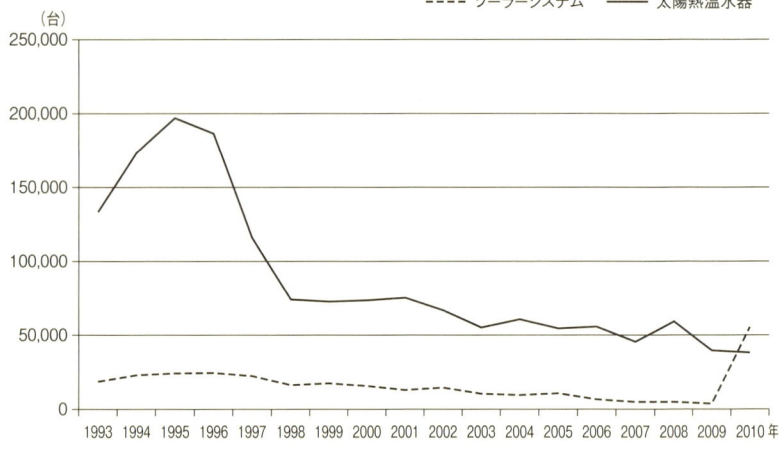

図10-2　太陽エネルギー設備の設置台数
(出所)　ソーラーシステム振興協会「太陽熱温水器・ソーラーシステム設置実績」2010年より筆者作成。

換するソーラーシステムと，太陽エネルギーを熱エネルギーに変換する太陽熱温水器があり，他の新エネルギーと比較して設置規模が小さいこと，「新エネルギー利用等の促進に関する特別措置法」による補助金などの普及措置があることから一般家庭での導入数も多い。

図10-2は全国の太陽エネルギーの設置台数を年度毎に表したもので，簡易なシステムである太陽熱温水器が普及していたが，都市ガスや電気などの競合エネルギーの価格低下から1980年の80万3000台をピークに設置台数は減少し続けており，近年ではソーラーシステムの技術向上やオール電化などの家庭電力の重要性の増加からソーラーシステムの設置台数が増加している。

ソーラーシステムの普及が急速に上昇していることからソーラーシステムに注目して2010年の地域別の設置台数をみると，図10-3の円グラフのようになる。

地域別の普及では関東や中部地方などの大都市を抱える都市部の地域で多く，

---

1) だが，1980年代には発電効率の悪さから，大規模発電システムとしては原発の重点化と相まって事業化は積極的に行われてこなかった。特に大規模な太陽熱発電所は太陽光発電に比べて開発も進められていない。

両者で全国の設置台数の半数以上を占めている。北海道では2010年度の設置数は全国の1%に過ぎない。しかしながら，学校や公共施設などの特定公共施設へのソーラーシステムの設置数では，北海道は1980年から22年間で56件のソーラーシステムが設置されているなど，一般家庭での設置よりも公的施設での設置が目立つ。しかし，平成23年には国による太陽光発電の補助金制度が開始されたことを契機に北海道でも自治体単位で太陽エネルギー設備の一般家庭への普及が推進され始めている。

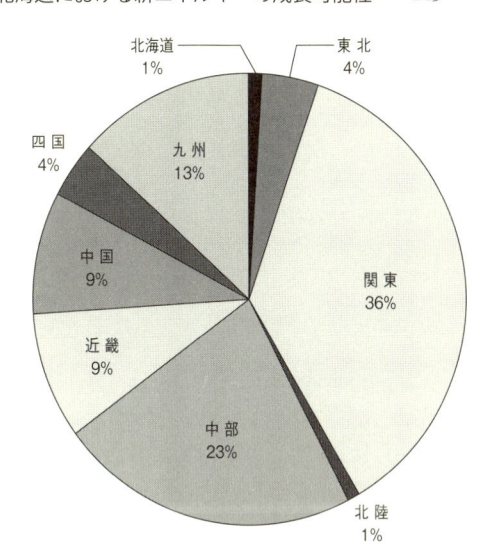

図10-3　ソーラーシステムの地域別設置台数
（出所）　ソーラーシステム振興協会「ソーラーシステム設置実績（累計）の地域別内訳」2010年より筆者作成。

さらに，東日本大震災以降，広大な土地に大量の太陽光発電機を設置し，比較的大規模な発電を行う，いわゆるメガソーラ発電が注目を浴びている。すでに比較的日照時間が長く降雪が少ない太平洋岸の地域を中心に，1MW前後の発電能力を持つメガソーラ発電所が稼働している。加えて，2015年には苫小牧の工業用地に111MWという国内最大規模の発電所が稼働する予定である。

太陽エネルギーに限らず，現在の新エネルギーの多くが，電力会社の固定価格買い取り制度に依存しているが，太陽エネルギーは，出力が一定していないなどの問題を抱えているため，電力会社は買い取りに消極的であることも少なくない。また，既存の電力網への接続が必要であるが，電力会社に接続可能量を制限されていることが普及の障害となる可能性がある。

◉ 3-3　風力エネルギー

太陽エネルギーと同様に風力エネルギーを利用した設備導入は古くから行わ

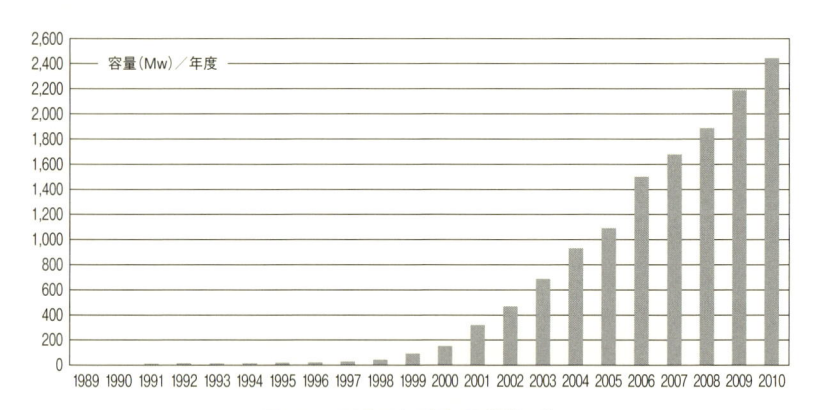

図10-4 国内風力発電の設備導入数
（出所） NEDO（2011）より筆者作成。

れており，風力エネルギーを電力に変換する風力発電を設置すればするだけ電力が得られることから無尽蔵のエネルギー資源として注目されている。先進国を中心に多くの国で設備導入が行われており，2020年には全世界の電力の4.5％〜11.5％を賄えると推定されている。日本では風力発電施設の設置可能な面積が少ないことと，十分な風力が得られる場所が少ないことが指摘されてきたが，新エネルギー産業技術総合開発機構の試算から，2030年までに20GWの発電量が見込まれる設備導入計画が可能であることが指摘されている。

図10-4は国内の風力発電の設備導入数であり，1989年では風力発電設備は9ヵ所であったが，新エネルギー大綱による新エネルギー促進を目的とする政策を受けて2000年代から急激に増加し，2010年では244万1700台もの風力発電が設置されている。しかし，これらの総電力容量は約2304MWと世界の風力発電量に比べれば1.2％に過ぎない。

この風力発電の設置場所を都道府県別にみたのが図10-5である。

図10-5から国内の風力発電設備は青森，北海道，鹿児島，福島に集中していることがわかる。風力が見込める地域かつ，一定規模の面積を確保できる都道府県を中心に導入されている。なかでも北海道は全国で2番目の設置数を誇り，広大な面積を有効にして特に日本海側を中心に導入されている。

図10-6は北海道の風力発電の支庁別設置状況である。北海道の風力発電は日本海側に全道の風力発電の74％が宗谷，留萌，石狩，後志，檜山支庁に集中

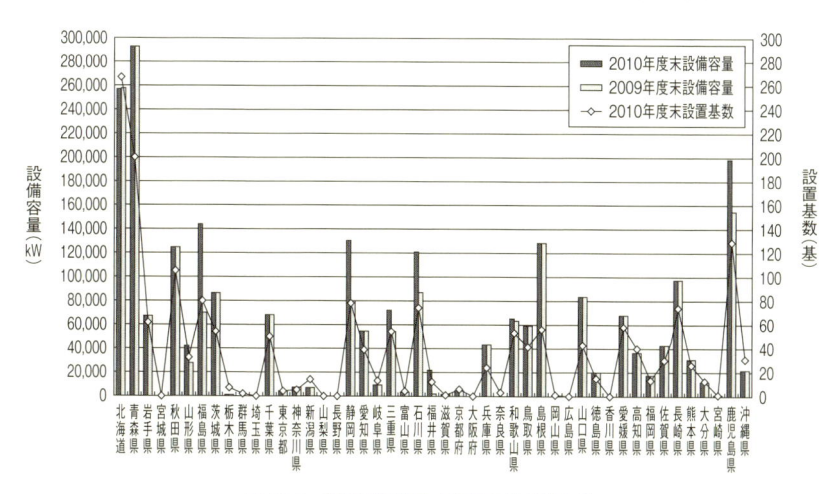

10 北海道における新エネルギーの成長可能性　*247*

図 10-5　都道府県別風力発電の設備導入数
（出所）　NEDO（2011）より筆者作成。

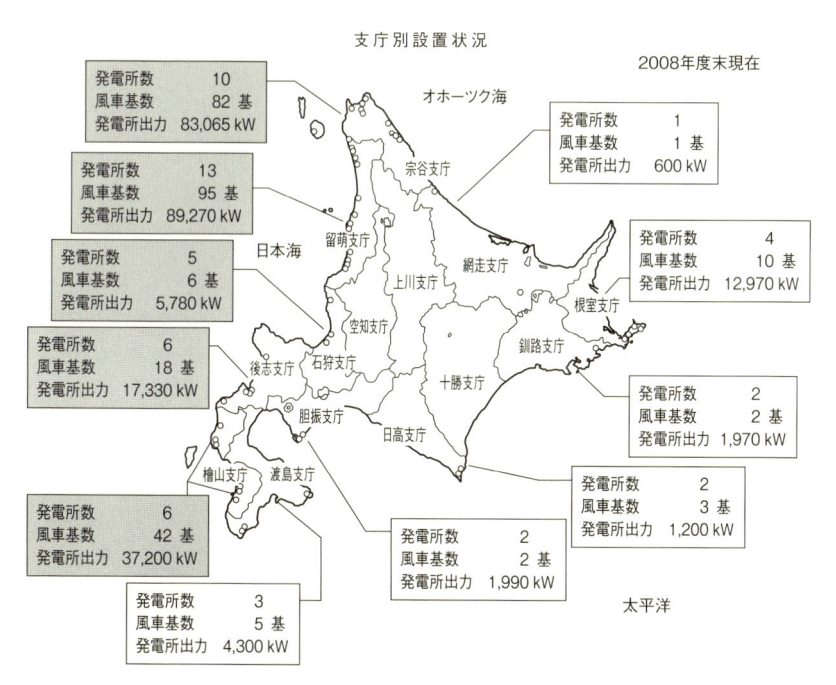

図 10-6　風力発電の支庁別設置状況
（出所）　北海道産業保安監督部「平成 20 年度 北海道における風力発電の現状と課題」2009 年より筆者作成。

しており，特に宗谷，留萌支庁で全道の45%をも占める。しかし，年間の稼働状況は23%（48カ所，2006年）と低く，予想した風量が得られないという風力エネルギーの欠点が表れている。

国や自治体の政策的後押しや補助金などにより，多くの風力発電施設が導入されているが，電力買取制度の下の電力会社との連携不足や電力供給の不安定さなどの問題を抱えている。また，北海道では発電可能な強風地域が，電力の大消費地である札幌から遠いため送電ロスの問題が無視し得ないレベルになっている。さらには，近年では経年劣化によるメンテナンス費用の増加と利益率の予想が難しいことから風力エネルギーの普及が難しくなっている。

日本の風力発電所は，大型発電に関する限りドイツやデンマークを中心としたヨーロッパ製の輸入品が今なお主力であり，日本企業のシェアは国内でも25%程度に過ぎない（NEDO 2011）。これが他の新エネルギーとは異なる点でもある。だが，国産メーカーも大規模発電設備の製造において徐々にシェアを伸ばしつつある。道内でも室蘭での部品製造が行われており，地域雇用を生んでいる。また，東日本大震災以降，ヨーロッパで広がりつつある洋上風力発電の試みも日本でも始まっており，成長が期待される市場であることは間違いない。

● 3-4　バイオマスエネルギー

バイオマスエネルギーは生物由来の新エネルギーであり，バイオ燃料とも呼ばれる。生物由来の有機物であることからCO_2が発生するが，旧来の化石燃料とは異なってCO_2発生量は有機物の発生過程でのCO_2吸収量と同量になることからCO_2を増加させないカーボンニュートラルな性質を持つ。日本では2006年の「バイオマス・ニッポン総合戦略」の策定を受けて推進されており，2030年までに原油換算で917万KL（廃棄物発電を含む）にまで生産量を増加させる計画を立てている（NEDO 2011）。主に紙由来，食品廃棄物由来，家畜排せつ物由来，農作物非食用部由来，建材・製材廃棄物由来がバイオマスエネルギーの原料として期待されている。だが，これでも，米国やヨーロッパのはるか後塵を拝している状況は変わらない。

国内では表10-2のようにバイオマスエネルギーを利活できる対象に関して

表10-2 バイオマスエネルギーの年間発生量と利活

	年間発生量(万t)	利活状況
家畜排せつ物	8,900	約90％がたい肥などの肥料としての利用
食品廃棄物	2,200	約80％は焼却・埋立処理
紙	3,600	約1600万tの大半を焼却
黒液	1,400	ほとんどをエネルギー利用
下水汚泥	7,500	約36％を埋立処理
し尿汚泥	2,900	ほとんどを焼却・埋立処理
製材工場等残材	500	ほぼエネルギーや肥料として再利用
間伐材・被害木を含む林地残材	370	ほとんどを未利用
建設発生木材	460	約60％をエネルギー等に利用
農作物非食用部	1,300	約30％をたい肥, 飼料等として利用

(出所) 農林水産省「バイオマス・ニッポン総合戦略」2006年より筆者作成。

は再利用しているが，バイオマスエネルギーの多くを焼却や埋立によって処理していた。これらのバイマスエネルギーを新エネルギーとして有効活用することは，CO_2発生を抑制するなど意義は大きく，家畜廃棄物や木質系廃棄物のように飼料・堆肥化といった旧来の活用方法に加えて，ガス化・エタノール化といった燃料への転用が計画されている。

北海道は食料生産基地としての特質から家畜廃棄物や農作物非食用部，木質系廃棄物のバイオマスエネルギーの供給が大きく，道内各地に堆肥化施設，メタン発酵施設，バイオディーゼル燃料製造施設，木質ペレット製造施設などが導入されている。

家畜廃棄物を利用した取組みでは，中札内村や東藻琴村，別海町，帯広市などが挙げられる。どの市町村も畜産業が盛んな地域であり，大量に排出される家畜廃棄物を堆肥や緑肥，ガス化することで地域循環型のクリーン農業を実践しようとしている。

農作物非食用部を利用した取組みでは，三笠市や厚沢部町，帯広市，斜里町などが挙げられ，基幹産業である農業から廃棄される農作物非食用部を堆肥化，燃料化することで高品質堆肥生産，生ごみ等廃棄物の削減，地域内への燃料エネルギーの循環を目指している。

また，木質系廃棄物や間伐材を利用した取組みとしては北見市などのようにバイオエネルギーを木質ペレットに加工して燃料として製品化するなどの試み

表10-3 新エネルギーへの取り組みを行う北海道の自治体

新エネルギー計画	市町村名					
太陽エネルギー	稚内市 倶知安町 浦幌町 網走市	ニセコ町 伊達市 美瑛町 本別町	蘭越町 利尻町 岩見沢市 別海町	幕別町 むかわ町 新冠町 江差町	音更町 厚沢部町 苫小牧市	占冠町 中川町 陸別町
風力エネルギー	苫前町 岩見沢市 別海町	蘭越町 新冠町 江差町	音更町 苫小牧市	利尻町 陸別町	むかわ町 網走市	美瑛町 本別町
バイオマス	滝川市 占冠町 中川町 下川町 本別町	清水町 倶知安町 浦幌町 岩見沢市 別海町	蘭越町 伊達市 登別市 新冠町	幕別町 東川町 当別町 美唄市	池田町 利尻町 美瑛町 陸別町	音更町 むかわ町 斜里町 網走市
氷雪エネルギー	ニセコ町 伊達市 登別市 陸別町	幕別町 東川町 美瑛町 沼田町	池田町 長沼町 斜里町 本別町	音更町 厚沢部町 岩見沢市 別海町	占冠町 中川町 新冠町 名寄市	倶知安町 浦幌町 美唄市 江差町

(出所) 北海道「北海道省エネルギー・新エネルギー促進行動計画」2002年策定(2007年一部変更)より筆者作成。

も行われている。

食料生産基地である北海道は日本の食料供給源であり、そこから廃棄される有用なバイオマスエネルギーを利活する施設を中心に様々な取り組みが行われ、バイオマスエネルギーによる農村地の地域内エネルギー循環に取り組んでいる。

ただし、いわゆるウェットバイオマスと呼ばれる領域のうち、バイオエタノールはエネルギー効率が悪い上に、燃料への混合率の規制があるため、コストパフォーマンスが非常に悪い。道内では中小企業が、補助金を利用してバイオエタノールの製造販売を試みたが、品質の問題もあり需要を見出すことができないまま、苦戦していることが多い。これは木質ペレットなどでも同じである。ウェットバイオマスに関しては、比較的効率が良く、取り扱いの技術も熟成しているメタンガスの製造が今後しばらくは主流となるだろう[2]。

---

2) ガスは、既存エネルギーの中に含まれ国の新エネルギー政策の中からは排除されることが多い。しかし、シェールガス革命を見ればわかるように、既存エネルギーであっ

4 北海道における住民の環境意識

　本節では北海道の住民が持つ環境意識のうちアンケート調査によって明らかとなった結果について述べる。

　アンケート調査は北海道の人口の半数以上が住んでいる 30 万人規模の都市（札幌市，函館市，旭川市）で行った。各都市の人口規模別に配布数を算出し，さらに各都市の区域において人口当り同数になるように配布数を区域ごとに小分けにしたのち，無作為に選択した住民にアンケート調査への協力をお願いした。調査表の総配布数は有効回答数の 2-3 割返信を想定した 2000 枚で，有効回答数は 297 枚となった。アンケートからは，環境問題に関心を持つと回答した人々の割合は 88.18％であり，環境に配慮された環境商品やサービスに関しても 73.65％の割合で関心を持っていることがわかった。また，環境を意識した身近な行動を尋ねたところ図 10-7 のような結果となり，節電やエコバックなどの買い物袋の持参，ゴミの量の削減といった生活に密着した実利のある行動が特に実行されていることがわかる。

　また，住民が認知している環境問題としては，温暖化問題や大気汚染，廃棄物問題が挙げられており，図 10-8 のようにメディアを通して広く取り上げられている環境問題や生活に身近な環境問題が多い。

　新エネルギーを利用した発電設備の普及促進については，53.04％の住民が賛成しており，「技術的に良くなれば賛成する」と回答した住民も含めると 94.93％にも上り，新エネルギー普及に対して肯定的な意識を持っている。また，太陽光パネルや小型風力発電などの個人住宅への導入についても 79.05％の住民が関心を持っていると回答している。

　しかし，実際に太陽光パネルや小型風力発電などを導入していると回答する住民は 1.69％と少なく，新エネルギー導入に掛かる不安要素として図 10-9 のように発電設備の導入価格や発電効率について多くの住民が懸念していること

ても技術革新によりこれまでとは異なる調達が可能となることを考えれば，ガス全体を新エネルギーとして捉え包括的な政策を議論すべきであろう。ガスの利用に関しては枯れた技術であることも導入のしやすさの一因である。バイオガスの可能性に関しては金谷（2011）を参照。

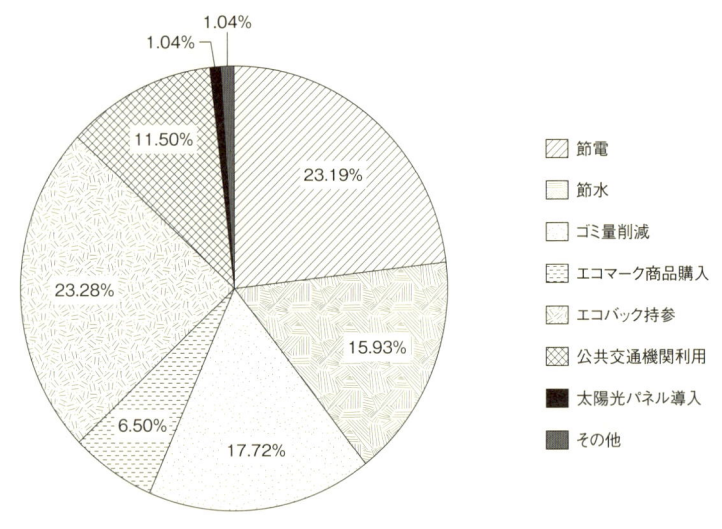

図10-7 環境意識を持った身近な行動

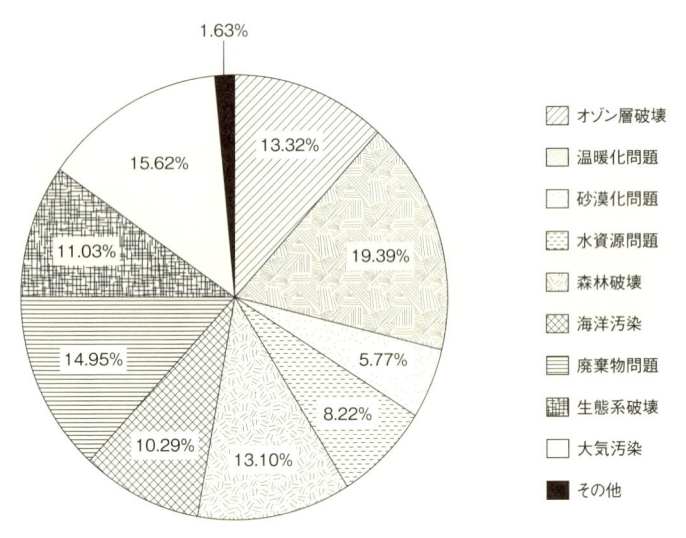

図10-8 住民に認知されている環境問題

がわかる。
　また，新エネルギーとして住民が認知している種類について尋ねると，図10-10のように実際に導入され広く知られている太陽エネルギーや風力エネル

10　北海道における新エネルギーの成長可能性　253

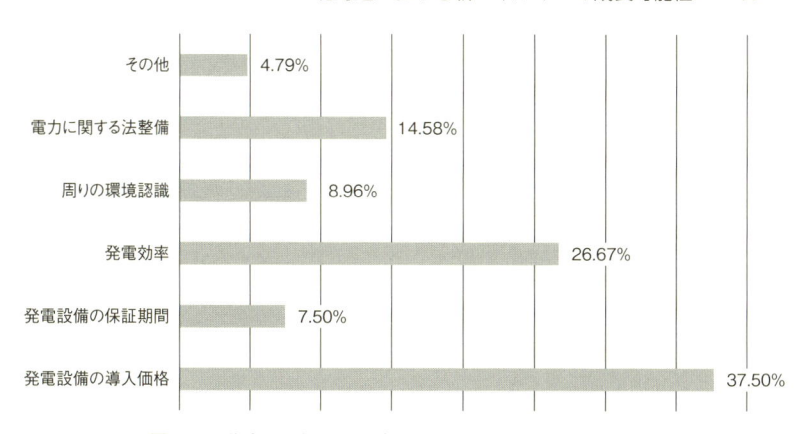

項目	割合
その他	4.79%
電力に関する法整備	14.58%
周りの環境認識	8.96%
発電効率	26.67%
発電設備の保証期間	7.50%
発電設備の導入価格	37.50%

図10-9　住宅への新エネルギー発電設備導入に関する懸念事項

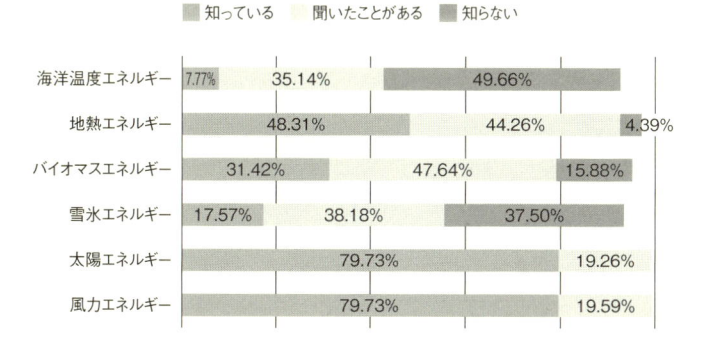

■ 知っている　□ 聞いたことがある　■ 知らない

エネルギー	知っている	聞いたことがある	知らない
海洋温度エネルギー	7.77%	35.14%	49.66%
地熱エネルギー	48.31%	44.26%	4.39%
バイオマスエネルギー	31.42%	47.64%	15.88%
雪氷エネルギー	17.57%	38.18%	37.50%
太陽エネルギー	79.73%	19.26%	
風力エネルギー	79.73%	19.59%	

図10-10　新エネルギーに関する認知

ギーについては79.73%の住民が知っていたが，バイオマスエネルギーや北海道の風土に合致して導入が期待されている氷雪エネルギーなどに関してはその認知の割合が低い状況であった。

　このように新エネルギーに関して多くの住民が認知して高い関心を持ってはいるが，その導入価格や発電効率に不安を感じ，個人での導入に対しては未だ懸念を感じている状況と推測される。これを裏付けるように北海道における新エネルギーの普及に対する取り組みについて図10-11のように国や地方自治体に期待する住民の割合は多い。新エネルギーの発電設備としての規模について尋ねた質問においても，図10-11のように大規模な太陽光発電施設や風力発電

第3部 基盤強化

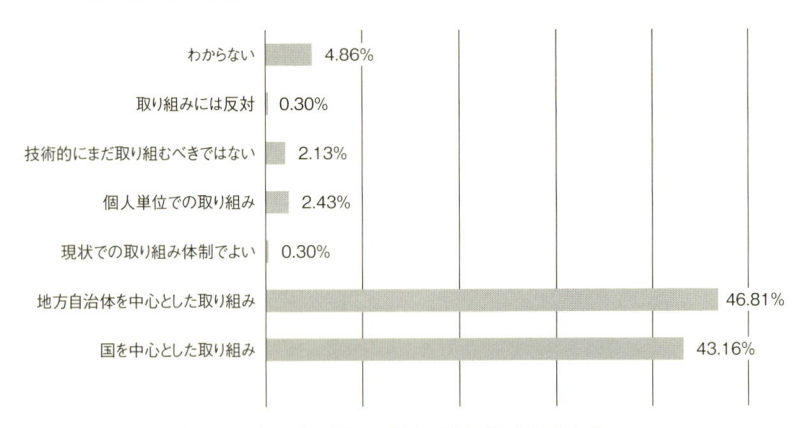

項目	割合
わからない	4.86%
取り組みには反対	0.30%
技術的にまだ取り組むべきではない	2.13%
個人単位での取り組み	2.43%
現状での取り組み体制でよい	0.30%
地方自治体を中心とした取り組み	46.81%
国を中心とした取り組み	43.16%

図10-11 新エネルギーの普及に対する取り組み方針

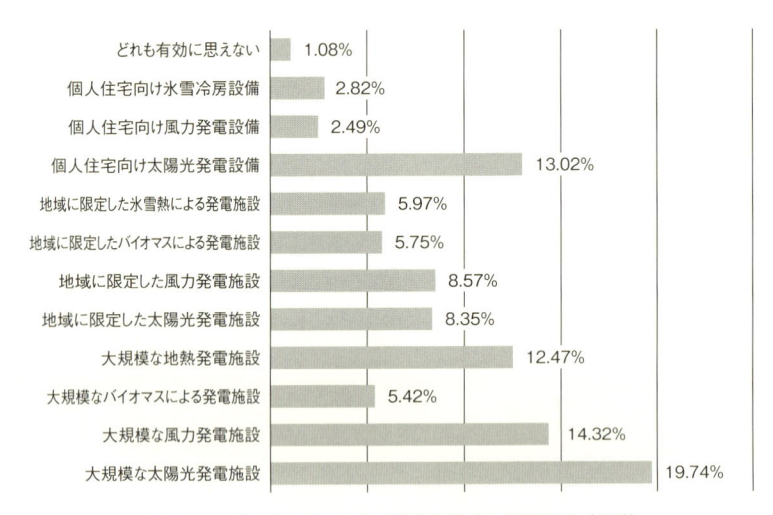

項目	割合
どれも有効に思えない	1.08%
個人住宅向け氷雪冷房設備	2.82%
個人住宅向け風力発電設備	2.49%
個人住宅向け太陽光発電設備	13.02%
地域に限定した氷雪熱による発電施設	5.97%
地域に限定したバイオマスによる発電施設	5.75%
地域に限定した風力発電施設	8.57%
地域に限定した太陽光発電施設	8.35%
大規模な地熱発電施設	12.47%
大規模なバイオマスによる発電施設	5.42%
大規模な風力発電施設	14.32%
大規模な太陽光発電施設	19.74%

図10-12 新エネルギーとして有効と思える発電施設（設備）

設備といった道や地方自治体単位の大規模な発電設備が最も有望と考えており，次いで個人住宅向けの太陽光発電や大規模な地熱発電設備が有望と回答されている。そのため，道や地方自治体が中心となって新エネルギーの普及を促すことに住民側は期待しているとみてとれる。

このような住民側の意識を掘り下げるにあたり，住民側の新エネルギーに対する期待はどの程度の水準なのかを計測する必要がある。

まず，住民の電気料金や電気使用量に関する意識としてはアンケートの質問から，現状の電気料金に対して39.53％の住民が高いと感じており，43.92％の住民は使用量相当の料金と感じている。次に，電気使用量については20.27％の住民が自身でも多く使用していると感じ，45.61％の住民は平均的な使用量であると認識していた。また，北海道で行われている市民共同発電所建設基金として行っているグリーン電気料金制度に関しては1.69％の住民が参加していると回答したが，「知らない」と回答した住民は43.92％と最も多く，認知が不十分であることが推測される。

このような電気に関する住民意識を踏まえた上で以下のシナリオを住民に提示して新エネルギー普及に伴う支払意思額（WTP）を計測した。質問方式は二段階二肢選択法であり，提示額の開始点は学生に対しておこなったプレアンケートをもとに1000円と設定して以降は500円ごとに支払意思額の推計範囲を定めた。

今後，環境問題を無くすために北海道で新エネルギーが普及していくと仮定してください。新しい新エネルギーを使用するには設備投資や効率性などの問題から費用が今よりもかかると予想されます。この費用は電気料金に上乗せされて，市民の皆様のご負担になると考えられます。
電気料金やガス料金が値上げされた場合に皆様の所得にご負担が掛かり，その分だけ使えるお金が減ることをご想像して下記の質問の（　　　）に○をお付けになり，矢印に沿ってご回答ください。また，下記の質問は調査上の仮の費用負担であり，実際の費用負担になるわけでは決してありません。

有効回答数296における上記シナリオにおける支払意思額の賛成割合は図10-13のようになった。図10-13では費用負担が0円の状態を100％賛成割合として，以降は横軸の費用負担が500円増加するに従い質問項目にYesと回答した割合を示している。

結果は最初の提示額である1000円の費用負担に対して63.85％の住民が賛成（支払っても良い）と回答している。さらに63.85％のうち，38.51％は1500円

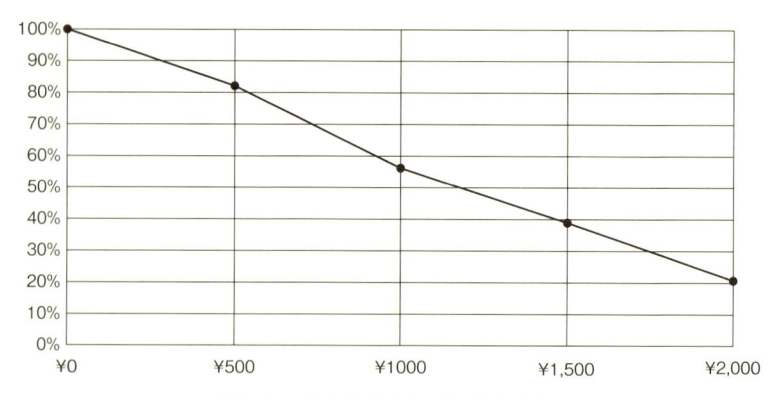

図 10-13 費用負担に対する住民の賛成割合

表 10-4 住民の環境意識に関する分析結果

説明変数	係数	Wald	Prob
普及意識	−0.307	1.686	ns
電気料金への関心	0.153	1.055	ns
導入意思	1.752	26.331	＊＊＊
年齢	−0.539	21.006	＊＊＊
年収	−0.071	1.039	ns
世帯構成	−0.065	0.409	ns
WTP	−0.001	13.507	＊＊＊
PRE1	−1.392	5.038	＊

＊$p<0.5$, ＊＊$p<0.01$, ＊＊＊$p<0.001$

表 10-5 分析の検定結果

	カイ２乗	自由度	有意確立
最終	309.834	8	0.000
Cox & Snell	0.223		
Nagelkerke	0.304		

まで賛成とし，そのうち 23.65％は 2000 円以上の費用負担に賛成としている。
　逆に 1000 円の費用負担に反対（支払いたくない）と回答した住民のなかでも 500 円までの費用負担に賛成した住民は 18.31％おり，これら新エネルギーの発電設備や普及に関して費用負担を受容した住民の平均費用負担は 1267.49 円となった。費用負担に関してすべて反対（支払いたくない）と回答した住民は

13.90％であった。

次に住民の環境意識の要因を明らかにするために累積ロジスティック回帰を用いた分析を行った。分析に用いた変数のアンケートからのデータは環境意識，新エネルギーの普及への意識，電気料金への関心，年齢，年収，支払意思額である。

結果は表10-4のようになった。環境への意識が高い回答者は，個々の住宅への太陽光パネルや小型風力発電のような新エネルギー設備の導入意識が高く，年齢が低いほどその傾向がみられる。支払意思額に関しては有意な結果で分析式に対して影響を与えてはいるが，その値は小さく負となっている。また，表10-5の検定結果においても分析式は有意ではあるが，疑似R^2は小さい値であることから分析式の改善およびより詳細な分析が必要である。

5 北海道における住民の環境意識と新エネルギーについて

本稿を通して北海道の住民の環境意識が高いことがまず挙げられる。アンケートに協力した住民というバイアスは少なからずあろうが，88.18％の住民が環境問題に関心を持ち，73.65％の住民が環境配慮の商品やサービスに関心を持っていた。さらに，環境を意識した身近な行動においても節電やエコバックなどの買い物袋の持参，ゴミの量の削減といった生活に密着した実利のある行動を多くの住民が行うなど，各自の可能な範囲で環境を意識した生活行動を行っていた。

そのためか，新エネルギーの普及および導入に関しても半数以上の住民が肯定的であり，技術的不安要素が払拭すれば94.93％もの住民が期待を寄せている。なかでも，新エネルギーについてはメディアや政府補助金などの影響か，太陽光パネルに寄せる関心は大きく79.05％の住民が興味をもっている。しかしながら，実際の導入に関しては技術面，特に費用面が導入の障壁となっている側面も同時にみられる。

そのため，政府による太陽光発電導入支援補助制度の導入は住民の導入意思を後押しすると期待されるが，図10-11および図10-12のアンケート結果からは個人用太陽光パネルの導入と同程度に地域やより大規模な太陽光パネルの導

入を期待するなど政府および地方自治体に大きな期待を持っていることがわかる。

これに掛かると予想される電気料金の値上げに対しても，アンケートから北海道の住民は月1000円以上の支出を許容しており，一定の人口規模を持つ都市では大きな新エネルギー事業を創出できる可能性を秘めている。

北海道の開拓から構築されてきた社会インフラの1つである電力事業は，その多くを化石燃料などに頼っており，震災後の環境変化や持続可能なエネルギー供給という面からもその供給構造を変化させる時期は遠からず訪れると思われる。北海道では住民の環境意識を後押しに新エネルギーを軸に変化する可能性がアンケートから見出せ，政府や地方自治体，地域住民による新エネルギーという市場構築は，創出される雇用も含め大きな事業として北海道経済を変化させる公算を持つと期待できる。

6 まとめ

本研究では，北海道の環境意識は，環境商品市場の狭さと比べると意外なほど，高いことわかった。特に新エネルギーの導入のためなら月1000円以上の費用増加を許容するという結果は，2013年12月現在の泊原発停止による電力料金上昇をはるかに超える。この結果は，北海道庁が目指す「環境配慮活動実践者の割合を平成29年度までに70％以上」という目標を既に超えていると同時に，北海道の環境市場が潜在的な成長可能性を秘めていることを示している（北海道 2008a）。

だが，現状では北海道の環境市場はそれほど大きいとは言いがたい。エコバックの利用やゴミの削減などは，店舗側や行政側の対応の変化によって引き出されたものであり消費者の自発的な環境保護活動とまでは言いがたい。これは消費財市場で環境対応製品が目立って購入されているといった事実がないこと，あるいは約84％の企業が環境配慮活動を「積極的に取り組むべきもの」と答えながら，実際に積極的に取り組んでいる企業は半分に満たないことなどにも現れている（北海道 2008b）。北海道庁はこれまでも国の方針に沿う形で多くの環境政策を実施してきたが，その効果は限定的であった。

例えば環境先進県である滋賀県では,「電気器機を購入する際,価格が高くても許容できる範囲であれば省エネ性の高いものを購入する」と回答する人が70％以上いるが,これは滋賀県が琵琶湖の水質汚染という視覚と嗅覚で理解できる問題を抱えていることと関係する。他方で北海道では,このような目立った形での環境問題にあまり直面することがなく,地球温暖化のような個々人にとっては漠然とした課題ではすぐに積極的な行動に移るほどの切迫感を感じることが難しい。例えば,環境配慮企業に対して通常より低い金利で融資する環境金融は滋賀銀行にならって,北海道の金融機関でも始まっているが,筆者の1人がインタビューを行った2011年の段階では,まだ1件も利用した企業がない状況であった。滋賀銀行では,インタビューを行った2007年の段階ですでに100件以上の利用があったこととは対照的である[3]。

　ところが東日本大震災は,北海道民にもエネルギー問題を改めて再考させる機会になっている。今回わかった新エネルギーへの意識の高さは,その表れであろう。この傾向を泊原発が停止している間だけの一時的なものとしないように,道民意識の高さを継続的に維持できれば,新エネルギーを始めとした道内環境市場の成長促進が可能となるだろう。

　滋賀県の企業経営者が口をそろえて言うように,企業の環境配慮活動は同時に企業利益につながるものでなければならない。新エネルギーに関しても同じことが言えるのだが,現状においては,買い取り制度と補助金に支えられているところが大きい。新エネルギー市場の形成がこれらの普及の成功の鍵であるとすれば,道民の環境とエネルギーにかんする意識の醸成が重要であることは明らかだろう。

【引用・参考文献】

藤井良広 (2005). 金融で解く地球環境　岩波書店
北海道 (2002). 北海道省エネルギー・新エネルギー促進行動計画　2007年一部変更
北海道 (2008a). 北海道基本計画　～循環と共生を基調とする持続可能な北海道を目指して［第二次計画］　北海道環境生活部環境政策課

---

[3] 滋賀銀行では,この時点での100件を超える融資のうち1件も貸し倒れがなかった。この点に関しては藤井 (2005) も参照。環境配慮企業が,融資先として優良であることはデンマークなどの例でも知られている。

北海道（2008b）．企業における環境に配慮した取組の実施状況
北海道経済産業局（2008）．北海道のエネルギー消費動向について
金谷年展（2011）．クール・ソリューション　ダイヤモンド社
経済産業省北海道経済産業局（2010）．雪氷熱エネルギー活用事例集4（増補版）
NEDO（2011）．NEDO再生可能エネルギー技術白書（http://www.nedo.go.jp/content/100544815.pdf）
滋賀県（2005）．第38回県民意識調査
滋賀県（2006）．第39回県民意識調査

【参考URL】
ソーラーシステム振興協会（2012）．（http://www.ssda.or.jp/energy/result.html）

第4部
結　　論

11 北海道経済の指針

【要　旨】

　これまで各章においてそれぞれのテーマについて検討を加えてきた。本章ではこれらを踏まえて今後の北海道経済の方向性について考えて行きたい。まず，改めて経済のグローバル化が北海道経済に及ぼす影響について述べ，次いで，国と地域の政策の範囲について考える。北海道を含む各地域は地域独自の競争力を持つ必要がある。ここでは地域の競争優位という概念を用いて考察し，北海道の競争優位を提示する。しかし，競争優位は潜在的な状態で終わる場合もあり，これらを顕在化させなければならない。また，ある産業での競争優位を他の産業と結合することにより，より強い競争力を持つことも可能である。前者にとってはマーケティングの視点が重要となり，後者にとってはネットワークの視点が重要となる。これまでの論点は基本的に北海道に存在する各種の資源を動員することにより可能になるものであるが，道外や海外からの経営資源の移転により，さらに競争力を高めることもできる。これについても言及する。その上で，経済発展論の視点から北海道の発展のあり方を概観する。

　グローバル経済下の北海道経済の方向性を示すにあたっては，その対象は多面的，重層的であるため，当然のことながら複合的なアプローチが必要となる。そのなかから特に本書の議論と重なる部分を含めて北海道経済を考察する上で必要な概念を提示しながら議論を進めることとする。

1 グローバル化再考

　経済のグローバル化の流れはすでに大きな潮流となっており，これを逆戻りさせることはもはや不可能である。地球規模での競争が起こっており，また，様々な場面で競争は激化している。このような状況下で北海道経済はどのような方向に向かうべきであろうか。

　貿易の自由化はグローバル化のひとつの柱である。通常，自由貿易協定（FTA）などを開始する前に専門家による検討が加えられるが，その際にGTAPなどのモデルを用いてその効果を事前に計測する。一般に計測結果は国レベルでは貿易自由化の効果はプラスとなる。もちろん，貿易自由化の影響は産業により大きく異なり，輸出指向的な産業においてはプラスとなり，国内向けに供給を行い，保護の対象となっている産業においてはマイナスとなる。

　我が国の場合，製造業の一部が非常に強い競争力を持ち，これらの産業は貿易自由化による利益を享受でき，産業内の企業の多くがすでに海外進出を果たして，為替レートの変動など様々な環境の変化に対応できる体質となっている。これらの企業は自社の経営資源を最適な場所に配置し，利潤の極大化をはかっている。これまで述べてきた外向き産業がこれにあたる。

　一方で，北海道内に多い内向き産業は国内市場への供給を中心としており，国際競争力を持たない。製品によってはニッチな国内市場に特化し，海外市場を考慮する必要がなかったものもある。我が国が輸入する工業製品の大半は関税がゼロもしくは非常に低い関税しか課されておらず，関税による保護はほとんど行われていない。一方で農業は長く関税により保護されてきた産業である。食の安全保障，環境保全など農業を保護し，維持して行くべき根拠はある。しかし，現在交渉中の環太平洋経済連携協定（TPP）ではこれまでの2国間のFTAと異なり，聖域なき関税撤廃が議論されている。

　一国がすべての産業で比較優位を持つことはできず，国際的に競争力を持つ産業とそうでない産業が混在している。貿易自由化によりマイナスの効果がもたらされる産業に対しては関税撤廃の時期を遅らせたり，補助金により保護を継続するなど様々な対応が考えられる。

　国内の産業立地は偏在しており，我が国の三大都市圏のように国際競争力の

ある製造業が集中する地域では貿易自由化は当該地域の経済をさらに活性化するものである。一方，北海道のように第1次産業の比重が高く，大きな輸出産業を持たない地域では貿易自由化はマイナスの面が強くなる。このように国内においても貿易自由化の影響は地域によって大きく異なる。

　しかし，一国の経済政策は中央政府により決定される。財政政策やFTAを含む対外的な政策は政府の所掌事項である。これらの政策の決定プロセスで，各地域は様々な形で要望を提出したり，公聴会で意見を述べたりする機会はあるが，最終的な判断は政府に委ねられる。

　政府は自らが決定した政策の各地域への影響の大きさを勘案した上で，特にマイナスの影響が大きい場合，何らかの緩和策をとると考えられる。FTAなどの貿易自由化に対しては第8章でみたように，貿易救済措置などにより，国内産業へのマイナスの影響を一時的に緩和する手段を用いることができる。これらは時限付きのセーフティネットであり，その間に産業の競争力強化などの対策がとられることとなる。我が国ではこれまでアンチダンピングなどの貿易救済措置が用いられることはほとんどなかった。貿易自由化が不可避であれば，製品の競争力の向上，差別化，ニッチ市場の開拓などでこれに対処する必要がある。しかし，これと並行して，国際法に則った形で産業の一定期間の保護を行うことも検討されるべきである。可能な限りの対処法を熟知した上で，変化する環境に機敏に対応することが求められているのである。

　国全体の政策が中央政府によって決定される以上，北海道を含む各地域ができる対応は産業振興策が中心となる。そのなかには補助金や特区の設営による経済活動の活性化などが含まれる。しかし，どのような施策であっても基本にあることは産業の競争力を何らかの形で高めることである。繰り返すが，すべての産業で国際競争力を持つことはできない。国際競争になじまない産業や商品，サービスもある。また，様々な形で輸入品に対抗することは可能である。さらには，地場の産品を新たに海外市場に輸出する動きも活発化している。第1章でみたように，そこには競争のパターンが多様化している現実がある。標準化しやすい商品においては確かに価格競争が中心となり，高コスト体質である我が国では国際競争力を持つことは難しい。しかし，ニッチな市場に差別化された商品を出す場合には，価格以外の面で競争力を維持することができる。

以下ではより具体的に北海道経済の方向性について，各章の議論を踏まえながら検討を加える。

2 地域の競争優位

● 2-1 地域の競争優位とは

　本章において提示する重要な概念が「地域の競争優位」である。ポーターはその著『国の競争優位』において何故ある産業がある国において生まれ，隆盛を極めるようになったかを，広範な実証分析により明らかにした。地域の競争優位はポーターの国の競争優位という考え方を援用したものであるが，彼自身，競争優位を国よりも小さい地域などの単位で応用可能としている。ここでいう地域の競争優位とは，ポーターの国の競争優位になぞらえていうと，ある特定の産業において競争優位を促進する地域の特性である。そして競争優位とは競合する相手との競争で成功を収めるための優位性であり，低コストや差別化製品などが含まれる（Porter 1990）。

　ポーターは国の競争優位の決定要因を4つにまとめている。図11-1にあるように，それらは要素条件，需要条件，関連・支援産業，そして企業の戦略，構造およびライバル間競争である。この4つが相互に関連する様子を彼はダイヤモンドと呼んでいる。また，ダイヤモンド内の各決定要因は相互に関連する相互強化システムである。すなわち，ある決定要因が他の決定要因も強化するのである。世界的に競争力を持つ先進国の産業においては，ダイヤモンド全体がうまく機能しない限り，長期的に競争力を維持することは困難である。一方，天然資源に依存する産業などでは1つか2つの決定要因により競争優位を維持することも可能である（Porter 1990）。

　この4つの決定要因以外に彼はチャンスと政府の役割にも触れている。チャンスと政府はダイヤモンドの4つの決定要因すべてに何らかの影響を与えている。ただし，彼はあくまでも競争優位形成の主体は企業であると考えている。また，特定産業が地理的に近接した地域に集中する傾向が強いことに注目し，これをクラスターと名付けた。

　ポーターの4つの決定要因をそのまま北海道経済に適用することも可能であ

11　北海道経済の指針　*267*

```
        ┌─────────────────┐
        │ 企業の戦略，構造 │
        │      および     │
        │  ライバル間競争  │
        └─────────────────┘
           ↑↓        ↑↓
┌─────────┐         ┌─────────┐
│ 要素条件 │ ←────→ │ 需要条件 │
└─────────┘         └─────────┘
           ↑↓        ↑↓
        ┌─────────────────┐
        │  関連・支援産業  │
        └─────────────────┘
```

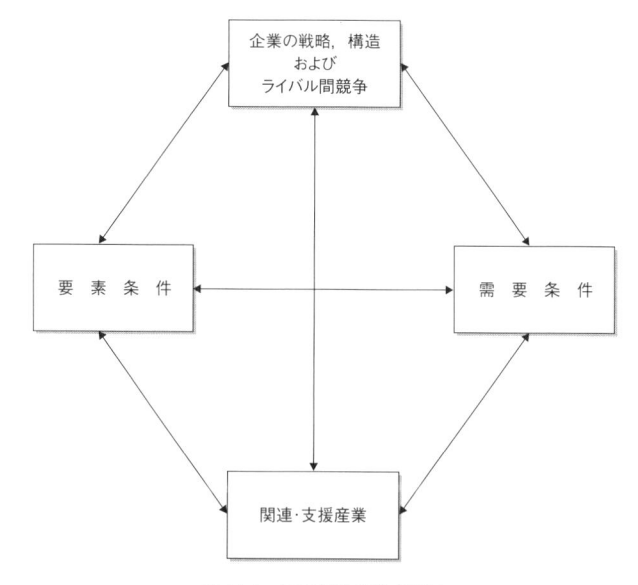

図 11-1　国の優位の決定要因
(出所)　Porter（1990）p.72 の Figure 3-1. ただし本図はポーター（1992）
　　　　上 p.106 の図 3-1 より引用。

るが，北海道の経済状況を考えるとこれらのうち要素条件を中心に考えることが適当であると思われる。ポーターは同書のなかで経済発展を主導する力についても言及している。そこではまず，要素により推進される発展段階があり，これに次いで，投資により推進される段階に進み，さらに進んだ国ではイノベーションが経済発展を主導する段階に移行するとしている（Porter 1990）。日本全体を考えるとすでにイノベーション主導の段階にあるといえるが，北海道のみを取り上げるとイノベーションよりも要素推進による発展段階から要素をより強くしようとする投資推進の段階に移行しつつあるとみることができる。

　また，具体的な産業を取り上げた場合でも，例えば農業の場合，まず，土地や気候という制約がある。これらは要素条件であり，これらが最も強く産業の競争優位形成に関わってくる。もちろん，関連・支援産業に入る農業試験場などが北海道に適した品種改良を行い，農業機械などの産業も同様に関連・支援産業に含まれる。また，需要条件に入る食の安全を求める要求の多い消費者が日本国内に多数存在することも重要であるが，これらを考慮しても要素条件の

重要性に勝るものではない。観光においてもまず自然や景観，温泉，さらには北海道の食材を使った料理など，要素条件に由来するものが競争優位を形成している。ここでも要求の厳しい国内の消費者が北海道の観光業におけるサービスの向上に寄与したことは否めず，旅行会社や輸送などの関連・支援産業もある程度の貢献を果たしたといえるが，要素条件に比べると貢献度は低いといえる。

● 2-2 要素条件

それでは，要素のなかには何が含まれるのであろうか。いわゆる生産要素としては資本，労働，土地があげられるが，ここではより広義に要素を捉えることとする。ポーターは要素として以下の5つをあげている。

- 人的資源
- 物的資源
- 知識資源
- 資本資源
- インフラストラクチャー

である。

人的資源の範囲は広く，ほとんどあらゆる職種やスキルを持った人々が含まれる。物的資源には土地，天然資源，気候条件，地理上の位置なども含まれる。ポーターは通常インフラストラクチャーに分類される水力発電所や漁業基地などもこの物的資源のカテゴリーに入れている。知識資源には「製品とサービスに関係のある科学，技術，市場の知識」(Porter 1990 p.75) のストックが含まれる。資本資源は融資されるあらゆる種類の資本を含んでいる。最後のインフラストラクチャーには「輸送システム，通信システム，郵便や小包制度，支払または資金の移送，保険サービス」(Porter 1990 p.75) があり，いわゆるソフトのインフラストラクチャーが含まれている。

これらの分類に加えて，要素の階層性についても考慮する必要がある。ポーターは基本的要素と高度要素，一般的要素と専門的要素に分類している。基本

的で一般的な要素は入手が比較的容易で，高度で専門的な要素は入手が困難であり，創造に時間を要する。

　北海道の競争優位を考える場合には，まず，物的資源とインフラストラクチャーを考える必要がある。これらは移動しない，すなわちモビリティーのないものであり，継続的に優位を生み出す可能性がある。特に物的資源が重要である。一方，人的資源，知識資源，資本資源は経済がグローバル化することにより，最適な場所を求めて移動する傾向にある。もちろんこれらの要素が北海道にとどまり競争優位の源泉となるケースもある。第9章でみた，サッポロバレーに代表されるIT関連のクラスターはこれにあてはまるであろう。

　北海道の地域特性，競争優位を形成するものは広大な土地，観光資源となりうる景観や自然，温泉などである。また，気候条件と土地から生まれる農産物，地理的な条件によりとれる魚介類，さらには冬の厳しい寒さと大量の降雪という，かつてはマイナスと考えられたものが観光資源として活用できるようになるなど，モビリティーのない要素に競争優位の源泉を求めることができる。ポーターのいう物的資源が地域の競争優位の源泉となるのである。

◉ 2-3　要素の結合

　また，各種の要素を組み合わせることにより，付加価値を高めることも可能であろう。農業をベースとした6次産業化やビジネスマッチングなどがここに含まれる。要素の新たな結合や他の決定要因との結合が差別化や高付加価値化を促進するといえる。各種の経済活動を結びつけるネットワークはシナジー効果を含め，競争力強化に有効である。

　自然や景観は変えることはできない要素であるが，土地をベースとして生産される農産物などのように，品種改良による品質向上が期待できる産物もある。そこでは関連・支援産業に含まれる農業試験場での人的資源という要素の高度化や専門化をはかることにより，要素をより強化する可能性がある。

　第9章でみた，ビズカフェは札幌のITベンチャーを中心に，企業間のネットワークが広がって行く様を現している。競争優位との関連でみると，ビズカフェは要素条件のうちの人的資源と知識資源に関わるものといえる。サッポロバレーの人的ネットワークは北海道大学を中心として形成されており，このネ

ットワークを生かした要素の結合が起こっていたと考えられる。それは人的資源の高度化と関わるものである。さらにビズカフェにおいて新たなビジネスが芽生えるが，これは各企業や個人が所有する知識資源の結合や融合とみることができる。結果的にビズカフェの活動はIT産業における要素条件の強化に貢献していたと考えられる。

● 2-4　要素の創造

長期的には要素の創造も重要となる。特に人的資源は要素のなかで最も汎用性が高く，かつ様々なビジネスの主体となる。人的資源の創造には時間がかかり，短期間で有用な人材を輩出することはできない。不足する人的資源は一時的には他所からの移動によってこれを埋めることになるが，長期的には北海道内で必要とされる人材を北海道内で育成することが望まれる。人的資源の場合，特に賃金水準の高い我が国では，他国との差別化をはかるためにも高度で専門的な人材の育成が重要である。ただし，どの分野の人材を育成するかは主導産業をどこに定めるかにより異なる。また，産業構造の変化にも対応する必要があり，大学などの高等教育機関において高度ではあるが幅広い知識を持つ人材を育成し（学部卒業レベル），産業内でより専門的な人材へレベルアップさせることが望ましい。その場合でも，大学等の教育機関との協力を視野に入れる必要がある。

例えば，観光などでも自然や景観という優位性に留まることなく，観光客に対して質の高いサービスを提供することやそのために必要な情報や知識の習得も人的資源の向上に結びつくものである。外国人観光客に対して母国語で接することなども重要である。さらに市場の開拓にはマーケティングの知識や経験も求められる。これについては次の節で改めて考察する。

3　ビジネス力強化

本節では競争優位を持つ産業におけるマーケティングとネットワーキングを中心に考察する。北海道の戦略的産業となる観光と食は競争優位を持つと考えられ，事実，外国人観光客は増加し，北海道内の農産物や魚介類の輸出もいく

つかの品目で行われている。観光についてはより一層の市場開拓についてマーケティングの観点から考察する。輸出マーケティングでは農水産物と北海道内の中小企業の事例を取り上げる。そして，食についてはネットワークの観点からもみて行く。これらは潜在的な競争優位を顕在化させ，ビジネスに直結させる方策を提示してくれるものである。

● 3-1 観光マーケティング

第3章でもみたように北海道にとって観光は非常に重要な産業となっている。前節でみたように観光資源は地域の競争優位を創出する要素である。これを活用した観光産業の振興をグローバルな視点からみると，外国人観光客の受け入れとなる。北海道の競争優位である観光資源をいかにマーケティングして行くかは今後の産業の発展にも大きく関わってくる。

国際収支上では外国人観光客の増減は経常収支のうちのサービス収支に反映される。我が国はサービス収支に含まれる輸送収支，旅行収支はともに赤字である。北海道にとって外国人観光客の増加は直接観光地にカネを落とすという意味で重要である。また，外貨の獲得という意味では輸出と同じ働きをする。すなわち道内総生産にとってプラスとなる。

すでに述べたように外国人観光客の集客には情報発信が極めて重要である。北海道の観光資源は国内の他地域との差別化はなされているが，これにブランド力を加味することにより，一層の付加価値の創出とさらなる差別化が可能となる。

北海道の持つ競争優位をいかに活用するか，そのためにいかに市場を開拓するか。これまで，様々な外国人観光客集客のための施策がなされ，外国人観光客も東日本大震災の影響により，一時期低迷したものの，勢いを盛り返してきた。しかし，マーケティングという観点から見ると，まだ多くの可能性を秘めているといえる。

第3章でみたように，グローバル化により北海道観光はさらに発展する可能性を秘めている。我が国は観光新興国であるとの指摘からも今後の成長が期待される産業であることがわかる。観光産業は複合産業であり，言い換えると裾野の広い産業でもある。関連・支援産業の成長により，要素条件のみに依存す

る体質から脱却する可能性もある。北海道ブランドについてはすでに高い評価が与えられており，これをさらに活用することが今後の課題となるであろう。その場合，同章でも触れられたように，きめ細かいマーケティングが必要となる。単に外国人観光客を誘致するだけでなく，彼らの満足度の計測により，セグメント化とターゲットとする外国人観光客に対する的確な情報発信などが求められている。その際にはインターネットなどのITを有効に活用する必要がある。英語，中国語，韓国語でのサイトは多く作られているが，今後，集客が期待される東南アジア諸国の言語には対応していない。また，既存のWebサイトの更新やリンクの拡充など利便性を高める努力が望まれる。東南アジアからの来道者のなかにはイスラム教の信者もいるためハラルフード[1]や礼拝所の設置など，きめ細かい配慮が必要となろう。

観光と道産品をハロー効果によりセットで売り込むことも観光を中心として関連産業を育成するために必要である。いかに強い後方連関効果を生み出すか，そのために何が必要であるかを改めて問い直すことが求められている。ここでも人材が重要なキーワードとなった。外国語を自由に操り，的確なサービスを提供できる人材は少ない。短期的には留学生などの活用に頼らざるを得ないであろうが，長期的には地域の競争優位で触れたように，高度で専門的な人材の育成とそれを可能にする教育機関の拡充が望まれる。

また，第9章にあるようにITを駆使した旅行者の行動に関する情報の収集と，これをもとにした観光情報を旅行者に的確に配信するシステムを構築することも急務である。WiFi環境の整備のみならず，観光客が求めるきめ細かい情報を各地で作成し，提供することも重要である。

● 3-2 輸出マーケティング

第1章でみたように北海道からの輸出は極めて限られており，我が国の全輸出額の1%にも満たない。また，限られた輸出も自動車部品などの工業製品が大半を占めている。現状は厳しいが，国内市場が縮小するなか，海外市場は大きな可能性を秘めている。特に急速に成長する中国をはじめとした新興国への

---

1) 豚肉などイスラム教でタブーとされている食材を用いない食べ物を指す。

農産物，水産物の輸出は将来性を考慮した取り組みがなされている。農林水産省のホームページや新聞報道にもあるように，JA 帯広かわにしでは長いもを台湾に，根室市はサンマをベトナムに輸出している。またホクレン通商は LL 牛乳を香港に輸出している。金額は少ないものの，北海道内の農産物や魚介類の輸出は徐々にではあるが拡大している。北海道ブランドとも相まって将来性がある分野といえる。

　輸出業務は様々な業者がそこに関与し，国内での販売に比べて複雑な構造となっている。市場調査，バイヤーとの協力，流通業者との協力，数量の確保，金額面での交渉，小口需要への対応など，解決すべきことが多々ある。本州の商社との協力もあろう。各方面から提案がなされており，すでに実行に移されたものもある[2]。

　マーケティングの観点からはいくつかの課題が提起される。農産物や魚介類の輸出には，市場の選択，製品戦略，販売促進，流通（サプライチェーン）をいかに管理するかが問題となる。特にサプライチェーンの管理が重要であるが，複数の業者を通して行く際にそれぞれが機会主義的な行動にでた場合，国内のみならず海外市場での物流が滞る危険性もある。本州の大手に比べ，北海道内の業者は経験やノウハウで劣ることがあるが，これを克服することも急務である。ここでも次に述べるネットワーキングが一つのカギを握るといえる。

　また，北海道内の中小企業も海外市場への関心を高めており，すでにみたように海外に進出した企業も増加している。以下では中村（2010：2011）をもとに北海道内の中小企業が輸出をする際に直面した問題点についてみて行く。合計4社の事例が取り上げられており，これらのうち3社が製造業であり，1社がエンジニアリング企業である。製造業のうち2社は農業と関連があり，それぞれ農産物加工業と食材の洗浄機メーカーである。エンジニアリング企業も天然資源である石炭採掘関連の企業であり，北海道の要素条件を反映している。生鮮野菜や魚介類を直接扱っている企業ではないが，輸出に至る経緯や実際の

---

2) 日本経済新聞北海道版（2013年6月22日）「道産品輸出，粘り強く」。讀賣新聞北海道版朝刊（2013年8月13日）「道産食品の小口輸出支援」。日本経済新聞北海道版（2013年12月5日）「極東ビジネス新局面　道産食品売り込め」。

輸出において生じる問題点には共通するものが多い。4社に共通することはこれらの企業が技術をはじめ，他社に負けないコアコンピタンスを持っていることである。これらは海外市場獲得の最低限の要件といえよう。次にこれらの企業のうち1社を除いては，自ら積極的に海外市場を開拓したというよりも，海外からの引き合いにより，直接輸出を開始している。それぞれ，業種は異なるが，契約に至る過程で経験不足による様々な困難に直面した。これらを克服するために必要な条件として，現場をみる，信頼関係の醸成，外国人の文化，ビジネスに対する理解などがあげられる。日本貿易振興機構など公的な機関のサポートも有効に機能していた。商社などを通さない直接輸出はリスクを自社で負うため，中小企業にとっては負担も大きいが，間接輸出にはない，海外との直接的な交渉や結びつきが有形，無形の形で企業の経営資源の蓄積を促すといえる。経験から学ぶ姿勢は今後の北海道内企業のよい手本となるであろう。

● 3-3 ネットワーキング

第4章でみた食の6次産業化はネットワークについてのいくつかの有益な示唆を含むものである。まず同章のケースを周知の価値連鎖（図11-2）をもとに考察してみる。価値連鎖においては，企業の主活動が5つの分野に分割され，それぞれがいかにして付加価値を生み出しているかをみる。製造業においてはスマイルカーブという言葉で表現されるように，一般に，価値連鎖のなかでは生産（この場合は農産物の加工）は高い付加価値を生まず，その前後でより高い付加価値が生まれるとされている。企業内で価値連鎖のすべてを完結できる場合はトータルで価値の創造を考えることになる。しかし，産業にもよるが，実際には多くの場合，個別の企業は価値連鎖のなかの一部を担うのみで，その場合，価値連鎖の全体をコーディネートする主体は不在となる。

第4章で取り上げられたパイオニアジャパングループのケースは，独自の6次産業化を進め，価値連鎖のほぼすべての段階を自社内で完結できる形となっている。自社単独の場合，意思決定が集中し，迅速に行われるという利点がある。食品加工から出発し，後方連関（原材料）と前方連関（販売）を果たし，一体化し，効率化を果たしている。このようなケースは有効ではあるが未だ少数である。

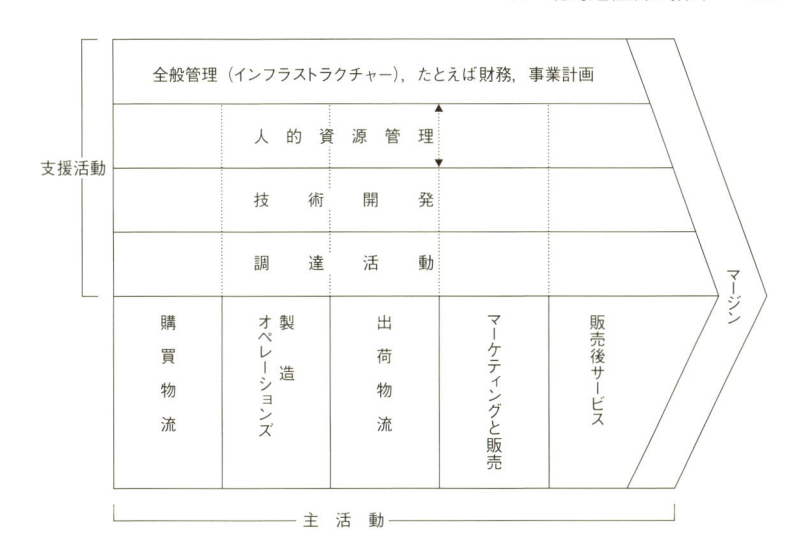

支援活動	全般管理（インフラストラクチャー），たとえば財務，事業計画
	人的資源管理
	技術開発
	調達活動

| 購買物流 | 製造オペレーションズ | 出荷物流 | マーケティングと販売 | 販売後サービス |

――――主活動――――

マージン

図11-2　価値連鎖

（出所）　Porter（1990）p.41のFigure 2-3．ただし本図はポーター（1992）上 p.60の図2-3より引用。

　実際には様々な段階で多くの生産者，食品加工会社，販売業者が参入し，そのなかでネットワークを構築する必要がある。その場合，全体をコーディネートする企業や機関が必要となる。民間企業であれば，金融機関がその役割を果たすことも可能であろう。金融機関にはネットワークのマグネットになるだけでなく，コンサルタント的な機能も求められる。第2章でみたように北海道内の民間企業による投資は減少傾向にある。この状況を打破し，新たな投資先を見つけ出す役割も金融機関には求められるようになってきている。第7章においても銀行業のビジネスモデルについて，既存の資金仲介のみならず，これにプラスした新たな業務の必要性が提言されている。この面からも，金融機関の企業間ネットワーク構築への貢献が期待される。

4　経営資源移転

● 4-1　経営資源の移転と競争優位

　第1章と第5章でみたように，海外や本州からの企業の投資は北海道経済に

プラスの効果をもたらす。両者とも単なる資金の投入だけでなく，様々な経営資源を移転してくれる。経営資源のなかにはヒト，モノ，カネ，情報のみならず，ノウハウ，技術など有形，無形の資源が含まれる。これらをパッケージとして移転してくれることが直接投資や企業進出である。その意味では彼らは移転エージェントなのである。

彼らが移転する経営資源は競争優位の決定要因のうちの要素条件を強化する働きを持つ。具体的には人的資源，知識資源，資本資源を補強することとなる。また，競争優位の決定要因は相互強化システムであるため，要素条件以外の決定要因を強化する働きも併せ持つ。

● 4-2 ニセコ地区

以下では海外からの直接投資の例としてニセコ地区を取り上げる。周知のようにニセコ地区は2000年頃からオーストラリアからのスキー客が増加した。もともと北海道内のスキー場は雪質がよいことで知られているが，基本的には国内からの集客が中心であった。日本が冬の時，南半球のオーストラリアは夏である。距離的にも北米やヨーロッパよりも近いため，彼らを引き付ける要素はあったが，この点に気付いたのは地元の人々ではなくニセコ地区に拠点を持つオーストラリア人であった。彼らは，北海道の持つ資源（要素）を再確認させてくれたのである。これは外部者による要素の発掘，気付きといえる。そして口コミによりオーストラリア人の観光客が急増した。外国人向けの施設やサービスの提供やさらにはラフティングなど夏期のレジャーによりニセコ地区は通年型のリゾートへと変わりつつある。これによりオーストラリアだけでなく香港などアジアからの投資も拡大している[3]。

ニセコ地区の自然，すなわち要素条件が最も重要な競争優位であることは事実であるが，その後の開発は関連・支援産業であるホテルなどの建設を後押しした。さらに冬だけでなく通年型のリゾートへと変わりつつあるが，これは視点を変えるとオーストラリアや海外の需要条件が持ち込まれた結果ともいえる。

---

3) ニセコ地区の発展の詳細については日本貿易振興機構　北海道情報センター（2006）を参照のこと。

このように競争優位の決定要因のうち，要素条件だけでなく，関連・支援産業や需要条件も加わり，競争優位を相互に強化しあっているといえる。

◉ 4-3　自動車産業

　第5章で分析されたように，北海道は自動車産業の振興を企図し，本州の大手企業が北海道に進出を果たした。この場合も，これらの企業は要素を北海道に移転しているのである。企業誘致の効果は直接的なものと間接的なものに分類される。まず，直接的な効果としては資本の投下，工場建設などの地元企業への発注や資材の購入などの取引の増加があげられる。ただしこの場合は進出時のみとなる。それ以外に雇用の創出，従業員への技術移転やスキルアップのためのトレーニングなどの人的資源開発，さらに第1章でみたように北海道からの輸出にも貢献している。これらだけでも北海道経済にとっては大きな貢献となっている。

　間接的な効果としては北海道内企業からの原材料や部品などの購入がある。また，大手企業からの独立などによるスピルオーバーや企業間での技術移転の可能性も否定できない。このような状況は発展途上国に進出した多国籍企業の活動と類似している。異なる点は北海道の地場企業の技術レベルである。発展途上国のそれと比べるまでもなく，技術的レベルは低くない。しかし，実際には本州から進出した企業との取引額は限られている。

　北海道内の企業が本州出身の企業にとってのリライアブルなサプライヤーになっておらず，間接的な効果が十分に働いていないのである。長期的な観点からはリンケージや後方連関効果による地場企業からの調達の拡大がより重要である。取引を通じた企業間技術移転が必要であり，顧客の必要とする技術，製品の把握がなされる必要がある。第5章の考察にもあるように供給を増やした道内企業もある。大手企業側のサポートもみられるものの，依然として両者の認識に差があるといえる。技術的には大量生産技術の導入が望まれるが，事業規模の小さい北海道内の企業にとってはリスクが大きい。この場合，コンソーシアムなどの企業間の横の連携によりリスクを分散させながら，生産規模の拡大を図る必要がある。この場合もコーディネーターの役割を果たす組織が必要となる。

● 4-4 クラスター形成のために

すでに述べたように人的資源や知識資源，資本資源は移動するものであり，北海道から流出しているケースも多いが，移動性が高いということはこれらを北海道内に引き寄せることもできる。そのためには，進出を考える企業にとって北海道が魅力的な場所である必要がある。先進国の一部であるため高コスト体質であることに変わりはない。従って低賃金などの優位性を持つことは国内他地域に対しては多少あっても，国際的には優位性はない。そうであれば，クラスター型の優位性を構築することが望まれる。バイオテクノロジーなど特定分野の研究開発などは高度で専門的な人材を必要とする。また，研究開発は価値連鎖のなかでも高い付加価値を生む分野である。一旦クラスターが形成されると競争優位が強化され，さらにヒト，モノ，カネ，情報を引きつけるようになる。

自動車のケースはクラスターの形成が道半ばであることを示している。自動車のみならず他の先端的な産業でもクラスター化が進めば，第6章でみたUIターンのようにクラスターに引き寄せられて人材が集まる可能性がある。

クラスターや産業集積の規模は需要に依存するという研究[4]もあり，大規模なクラスターは大都市圏に形成される。北海道内で重層的で大きなクラスターや産業集積の形成は困難であるが，比較的小規模で，特化した形のクラスターであれば形成の可能性も拡大する。ここでも寒冷地技術などに特化したニッチな市場を目指す視点も求められる。

また，長期的な観点から，バイオテクノロジーなどすでに進められている事業をさらに発展させ，研究機関を中心としたクラスターを形成することも望まれる。シンガポールなど海外では製造業ではなく，科学技術分野での世界的な研究開発拠点が形成されつつある。競争が激しい分野であるが，日本人だけでなく外国人の研究者の招聘や海外の研究機関，国内外の企業との連携により，国内に不足する人的資源を補いながら進めることも視野に入れるべきである。

---

[4] 松尾（2001）を参照のこと。

5 経済発展論の視点

　第2次世界大戦後独立を果たした発展途上国の経済を主な対象とした研究分野が経済発展論である。当時の発展途上国の状況に鑑み，極めて実践的な研究が積極的に行われた。それらのうちのいくつかは北海道経済を考える際に援用可能である。

　まず，経済発展とは産業構造の変化を伴うものである。ペティーの法則と呼ばれ，Clark（1951）が実証したように，経済発展の一般的な動きは第1次産業中心の経済から第2次産業中心へと移行し，最終的に第3次産業が主導産業となる。これらはより生産性の高い産業への移行を示すものであるが，技術の向上により，第1次産業においても生産を高めることは可能である。ただし，農業などは土地という制約を受け，規模の経済性が働かず，むしろ収穫逓減となるため，この点においては依然として不利な状況にある。北海道は我が国全体の産業構造と比較すると第1次産業の比重が高く，第2次産業の比重が低い状況にある。北海道が必ずしも日本全体と同じ産業構造を持つ必要はないが，規模の経済性が働く第2次産業の構成比率を高めることが経済発展につながるといえる。一方で，経済のサービス化が進んでいる現状においては，第3次産業の振興を優先することも可能である。いずれにしても，主導産業の育成がどの時代にも求められている。

　経済発展論では均衡，不均衡成長という議論が繰り返されてきた[5]。前者は2部門を取り上げ，両者の均衡ある成長を目指し，後者は一部の産業の成長をまず優先して，その後，波及効果により他の産業の発展を促すというものである。2部門は最終財と原材料供給部門，農業部門と工業部門，民間部門と政府部門であったりする。取り上げる部門により，均衡か不均衡かという観点も異なってくる。

　一般的にはすべての産業が揃って成長することは稀であり，実際には不均衡

---

5) 均衡成長論者にはローゼンシュタイン・ロダンやヌルクセらがいる。不均衡成長論者にはハーシュマン，ストリーテンらがいる。両者の比較については鳥居（1979）に詳しい説明がある。

成長が起こっている。まず，一部の主導産業の成長に力を注ぎ，その後，これらの産業からの波及効果（連関効果）により，他の産業の成長を促すことが考えられる。この場合，主導産業が前方及び後方連関効果，特に後方連関効果が大きい産業であること，すなわち他の供給産業に対しての経済的な波及効果が大きいことが，より急速な関連産業の成長を促すこととなる。競争優位を持つ産業が主導産業となり経済を牽引することも不均衡成長の勘所である。本書で取り上げた戦略的産業は主導産業となりうるものである。そして，これまでの競争優位の考えは経済発展論と相いれないものではなく，主導産業を見極める役割を果たすものといえる。

ただし，より現実的には均衡，不均衡という単純な二分法とはならない。本書で取り上げた戦略的産業が主導産業となるためには基盤となる産業，すなわち経済活動を行う上で不可欠な金融やエネルギー関連の産業との調和のとれた発展が望まれる。この意味では主導産業と基盤産業の均衡成長が並行して進められることが重要である。

地域開発論や経済発展論では成長の中心や成長の核という考えがある[6]。発展を主導する産業とその産業が集まる都市の一方または双方を指す。北海道内では札幌一極集中が進んでおり，札幌が成長の核となっている。産業の特定都市への集中は強い求心力によるものであり，経済が発展する段階ではよく観察される事象である。製造業においては求心力に続き，遠心力が働き周辺へと産業が広がる。しかし，サービス業が中心的な産業である札幌の場合，強力な遠心力が働くとは考えにくい。また，道内他地域での経済的な衰退はアメニティー面での相対的な札幌の地位を向上させ，むしろ，札幌一極集中を促進する方向に向かっている。地理的にみた道内地域間の均衡成長を考えると，札幌以外にも成長の核となる都市があることが望ましい。本州の各県と異なり，都市間の移動距離が長い北海道においては，旭川，函館，帯広，釧路などの中核都市がその役割を果たすことが望まれる。

---

6) それぞれグロース・センターやグロース・ポールと呼ばれる。Myrdal (1957) にある，求心力や遠心力という考えと共通する部分が多い。また，Krugman (1991) も参照のこと。

6 結　語

　経済のグローバル化により，国内市場を中心としてきた内向き産業においてもその変革が求められるようになった。これらの産業においても何らかの形で地域特性を活かし，競争力を持つことが求められている。地域の競争優位という考え方とその決定要因から，北海道は要素条件のうち，物的資源，すなわちモビリティーのない資源を活用した産業において強い競争優位があるといえる。また，IT産業のように人的資源や知識資源に依拠した産業においても一部，競争優位を見出すことができる。

　しかし，競争優位が十分に活かされているか，または潜在的な競争優位が顕在化しているかというと未だ不十分な点がみられる。これを打破するためには競争優位をもとにマーケティングの視点を加えて市場を開拓する必要がある。また，要素条件の結合や価値連鎖やサプライチェーンマネジメントの観点からはネットワークの確立も見逃せない。産業間や業者間の連携においてはこれをコーディネートする金融機関などの役割が重視されるべきである。

　経営資源の移転により競争優位やクラスター形成に結び付けることも重要であるが，この場合，国内の企業誘致，外国企業による直接投資が有効に活用されるべきである。一方で，中小企業が多い北海道では取引額が大きい大手との商談がまとまりにくいという現実がある。金融機関の仲介による企業間のコンソーシアムのような形態も取り入れる必要があろう。

　経済発展論の視点からは主導産業が経済を牽引する不均衡成長が一般的にみられるが，経済基盤全般に関わる産業との均衡成長や地域間，都市間の均衡成長という観点も地域経済を考える場合には重要である。

　以下では改めて，投資，人材育成そして発展の方向性についてまとめる。

　第2章で明らかになったように，道内での民間投資が減少している。投資は道内総生産を押し上げるだけでなく，産業の発展に不可欠である。そこで指摘された付加価値生産が脆弱であるという点は，各種の生産活動が高度化されていないことを示している。付加価値の増大には第4章でみたような6次産業化もその対策の一つとなるであろう。産業間ネットワークの拡大により，付加価値を高めるのである。もう一つの課題である投資先の欠如は根本的な問題であ

るが,特に戦略的な産業においては要素の強化や創造に資する投資が積極的になされるべきである。

　要素条件のうち人的資源は如何なる産業の発展にも不可欠である。北海道では各分野で人材が不足する傾向にある。人材とは量的な問題もあるが,すでにみたように高度で専門的な人材という質的な問題がより重要である。北海道は三大都市圏を除くと人口比でみて比較的大学が多いという特徴を持つ。北海道に必要な人材を長期的な観点から育成して行くことが教育機関に求められている。短期的には第6章でみた,UIターンも即戦力となる人材の確保には有効であろう。

　経済発展論の系譜のなかには内発的発展論がある[7]。これは住民自身が自分たちの国や地域の実情にあわせ自発的に経済発展の方向性を見出し,主体的にこれを進めようとするものである。北海道においても経済発展を考え,実行する主体は道民である。ただし,これに海外の市場や外国人観光客,海外からの直接投資など,外部者の視点を加えることも忘れてはならない。経済のグローバル化の下,外向き指向の内発的発展が求められているのである。

【引用・参考文献】
穴沢　眞・江頭　進［編］(2012).　グローバリズムと地域経済　日本評論社
Clark, C. (1951). *The Conditions of Economic Progress,* Second Edition, London, Macmillan.／大川一司・小原敬士・高橋長太郎・山田雄三［訳］(1953・1955).　経済進歩の諸条件（上・下）　勁草書房
池田　均 (2001).　地域開発と地域経済　日本経済評論社
石倉洋子・藤田昌久・前田　昇・金井一頼・山崎　朗 (2003).　日本の産業クラスター戦略―地域における競争優位の確立　有斐閣
伊丹敬之・松島　茂・橘川武郎［編］(1998).　産業集積の本質―柔軟な分業・集積の条件　有斐閣
伊東維年・田中利彦・出家健治・下平尾勲・柳井雅也 (2011).　現代の地域産業振興策―地域産業活性化への類型分析　ミネルヴァ書房
伊東維年・柳井雅也［編著］(2012).　産業集積の変貌と地域政策―グローカル時代の地域産業研究　ミネルヴァ書房
Krugman, P. (1991). *Geography and Trade,* Massachusetts, The MIT Press.／北村行伸・高橋　亘・妹尾美起［訳］(1994).　脱「国境」の経済学―産業立地と貿易の新

---

7) 内発的発展論については西川 (2001) 及び鶴見・川田 (1989) を参照のこと。

理論　東洋経済新報社
黒柳俊雄［編著］（1997）．開発と自立の地域戦略—北海道活性化への道　中央経済社
松尾昌宏（2001）．産業集積と経済発展—収穫逓増下の地理的パターン形成　多賀出版
Myrdal, G.（1957）．*Economic Theory and Under-developed Regions,* London, G. Duckworth.／小原敬士［訳］（1959）．経済理論と低開発地域　東洋経済新報社
中村秀雄（2010）．小樽商科大学地域研究会グローバリズムと地域経済—北海道再生のための提言　商学討究　小樽商科大学　第61巻第1号，pp.323-340
中村秀雄（2011）．小樽商科大学地域研究会グローバリズムと地域経済—北海道再生のための提言　商学討究　小樽商科大学　第61巻第4号，pp.65-85
日本貿易振興機構　北海道貿易情報センター（2006）．ニセコ地域における外国人の観光と投資状況に関する報告書　日本貿易振興機構　北海道貿易情報センター
西川　潤［編］（2001）．アジアの内発的発展　藤原書店
小田　清（2000）．地域開発政策と持続的発展—20世紀型地域開発からの転換を求めて　日本経済評論社
奥田　仁（2001）．地域経済発展と労働市場—転換期の地域と北海道　日本経済評論社
Porter, M. E.（1990）．*The Competitive Advantage of Nations,* New York, The Free Press.／土岐　坤・中辻萬治・小野寺武夫・戸成富美子［訳］（1992）．国の競争優位（上・下）ダイヤモンド社
鳥居泰彦（1979）．経済発展理論　東洋経済新報社
鶴見和子・川田　侃［編］（1989）．内発的発展論　東京大学出版会

事項索引

ア行

アンケート調査　251
アンチダンピング　191, 196

域際収支　38, 39
イノベーション　25, 267
インテグラル型アーキテクチャ　17
インバウンド観光　49
インフラストラクチャー　268

受入環境整備　65
受入態勢　65
内向き産業　3

OHR(Overhead Ratio)　178
小樽商科大学　130

カ行

外客誘致　50
価値連鎖　274
カーネル密度推定　211
株式会社コスモ　93
株式会社パイオニアジャパン　93
株式会社まんゆう　93
環境市場　258, 259
観光行動プロセス　210
観光地ブランディング　59
観光地マーケティング　55
観光地マーケティング組織(DMO)　56, 57, 61
観光のマーケティング・ミックス　57
観光マーケティング　55
関税及び貿易に関する一般協定(GATT)　5, 189
関税障壁　5
かんばん方式　116
関連支援産業　266

企業家ネットワーキング　223
企業間インターンシップ事業　106
企業の戦略・構造　266
九州地方　106, 107
業界構造分析　172
競争優位性　56
業務粗利益率　180
銀行　177
銀行業の空間意識　168
銀行業のビジネスモデル　160

口コミ　56
クラスター　5, 266
グローバリズム　4
グローバリゼーション　5

経営資源　6, 276
経営者の意識変革　122
経済のグローバル化　4
経済発展論　279
経済連携協定(EPA)　7, 188, 190
経常道外収支　32

後方連関　274
顧客志向　56
コストの問題　115
コミュニティビジネス　233

サ行

財貨・サービスの移輸出　32
財貨・サービスの移輸入　32
在庫品増加　32
財政トランスファー　31
細分化(セグメンテーション)　64
「サッポロバレー」　223
札幌ビズカフェ　223
サプライヤーの育成　117
差別化　16, 61, 62

事項索引　285

産学官のネットワーク　108
産業クラスター　223
産業集積の状況　114
サンセットレビュー　203

資金仲介　184
資金利益　179
自動車産業総合支援室　105
自動車部品の地場調達比率　106
支払意思額　255, 257
資本資源　268
資本道外収支　39-41
自由貿易協定(FTA)　7, 187, 190
住民の環境意識　251, 256-258
需要条件　266
順序プロビットモデル　151
純粋想起(Unaided Awareness)　71
情報通信　4
助成想起(Aided Awareness)　71
新エネルギー　239-246, 248, 250-259
人材確保　106
人的資源　268
信用金庫　177
信用組合　177

ステークホルダー　62, 101

正常価額　202
製造業の付加価値　93
製造産業の付加価値　82, 88, 89
政府最終消費支出　32
世界観光競争力ランキング　50
世界貿易機関(WTO)　189
セグメント　16
セーフガード　196
全地球測位システム　211
前方連関　274

ソーシャルビジネス　233
外向き産業　3
その他の経常移転　40, 41

タ行

大学・専門学校を核にした人材育成事業　106
ダイヤモンド　266
多国籍企業　6
脱地域性　165
ダンピング・マージン　203

地域金融機関　185
地域性　165
地域の競争優位　266
地域密着型金融　184
地産地消　19
知識資源　268
知名度(認知度)　70, 71
中間レビュー　203
中国地方　106, 107
直接投資　6
貯蓄投資差額　32
貯蓄投資バランス　31
地理情報システム　210

TPP　193

道外からの資本移転等(純)　45
道外からのその他の経常移転(純)　32, 45
道外からの要素所得の受取(純)　32
統制可能　57
統制不可能　57
道内企業の問題点　118
道内純資本形成　32
道内純生産　32
道内総固定資本形成　32
道内総資本形成　32
道内総支出　32
東北地方　107
道民経済計算　31
道民貯蓄　32
トップオブマインド(Top of Mind Awareness)　71
トービットモデル　134
トヨタからの評価　113

トヨタ自動車北海道　108
トヨタの地方分散　108
トヨタ北海道との取引拡大　120
トヨタ北海道の決定権限　111
トランザクションバンキング　175
ドリノキ　233, 234

ナ行

内国民待遇　7
内発的発展論　282

ニーズ　56
ニセコ地区　276
ニッチ　16

ネットワーキング　270

農業生産法人やま道の里　93

ハ行

パイオニアジャパングループ　93
波及効果（連関効果）　280
パネルデータ分析　88-92
バリューチェーン　101
ハロー効果　61

比較優位　17
非市場経済国　199
ビジネスシステム　93

付加価値　17
物的資源　268
フラグメンテーション理論　17
ブランド　17
ブランド・アイデンティティ　59
ブランド・イメージ　59, 60
ブランド・ポジショニング　61, 62
ブランド力　70
プロモーションの偏重　69

PEST分析　169
ベンチャーキャピタル　228

貿易救済措置　191, 196
貿易自由化　5
訪問率　53
補助金相殺関税措置　196
北海道銀行　130
北海道自動車産業集積促進協議会　105
北海道拓殖銀行　127
北海道庁経済部　140
北海道による自動車産業振興　105
北海道の自動車産業　104, 105
北海道の食品製造業　83-87
北海道の労働市場　127
北海道ベンチャーキャピタル　228, 229

マ行

マイクロジオデータ　222
マーケティング　270
マーケティング・プロフェッショナル　75
マーケティング志向　56
マーケティング調査　62
マネーフロー　38
満足　56

民間最終消費支出　31

モジュラー型アーキテクチャ　17
モビリティー　26

ヤ行

役務取引等利益　180

UIターン市場　157
UIターン者　131
UIターン就職　130
UIターン就職フェア　140
UIターン人材　127

要素条件　266
預貸ギャップ　178
預貸業務　183
預貸空間　165
預貸差額　177

預貸循環　165
預貸バランス　178
預貸率　176

リレーションシップバンキング　175

6次産業化　93

ラ行

リピーター　56

人名索引

【A-Z】
Baljinyam, M.　　82, 88, 89
Bensoussan, B. E.　　169, 172
Blanke, J.　　50, 75
Bown, C. P.　　199
Buhalis, D.　　69
Burnfield　　214
Chiesa, T.　　50, 75
Clark, C.　　279
Fleisher, C. S.　　169, 172
Fridgen, J. D.　　210
Krugman, P.　　280
Myrdal, G.　　280
Nagata, K.　　51
Perry　　214
Ritchie, J. R. Brent　　69
Ritchie, Robin J. B.　　69
Silverman, B. W.　　211
Steger, M.　　5
Takeuchi, H.　　16
Tanaka, A.　　74
Taudes, A.　　74
Todaro, M　　129
Tover, P.　　199

ア行
青木由直　　223
阿久根優子　　86
有馬貴之　　211

池尾和人　　162
石井淳蔵　　98
伊藤邦宏　　104
井上達彦　　98
今西　一　　30
今村奈良臣　　92
岩城富士大　　107

浦川邦夫　　129

遠藤　薫　　229
遠藤正寛　　38

大井達雄　　59, 60, 70, 73
大城　健　　85
大津正和　　61
大西敏夫　　92
岡田知弘　　26
岡本伸之　　209
奥野祐介　　211, 213, 214, 217-219
小澤輝智　　3
乙政佐吉　　108

カ行
影山将洋　　86
加護野忠男　　98
加藤敬太　　233
金井一頼　　223
金谷年展　　251
カマン (Kamann, S.)　　61
亀野　淳　　130
川田　倪　　282

木村福成　　17

小杉礼子　　128
小林友彦　　202
小屋知幸　　50
近藤　巧　　86, 87
近藤隆雄　　57, 58

サ行
齋藤一朗　　29, 172, 174
佐々木土師二　　210
佐野修久　　34
佐野正弘　　222

白井澄夫　　211
新宅純二郎　　17

ストリーテン，P.　279

タ行
高橋明憲　　223, 227
高橋秀悦　　38
瀧内　洋　　69, 74, 75
多湖秀人　　175, 181
橘木俊詔　　129
田中幹大　　104, 105
田村正紀　　50, 60, 70

鶴見和子　　282

土居丈朗　　31
渡久地朝央　　82, 88, 89
徳永澄憲　　86
戸堂康之　　195
鳥居泰彦　　279

ナ行
内藤隆夫　　30
中谷友樹　　211
中村秀雄　　273

西川　潤　　282

ヌルクセ，R.　279

ハ行
ハーシュマン，A.　279
パイク（Pike, S.）　61
長谷政弘　　57

浜田康行　　161
原　勲　　31, 85

平田真幸　　57

深田秀実　　211, 212
藤井良宏　　259
藤本隆宏　　104
プラート，カロラス　　63, 64

ポーター（Porter M. E.）　16, 172, 266-269, 275
本島康史　　161

マ行
松尾昌宏　　278
松下敬一郎　　129

溝尾良隆　　65, 66, 209
峰岸直輝　　31
宮田昌和　　231, 232

村山貴俊　　107

目代武史　　107

ヤ行
山上　徹　　52, 56
山田文子　　86

吉本　諭　　86, 87
米浪信男　　60, 70

ラ行
ローゼンシュタイン＝ロダン　　279

執筆者紹介（＊印は編者）

＊穴沢　眞
担当：第1章，第11章

齋藤一朗
担当：第2章，第7章

プラート　カロラス
担当：第3章

渡久地朝央
担当：第4章，第10章

加藤敬太
担当：第4章，第9章

笹本香菜
担当：第4章

玉井健一
担当：第5章

乙政佐吉
担当：第5章

齋藤隆志
担当：第6章

＊江頭　進
担当：第6章，第10章

小林友彦
担当：第8章

柴山千里
担当：第8章

深田秀実
担当：第9章

［編集補助］
宮崎義久
大和田彩子

グローバリズムと北海道経済

2014 年 3 月 20 日　初版第 1 刷発行

定価はカヴァーに表示してあります

編著者　穴沢　眞
　　　　江頭　進
発行者　中西健夫
発行所　株式会社ナカニシヤ出版
〒606-8161　京都市左京区一乗寺木ノ本町 15 番地
　　　　　　Telephone　075-723-0111
　　　　　　Facsimile　075-723-0095
　　　　Website　http://www.nakanishiya.co.jp/
　　　　Email　iihon-ippai@nakanishiya.co.jp
　　　　　　郵便振替　01030-0-13128

装幀＝白沢　正／印刷・製本＝創栄図書印刷
Copyright © 2014 by M. Anazawa and S. Egashira
Printed in Japan.
ISBN 978-4-7795-0827-1 C3033

本書のコピー, スキャン, デジタル化等の無断複製は著作権法上での例外を除き禁じられています。本書を代行業者等の第三者に依頼してスキャンやデジタル化することはたとえ個人や家庭内の利用であっても著作権法上認められておりません。

岐路に立つ地域中小企業
―グローバリゼーションの下での地場産業のゆくえ―

前田啓一

経済のグローバル化と規制緩和が急速に進行するなかで、各地の地域経済・地場産業に明日はあるのか。モノづくりの街、東大阪の製造現場でヒアリングを重ねた著者が、その将来を展望する。

二三〇〇円＋税

大都市産地の地域優位性

山本俊一郎

グローバル化が進むなか、中小零細製造企業を主としつつも東西大都市地域に位置し、二大履物産地としてともに優位性を確立してきた浅草、長田。これらの地域の存立要因を、未来に向けた取り組みとともに紹介。

二四〇〇円＋税

岐路に立つグローバリゼーション
―多国籍企業の政治経済学―

田中祐二・板木雅彦 編

世界経済はどこへ行くのか。グローバル経済の担い手である多国籍企業を中心に、投機・サービス経済化・食の安全・知的所有権・国際標準戦略・気候変動問題など、世界経済が直面する様々な課題を明らかにする。

二八〇〇円＋税

経済のグローバル化とは何か

J・アダ／清水耕一・坂口明義 訳

グローバル経済の起源を中世地中海交易にまで遡って解説。現代世界経済の諸問題を明らかにし、オルタナティブとしての経済のリージョナル化を提示するレギュラシオン派の国際経済論入門。

二四〇〇円＋税

＊表示は二〇一四年三月現在の価格です。